辉煌中国70年

中国农村发展70年
70 YEARS OF CHINA'S RURAL DEVELOPMENT

◎魏后凯 谭秋成 罗万纯 卢宪英／著

中国财经出版传媒集团
经济科学出版社
Economic Science Press

图书在版编目（CIP）数据

中国农村发展70年/魏后凯等著．—北京：经济科学出版社，2019.10（2022.1重印）

（辉煌中国70年）

ISBN 978-7-5218-1063-9

Ⅰ．①中… Ⅱ．①魏… Ⅲ．①农村经济发展-研究-中国-1949-2019 Ⅳ．①F32

中国版本图书馆CIP数据核字（2019）第241199号

责任编辑：齐伟娜 初少磊 范 莹
责任校对：郑淑艳
技术编辑：李 鹏

中国农村发展70年

魏后凯 谭秋成 罗万纯 卢宪英/著

经济科学出版社出版、发行 新华书店经销

社址：北京市海淀区阜成路甲28号 邮编：100142

总编部电话：010-88191217 发行部电话：010-88191540

网址：www.esp.com.cn

电子邮箱：esp@esp.com.cn

天猫网店：经济科学出版社旗舰店

网址：http://jjkxcbs.tmall.com

北京季蜂印刷有限公司印装

787×1092 16开 19.25印张 290000字

2019年10月第1版 2022年1月第2次印刷

ISBN 978-7-5218-1063-9 定价：76.00元

（图书出现印装问题，本社负责调换。电话：010-88191510）

（版权所有 侵权必究 打击盗版 举报热线：010-88191661

QQ：2242791300 营销中心电话：010-88191537

电子邮箱：dbts@esp.com.cn）

辉煌中国70年
编委会

编委会主任：蔡　昉

编委会成员：高培勇　金　碚　金维刚　王国刚
　　　　　　魏后凯　张车伟　张燕生

总　序

新中国 70 年经济发展历程和启示

蔡　昉

习近平总书记指出,"无论我们走得多远,都不能忘记来时的路","历史是最好的教科书"。回顾和理解中华人民共和国的经济建设和发展的光辉历程、伟大成就和宝贵经验,应该把新中国成立 70 年、改革开放 40 年和党的十八大以来三个重要历史时期凸显出来进行考察,弄清楚前后承继创新的有机联系和发展逻辑。

在实现宏伟目标的过程中,通过把握历史发展大势,不断总结经验教训和修正错误,抓住历史变革时机,党领导人民团结奋斗,经过了 70 年光辉历程,创造了人类历史罕见的发展奇迹,积累了有益的经验并上升为中国智慧,产生了与中国日益提高的国际地位相匹配的世界意义。中国智慧和中国方案不仅对于我们自身进一步前行弥足珍贵,也是对人类社会发展规律探索的中国贡献。

孔子在谈到人的 70 岁年龄时说:七十而从心所欲,不逾矩。将其用来形容中华人民共和国 70 年走过的经济发展道路和取得的辉煌成就,可以进行一个引申性的解读,即经过长期的探索我们加深了对一般发展规律的认识,也形成了中国特色社会主义的道路、理论、制度、文化,更坚定树立了"四个自信"。

一、经济发展历程

中华人民共和国成立以来,中国由新民主主义走向社会主义,确立了社会主义基本制度,开创和拓展了中国特色社会主义道路,把社会主义理想在中国大地变为现实,为中华民族实现伟大复兴提供了重要的制度保障。党的十一届三中全会具有深远的转折意义,开启了改革开放和社会主义现代化的伟大征程。党的十八大以来,中国特色社会主义进入新时代,近代以来久经磨难的中华民族迎来了从站起来、富起来到强起来的伟大飞跃,中国特色社会主义迎来了从创立、发展到完善的伟大飞跃。

中华人民共和国成立后,中国共产党领导实施了土地改革,使农业经济摆脱封建土地制度的束缚,近3亿无地少地的农民分到了7亿亩土地和大量的农具、牲畜和房屋等,免除了每年向地主缴纳约350亿千克粮食的地租;完成了对农业、手工业和资本主义工商业三个行业的社会主义改造,奠定了社会主义工业化基础。

在新中国成立后的前30年中取得历史性发展成绩的同时,也犯了急于求成和"左"的错误,使国家发展遭遇了严重的挫折。特别是在经济建设中,忽视客观经济规律的作用,以集中计划代替市场机制,导致在微观层面生产和劳动的激励机制缺失,在宏观层面资源配置效率低下,国民经济结构失衡以及积累与消费比例失调等弊端。特别是在"文化大革命"期间,党的工作重心远离了经济建设。到了"文化大革命"后期,我国的国民经济濒临崩溃的边缘,人民温饱都成问题,国家建设百业待兴。

正视前30年计划经济的体制弊端和经济建设中的错误和挫折,中国共产党勇于拿起手术刀革除自身病症,靠自己解决自身的问题。党的十一届三中全会重新确立了解放思想、实事求是的思想路线,把全党的工作重心转向经济建设,从此中国进入改革开放这个崭新的时期。习近平总书记指出:"改革开放是我们党的一次伟大觉醒,正是这个伟大觉醒孕育了我们党从理论到实践的伟大创造。"改革开放就是革除病症,消除一切阻碍提高社会生产力、增强国家综合实力和改善人民生活水平的体制障碍与弊端。

首先,以从计划经济向社会主义市场经济体制转变为取向不断推进经济体制改革。从实行家庭联产承包制、废除人民公社到农村承包地"三权"分置；从提高农产品价格、取消农业税到打赢脱贫攻坚战；从促进乡镇企业发展到实施乡村振兴战略；从对国有企业放权让利、发展非公有制经济、建立现代企业制度，到深化国资国企改革、发展混合所有制经济，坚持"两个毫不动摇"；通过双轨制过渡的方式推动价格形成机制改革，发育产品市场和要素市场，到使市场在资源配置中起决定性作用和更好发挥政府作用。

其次，不断扩大全方位对外开放，日益走近世界舞台中央。从兴办经济特区、沿海、沿边、沿江、沿线和内陆中心城市对外开放，到加入世界贸易组织；从扩大对外商品贸易到引进外商投资；从"引进来"到"走出去"；从以资源比较优势参与全球分工体系，到国内国际联动开放发展；从共建"一带一路"、设立自由贸易试验区，到谋划中国特色自由贸易港；从多边贸易体制的积极参与者、坚定维护者，到经济全球化的积极推动力量和国际经贸规则改革负责任的参与方。

最后，从以经济体制改革为主转向全面深化经济、政治、文化、社会、生态文明体制和党的建设制度改革。特别是党的十八大以来，一系列重大改革扎实推进。按照党的十九大确定的路线图和时间表，在庆祝中华人民共和国成立70周年之后，2020年我们将全面建成小康社会、实现第一个百年奋斗目标，随后就要乘势而上开启全面建设社会主义现代化国家的新征程，向第二个百年奋斗目标进军。可见，中国正处在"两个一百年"奋斗目标相交汇的历史时点上，面对着实现中华民族伟大复兴中国梦的千载难逢机遇。

二、奇迹般的成就

1949年新中国成立，结束了半殖民地半封建社会的历史，中国人民从此站了起来，从此不断创造伟大的成就。在前30年即1949~1979年期间取得的成就为改革开放时期的发展奠定了不可低估的物质基础。

首先，结束了旧中国战乱频仍的灾难，国民经济迅速得到恢复和发展，人民开始安居乐业，生活状况得到极大的改变。随着死亡率大幅度下降，人口转变从高出生率、高死亡率和低自然增长率的第一阶段，进入高出生率、低死亡率和高自然增长率的第二阶段，成为改革开放以后向低出生率、低死亡率和低自然增长率转变的一个必经阶段。这一时期，健康事业和教育事业得到大的发展，积累了经济发展必要的人力资本，为改革开放后经济高速增长时期收获人口红利，创造了必要的条件。

其次，提出了中国建设社会主义现代化的宏伟目标。在新中国成立前后和20世纪50年代，毛泽东主席就多次提出建设现代化问题。例如，1957年毛泽东在党的八届三中全会上提出，将我国建设成为一个具有现代工业、现代农业和现代科学文化的社会主义国家。后来他在现代化内容中又加上了现代国防。根据毛泽东建议，周恩来总理分别在1964年第三届全国人民代表大会第一次会议和1975年第四届全国人民代表大会第一次会议上正式提出了"四个现代化"（1975年表述）："全面实现农业、工业、国防和科学技术的现代化。"

第三，建立起独立的比较完整的工业体系和国民经济体系。虽然新中国成立之前已经存在一定比重的工业经济，但真正意义上的工业化是从第一个五年计划时期开始的，并取得了明显的成效。1953年，全国83.1%的劳动力从事农业生产，工业就业比重仅占8.0%，工业增加值占国内生产总值（GDP）比重仅为17.6%。"一五"期间，工业总产值实际增长了81.0%，工业增加值占GDP比重在"一五"结束时增加到23.2%，提高了5.6个百分点。直到改革开放前，我国工业化水平不断提高，工业增加值占GDP比重在1978年达到44.1%。

最后，结束了长期以来经济停滞落后的状况，实现了较快的经济增长。自鸦片战争以后，中国GDP增长率长期处于徘徊不前的状态，经济总量占世界的比重和人均GDP与世界平均水平的比率都一路下降。到中华人民共和国成立之前这两个指标都降到了谷底。根据国际数据进行比较，1913~1950年期间，GDP年均增长率的世界平均水平为1.82%，而中国为-0.02%，也就是说中国经济增长处于停滞状态。由于人口的较快增长，这期间中国的人均GDP反而大幅度下降了20.5%。

新中国经济建设开始以后，这种状况得到根本的改变。1952~1978年期间，中国GDP的年均实际增长率为4.4%，略快于当时被定义为高收入国家的增长速度（4.3%），但是，仍然低于世界平均水平（4.6%）。正是在这个时期，世界上很多国家和地区，特别是日本和亚洲"四小龙"迅速发展，实现了对发达国家的赶超。也就是说，这个时期中国经济和人民生活水平，从纵向比较来看发生了天翻地覆的变化；然而，如果进行横向的比较，仍然落后于世界的发展。

实行高度集中的计划经济体制，造成了劳动和生产积极性不足、资源配置效率低下、经济结构失调等诸多弊端。特别是一系列政治运动干扰了经济建设的正常进行，使得在新中国成立后的前30年里中国经济落后于世界的发展潮流，未能实现对发达国家的赶超，仍然是一个贫穷落后的国家。这一时期的"大跃进"和"文化大革命"对国民经济造成巨大的损害，最终使这一时期人民生活水平的改善甚微。到改革开放前夜的1978年，全国农村有约2.5亿人口未能解决温饱问题，人均年收入不到100元。按照世界银行确定的标准，按照不变价购买力计算，每人每天收入低于1.9美元就意味着处于绝对贫困状态。据此，1981年中国有高达8.8亿绝对贫困人口。

从1978年开始，经济体制改革率先从农村起步，通过调动劳动和生产的积极性显著增加了农产品产量和农民收入，降低了贫困发生率；随后改革推进到城市部门，通过价格改革和发育市场、搞活国有企业和发展非公有制经济，加快了经济增长速度；与此同时，对外开放以多种方式渐进地得到推进。上述改革开放措施，针对了计划经济体制弊端，从改善微观激励机制入手，进而赋予企业和农户自主配置生产要素的权利，在不断消除阻碍资金、劳动力等生产要素流动的体制障碍的条件下，资源重新配置带来效率的改进，也通过引进外资、发展外向型经济和扩大贸易，把资源比较优势转化为国际竞争力。

1978~2018年期间，中国的GDP年平均实际增长率高达9.4%，是同期世界上最快的增长速度。而在世界经济发展的其他历史时期，也未见在如此长的时间里以如此快的速度增长的先例。史无前例的高速增长，使中国的经济发展水平在40年中实现了奇迹般的赶超。根据世界银行数据，从人均GDP来看，1978年中国属于典型的低收入国家。随着改革时期高速增长的持续，中国于1993年跨入中等偏下收入国家行列，继而在2009年跨入中等偏上收入国家行列，并同时在经济总量上超过日本成为世界第二大经济体。2018年，中国现价人均GDP达到9771美元，距离高收入国家的门槛已经近在咫尺。

更为世人所瞩目的是中国减贫事业取得的成就。1981年生活在世界银行绝对贫困标准（按2011年购买力平价计算每天低于1.91美元）以下的全球人口共18.9亿人，其中中国贫困人口高达8.8亿人，占世界贫困人口的46.4%。2015年，全球贫困人口减少到7.5亿人，中国则只剩下960万人，仅占全球贫困人口的1.3%。这期间，中国对世界减贫的直接贡献高达76.2%。实际上，2015年之后中国按照高于世界银行的标准继续实施农村脱贫攻坚战略，2018年末，全国农村贫困人口仅剩1660万人，贫困发生率为1.7%。

在新中国成立以来的70年中，中国社会生产力的提高、综合国力的增强和人民生活水平的改善，都显现出历史性跨越的特点，创造了人类发展历史上罕见的奇迹。英国古典经济学的先驱大卫·休谟在1742年的一篇文章中曾经预言，当艺术和科学的发展在一个国家达到至真至善之后，将不可避免地走向衰微，此后艺术和科学极少有可能甚至永远不会在同一国家得到复兴。

历史上，中华文明曾经达到过辉煌的高峰，科学技术也长期在世界上居于领先地位，然而，在西方国家纷纷跟进工业革命，加快科技和经济发展的同时，近代以来的中国发展却大大落后了。直到新中国成立以后特别是改革开放以来，中国的经济、社会和科技发展才再创辉煌。迄今为止中国在各个领域赶超与发展所创造的奇迹，已经打破了这个"休谟预言"，并且将继续打破这个预言。

三、弥足珍贵的经验

新中国发展和建设的探索历程、改革开放时期取得的经济奇迹，特别是党的十八大以来在"五位一体""四个全面"全面创造的新辉煌，表现出的是一幅波澜壮阔、气势磅礴的历史画卷。这里仅选择有限角度和一些侧面进行概括，从中观察这个过程所体现的中国智慧和中国方案。

第一，从国情出发进行建设和推进改革开放。中国以建立社会主义市场经济体制为改革取向，是根据自身国情进行的选择，而不是照抄照搬任何先验的发展模式。虽然改革开放也意味着学习和借鉴国际上先进的技术、管理和发展经验，我们在过去的改革开放过程中也的确从各种有益的国际发展经验中得到启发、获得助益，然而，我们从未原封不动地照抄照搬他国的模式和路径，而是服从于发展生产力、提高综合国力和改善民生的根本目的，坚持了渐进式改革方式，秉持了改革促进发展、发展维护稳定、边改革边分享的理念，因而走出了一条符合自身国情的独特改革开放发展分享之路。

第二，发展经济必须形成适用的体制机制，调动各方面的积极性。针对传统经济体制的弊端，改革首先从建立有效的激励机制出发，取得"点石成金"的效果。实行农村家庭联产承包制、价格形成机制改革、鼓励和发展非公有制经济、打破国有企业"大锅饭"、调整中央和地方财政事权和支出责任关系等一系列改革措施，都着眼于改善激励机制，从而立竿见影地取得了调动劳动积极性、增强经营活力、加快经济增长的效果，同时也使改革获得了最广泛的共识，得到社会各方面的拥护、支持和积极参与。

第三，坚持建立社会主义市场经济体制的改革方向。矫正计划经济体制下的资源配置低效率问题，围绕建立和完善产品市场和生产要素市场进行改革，不断消除妨碍资金、劳动力、土地和其他资源要素有效配置的体制障碍，促进了生产要素的积累、流动和重新配置，在使其得到有效利用的同时，提高了劳动生产率。

第四，坚持改革开放发展同步推进，国内经济发展与参与国际分工联动。中国的经济改革与对外开放是同时发生的。始于1979年建立经济特区，先后经历了沿海城市开放到全面开放过程；于1986年提出恢复关贸总协定缔约国地位的申请，到2001年加入世界贸易组织。贸易扩大、引进外资和沿海地区外向型经济发展，为转移劳动力提供了大量就业机会，引导产业结构转向符合资源比较优势，也为制造业产品赢得了国际竞争力。2018年，中国引进的外商直接投资净流入额占到全球的19.0%，出口货物和服务总额占世界的10.6%。

第五，坚持在发展中保障和改善民生，实现共享发展。世界发展经验和教训表明，经济增长、技术变迁和经济全球化，总体上无疑都具有做大"蛋糕"的作用，却并不能自动产生分好"蛋糕"的效果，即不存在所谓收入分配的"涓流效应"。中国经验表明，只有坚持以人民为中心的发展思想，通过体制机制建设和政策体系安排，才能解决好这个做大"蛋糕"和分好"蛋糕"的两难。

四、关于这套系列丛书

这里呈现给读者的"辉煌中国70年"书系共包括八部专著,分别从中国经济的整体、中国财政、中国金融、中国对外经济贸易、中国工业发展、中国农村发展、中国社会保障和中国人口发展等领域,回顾经济发展历程,展示改革开放辉煌成就,提炼世界意义和经验启示。每部著作力图以史实为基础,对中国70年经济建设和社会发展做出简明且全面的梳理,以编年史的手法将我国经济发展的历史经验讲清楚、讲透彻,并对未来做出展望。在习近平新时代中国特色社会主义经济思想的指导下,本丛书力争在总结中国经济发展智慧、提出解决人类发展问题的中国方案方面,从学术角度做出贡献。

本丛书所选择的八个方面,尚不能充分反映新中国经济发展70年的全貌。虽然作者和编者团队分别认真写作和编辑,付出了努力,但是,囿于我们的学识和能力,不足和遗漏之处也在所难免,敬请读者提出宝贵意见和建议。同时作者和编者也愿意承担必要的责任。

在丛书即将付梓之际,还有一些感谢的话要说。

丛书从2017年底开始策划到最终出版,历时近两年时间。期间召开了多次讨论会,就丛书的写作方式、内容安排做出了统一部署。丛书写作过程中,各位作者付出了大量的时间和心力,最终将这套丛书呈现在读者面前。

丛书的选题与出版得到了相关部门的关注与肯定。2018年7月,丛书被国家新闻出版总署列入"十三五"国家重点出版物出版规划项目;2019年,丛书入选中宣部2019年主题出版重点出版物项目。这些荣誉,既是对丛书选题和作者的肯定,也是对我们的鞭策与鼓励,让我们不敢懈怠。

丛书出版得到了中国财经出版传媒集团和经济科学出版社的大力支持。他们以出版人独到的眼光和敏锐的视角捕捉到了这一有意义的选题并以强大的执行力付诸实施,保证了丛书得以高质高效地展现给读者。

最后,当然还要感谢我们的读者,你们的关注和阅读一直是我们前进的动力。

2019年8月

前　言

《中国农村发展70年》是为纪念新中国成立70周年、展现新中国70年农村发展历程和成就而专门组织相关学者撰写的，是"辉煌中国70年"书系中的一本，该书系已被中宣部列入2019年主题出版重点出版物项目。本书力求采用系统数据和客观事实，全面呈现新中国成立70年来"三农"领域发生的重要变化，准确描述政府采取的各项政策、制度和改革措施，客观记录农民和基层干部的艰苦奋斗及自发创新对农村改革与发展的推动。本书从2017年7月启动，当年底对拟订提纲进行了讨论和完善，在系统收集相关资料的基础上，于2018年5月开始撰写，2019年6月初定稿。从准备提纲到最终定稿，本书撰写工作历时一年半，其间多次深入讨论，多次修改完善。

本书列入了中国社会科学院农村发展研究所重点科研计划，由魏后凯研究员、谭秋成研究员、罗万纯副研究员和卢宪英副研究员共同完成。各章初稿分工如下：第一章、第六章、第十二章由魏后凯负责；第二章、第四章、第七章由谭秋成负责；第五章、第九章、第十章由罗万纯负责；第三章、第八章、第十一章由卢宪英负责；大事记和参考文献由罗万纯、卢宪英整理。谭秋成对全部书稿进行了初审和统稿工作，在此基础上，魏后凯又对全部书稿进行了最终审定，并对其中部分内容进行了较大修改和完善。中国社会科学院大学李粉博士、中国人民大学金融系汪雯羽博士、北京理工大学工商管理学院张贝贝博士、中国社会科学院大学湛礼珠和吴宗燚硕士做了大量的资料收集和整理工作，在此表示诚挚的谢意。

作　者
2019年6月

目 录
CONTENTS

第一章 **总论** ·· 1
　　第一节　新中国农村发展的历程／1
　　第二节　农村发展70年的辉煌成就／10
　　第三节　中国农村发展对世界的贡献／17
　　第四节　中国农村发展的道路和经验／23

第二章 **农业现代化** ·· 27
　　第一节　农业现代化政策演变／27
　　第二节　农业机械化和科技创新／32
　　第三节　农村三次产业融合发展／39
　　第四节　农业发展及面临的挑战／45

第三章 **农村基本经营制度** ·· 49
　　第一节　农业的集体化／49
　　第二节　家庭联产承包责任制的确立／53
　　第三节　农村集体经济的发展／56
　　第四节　土地制度的改革与创新／60
　　第五节　新型经营和服务主体的壮大／66

第四章 **农业政策支持体系变迁** ·· 71
　　第一节　供销合作社与农产品流通体制／71
　　第二节　农村信用社与农村金融体制／78

第三节　农业税费改革与财政政策 / 83
　　第四节　农业补贴政策体系 / 87

第五章　国家粮食安全保障 ……………………………………… 92
　　第一节　粮食生产与流通政策 / 92
　　第二节　粮食国际贸易 / 98
　　第三节　粮食竞争力 / 102
　　第四节　粮食发展战略 / 106

第六章　城镇化道路 ……………………………………………… 112
　　第一节　中国城镇化的历程 / 112
　　第二节　乡镇企业的崛起 / 121
　　第三节　农业劳动力转移 / 127
　　第四节　新型城镇化与城乡关系 / 133

第七章　农村环境治理与生态建设 ……………………………… 139
　　第一节　垃圾和水污染治理 / 139
　　第二节　农业面源污染治理 / 144
　　第三节　退耕还林与生态修复 / 149
　　第四节　农村生态文明建设 / 154

第八章　宜居乡村建设 …………………………………………… 159
　　第一节　村容村貌与村庄规划 / 159
　　第二节　农村信息化建设 / 166
　　第三节　农村文化建设 / 171

第九章　农民生活改善 …………………………………………… 179
　　第一节　农民增收及收入水平变化 / 179
　　第二节　消费水平及结构阶段变化 / 184
　　第三节　扶贫开发战略和经验 / 189
　　第四节　农民福利考察 / 195

第十章 农村社会发展 · · · · · · 200

第一节 农村教育 / 200

第二节 农村合作医疗 / 206

第三节 农村养老 / 212

第四节 农村低保及社会救助 / 216

第十一章 农村民主政治发展 · · · · · · 222

第一节 农村党组织建设 / 222

第二节 村民自治 / 230

第三节 农民的民主政治参与 / 237

第十二章 未来展望 · · · · · · 244

第一节 中国农村发展进入新阶段 / 244

第二节 新阶段农村发展面临的挑战 / 247

第三节 未来中国农村发展展望 / 257

中国农村发展大事记（1949~2019年）/ 263

参考文献 / 273

第一章

总 论

中华人民共和国成立70年以来,中国农村制度经历了从合作化、公社化的"统"到家庭联产承包责任制的"分"再到新型集体经济的"合",从高度集中的计划体制到各领域的市场化改革再到全面深化改革,从人民公社的"政社合一"到"乡政村治"再到乡村善治,从城乡分割的二元体制到城乡统筹、城乡发展一体化再到城乡融合发展的转变。尽管这期间农村发展经历了一些波折,但总体上看,70年来中国农村发展取得了辉煌的成就,全国粮食产量和农业综合生产能力稳步提升,农民收入和生活水平显著提高,农村面貌发生了翻天覆地的变化,农村贫困人口大幅度减少,为促进世界农业发展尤其是保障世界粮食安全和全球减贫事业做出了巨大贡献。经过70年的艰辛探索和持续发展,中国逐步走出了一条符合中国国情、有中国特色的农村发展道路,为广大发展中国家积累了可供借鉴的经验,为世界农村发展提供了中国智慧和中国方案。如无特别说明,本章数据均来源于历年《中国统计年鉴》。

第一节 新中国农村发展的历程

始于1978年的改革开放是中国农村发展的一个重要分水岭。对于改革开放以来中国农村发展的阶段划分,至今学术界并没有形成一致的看法。事实上，2002年党的十六大提出城乡统筹，将农村改革发展的重点从农村内部逐步转移到城乡之间，就是一个重要的分界点。以此为界，陈锡文等（2008）将中国农村改革分为以放活为轴心和新农村政策形成两个阶段；党国英（2008）则以2003年为界将中国农村改革分为"减弱控制"和"分配调整"两种模式。根据这两个分界点，大体可以将中国农村发展70年的历程分为集体化发展（1949～1978年）、市场化发展（1979～2002年）、城乡融合发展（2003年以来）三个阶段。

一、集体化发展阶段（1949～1978年）

新中国成立之初，中国农村人口与土地占有状况严重不平等。占农村人口不到10%的地主和富农，占有约70%～80%的土地；而占农村人口90%以上的贫农、雇农、中农和其他劳动者，只占有约20%～30%的土地。① 为改变这种不合理状况，实现农民"耕者有其田"的愿望，中央人民政府于1950年6月30日公布实施《中华人民共和国土地改革法》，随后开始在华东、中南、西南、西北等广大地区开展了大规模的土地改革运动。到1952年底，除台湾地区和新疆、西藏等少数民族地区外，基本完成了土地改革任务，全国大约有3亿多无地和少地的农民无偿分得了约7亿亩土地和其他生产资料（马晓河，2009）。土地改革极大地调动了农民的积极性，农业生产得到迅速发展。1949～1952年，全国粮食产量增长了44.8%，油料增长了63.5%，棉花、糖料、水果和茶叶产量均增长了1倍以上，水产品产量则增长了2.72倍。

土地改革任务基本完成后，1953年中共中央正式提出了过渡时期的总路线，要求在一个相当长的时期内，逐步实现国家的社会主义工业化，以及国家对农业、手工业和资本主义工商业的社会主义改造。为确保实现社会主义工业化，国家实施了对农业农村发展产生深远影响的三项重要制度：

---

① 刘少奇：《关于土地改革问题的报告》，收录于中共中央文献编辑委员会编：《刘少奇选集》（下），人民出版社1985年版，第34页。当然，也有学者认为，就多数地区看，新中国成立前农村地权并没有那么高度集中，约占人口总数10%的地主、富农，占有土地总数的50%～52%左右；约占人口总数90%的劳动人民，占有土地总数的48%～50%左右（郭德宏，1989）。

一是推进农业的合作化和集体化。农业的社会主义改造实际上就是农业的合作化。1953年，中共中央先后发布《关于农业生产互助合作的决议》和《关于发展农业生产合作社的决议》，引导农民走合作化之路。经过从互助组到初级社再到高级社的快速推进，到1956年11月，全国加入高级社的农户比重已达到96%（马晓河，2009）。总体上看，农业合作化的大方向是正确的，但由于采取运动式的方式，在推进过程中发生了"要求过急，工作过粗，改变过快，形式也过于简单划一"[①]的问题。农业合作化完成后，1958年8月中共中央又发布了《关于在农村建立人民公社问题的决议》，此后很快在全国掀起了人民公社化的浪潮。到1958年11月初，全国共建立2.85万个人民公社，入社农户数达到1.27亿户，占全国农户总数的99.1%（温思美、张乐柱，2009），由此实现了人民公社化。以"一大、二公、三拉平"为基本特征的公社化运动，严重脱离中国实际，极大地挫伤了农民生产积极性，制约了农业农村生产力发展。特别是1959~1961年，受人民公社化、"大跃进"、"共产风"以及自然灾害等多重因素的影响，全国粮食产量下降了30.9%，粮食供应高度紧缺，许多地方发生了饥荒。

二是对农产品实行统购统销制度。面对农产品供应紧张的状况，为确保国家工业化和城镇化建设，从1953年起，国家逐步取消了农产品自由市场，先后对主要农产品实行统购统销制度。1953年10月，中共中央作出《关于实行粮食的计划收购与计划供应的决议》；同年11月，政务院又颁布《关于实行粮食的计划收购和计划供应的命令》，开始对粮食实行计划收购和计划供应（以下简称"统购统销"），由国家严格控制粮食市场，中央对粮食实行统一管理。随后，国家又将油料、棉花、生猪、烤烟、茶叶、出口水果以及重要的中药材等纳入统购的范围。1961年之后，国家将农产品分为一、二、三类，分别实行统购、派购和议购政策。到20世纪70年代末期，国家统购派购的农产品品种达到230多种（马晓河，2009）。对于农产品消费，则按计划实行定点凭证供应。统购统销制度是计划经济的产物，它对于保障农产品供应、推动国家工业化进程曾经起到重要作用，但是，这种制度违背了经济规律，严重损害了农民的权益，阻碍了城乡商品经济发展。

[①]《关于建国以来党的若干历史问题的决议》，载于《人民日报》1981年7月1日。

三是实行城乡二元的户籍管理制度。在新中国成立初期，中国的城乡人口迁移是自由的。1954年颁布实施的第一部《中华人民共和国宪法》规定"公民有居住和迁徙的自由"。然而，在粮食供应紧张的情况下，面对农村人口的盲目流动，中共中央、国务院连续发布了一系列限制和控制农民盲目流入城市的文件。1958年1月，全国人大常委会通过《中华人民共和国户口登记条例》，将城乡有别的户口登记制度和限制迁徙制度以法律的形式固定下来，由此确立了城乡二元的户籍制度。此后，农民进城仅剩下招工、上学和当兵三条极其狭窄的通道。1977年11月，国务院批转《公安部关于处理户口迁移的规定》，进一步明确对从农村迁往市、镇，由农业人口转为非农业人口要严加控制。以户籍制度为载体，国家对城乡居民在物资供应、就业、教育、医疗、社会保障等方面实行差别化的福利待遇。

人民公社制度、农产品统购统销制度和户籍管理制度被并称为重工业优先发展战略下的"三驾马车"（蔡昉，2009）。在这种制度安排下，农民的主体地位被忽视，农民的积极性受到挫伤，农村生产力长期被禁锢，农业农村发展较为缓慢。1953~1978年，全国第一产业增加值年均增速仅有2.1%，农林牧渔业总产值年均增速也只有2.8%。特别是，受"大跃进"和"文化大革命"的影响，1959~1961年、1968年和1972年全国农林牧渔业总产值均出现了下降。1957~1978年，全国农村居民家庭平均每人纯收入由73.0元提高到133.6元，年均名义增长率仅有2.9%；农民家庭恩格尔系数则由65.7%提高到67.7%，出现了逆向变化趋势。当然，也应该看到，在集体化和人民公社时期，全国农业科技推广、农田水利建设和农村卫生事业等还是取得了较大成效。

二、市场化发展阶段（1979~2002年）

1978年以来，中国进入了改革开放和社会主义现代化建设的历史新时期。中国的改革是从农村开始的。1979~2002年，中国农村改革主要集中在农村内部，以放活还权和减弱控制为重心，在建立、完善农村基本经营制度的基础上，推进各领域的市场化改革。这种市场化改革极大调动了农民积极性，激发了农村发展活力。这一时期，支撑中国农村发展的主要有四件大事：

一是农村基本经营制度的确立。1978年底，安徽凤阳小岗村率先将集体耕地"包干到户"，开启了农村改革的先河。1980年9月，中共中央在《关于进一步加强和完善农业生产责任制的几个问题》中，明确在边远山区和贫困落后地区，"可以包产到户，也可以包干到户"。1982年1月，中共中央批转《全国农村工作会议纪要》，进一步明确包产到户、包干到户是社会主义集体经济的生产责任制。1983年1月，中共中央印发《当前农村经济政策的若干问题》，从理论上肯定了家庭联产承包责任制，认为它是中国农民的伟大创造。此后，农村家庭联产承包责任制在全国全面推广。到1983年底，全国已有1.75亿农户实行了"包产到户"，占农户总数的94.5%（韩俊，2008）。1986年中央一号文件《中共中央、国务院关于一九八六年农村工作的部署》首次提出"统一经营与分散经营相结合的双层经营体制"。1993年11月，中共中央、国务院在《关于当前农业和农村经济发展的若干政策措施》中，将以家庭联产承包为主的责任制和统分结合的双层经营体制作为农村经济的一项基本制度。1998年10月，中共中央在《关于农业和农村工作若干重大问题的决定》中进一步强调，以家庭承包经营为基础、统分结合的经营制度必须长期坚持。1999年3月，九届全国人大二次会议将"农村集体经济组织实行家庭承包经营为基础、统分结合的双层经营体制"写入宪法，由此确立了农村基本经营制度的法律地位。

二是乡镇企业的"异军突起"。改革开放初期，农村家庭联产承包责任制的推行解放了农村生产力，为社队企业的兴起提供了条件和动力。1984年3月，中共中央、国务院转发《农牧渔业部和部党组关于开创社队企业新局面的报告》，正式将社队企业更名为乡镇企业，并明确了乡镇企业的相关政策问题。随后，计划经济体制对乡镇企业设置的一些政策限制被逐步消除，大多数乡镇企业相继实施了各种形式的承包经营。1985年中央一号文件《关于进一步活跃农村经济的十项政策》明确对乡镇企业实行信贷、税收优惠，鼓励农民发展采矿和其他开发性事业，严禁平调乡镇企业的财产。在国家政策的支持下，乡镇企业获得了突飞猛进的发展，成为当时支撑中国经济高速增长的重要力量。1978～1999年，乡镇企业增加值年均名义增长率达到25.6%，其对全国GDP名义增长的贡献达到28.4%；

乡镇企业增加值占全国 GDP 的比重由 5.7% 迅速提高到 27.5%。自 20 世纪 90 年代以来，针对乡镇企业长期存在的政企不分、产权不明、权责不清等问题，各地加快了乡镇企业产权制度改革步伐，目前乡镇企业已逐步转变为股份制和个体私营经济。

三是价格和流通领域的改革。1979 年 3 月，国务院决定从当月起，对粮食、棉花、油料、生猪等 18 种主要农副产品的收购价格平均提高 24.8%。从 1983 年起，国家开始调整农副产品购销政策，逐步减少统派购的品种和数量，并放开了三类产品和统派购任务外的产品的价格。1985 年，中央决定取消农产品统派购制度，对粮食、棉花实行合同定购与市场收购双轨制，对其他农产品实行市场调节。到 1985 年，中国农产品生产、流通、价格基本实现市场化。1993 年 2 月，国务院发布《关于加快粮食流通体制改革的通知》，同年全国 95% 以上的县市都放开了粮食价格和经营，各地相继取消了城镇口粮定量供应制度。从 1994 年起，国家对定购的粮食实行"保量放价"，即保留粮食定购数量、价格随行就市。1998 年 6 月，国务院又出台"三项政策，一项改革"，即实行顺价销售、中国农业发展银行收购资金封闭运行、按保护价敞开收购农民余粮，深化国有粮食企业改革。2001 年之后，国家率先在粮食主销区全面放开粮食购销，探索走市场化的路子。农产品价格和流通体制的改革，对于调动农民生产积极性、促进农业增效和农民增收、搞活农村商品流通都发挥了重要作用。

四是农村基层治理的实践探索。政社合一的人民公社体制严重禁锢了农村生产力。为改变政社合一、政企不分的状况，1982 年 12 月 4 日，第五届全国人大五次会议表决通过了《中华人民共和国宪法》，明确规定在农村建立乡政府，并将村民委员会写入宪法条文。1983 年中央一号文件《当前农村经济政策的若干问题》明确指出，要改革人民公社体制，实行政社分设。1983 年 10 月，中共中央、国务院发布《关于实行政社分开，建立乡政府的通知》，要求在 1984 年底以前完成政社分开、建立乡政府的工作，实行"乡政村治"的治理新体制。到 1985 年春，农村人民公社政社分开、撤社建乡的工作结束，标志着农村人民公社体制的正式终结。自 1990 年以来，民政部在全国农村开展了村民自治示范活动。1994 年 2 月，民政部又发布《全国农村村民自治示范活动指导纲要（试行）》，首次明确提出建立民主选举、民主监督、民主决策、民主管理四项民主制度。1998年11月4日《中华人民共和国村民委员会组织法》的实施,标志着中国村民自治进入法制化的新阶段。

这一时期,以放活还权和减弱控制为重心的市场化改革,大大调动了农民的生产积极性,有力地促进了农村经济发展。1979~2002年,全国第一产业增加值年均增长4.5%,比1953~1978年增速高2.4个百分点;农村居民家庭人均可支配收入年均增长7.3%,比城镇居民家庭增速高0.6个百分点。特别是,家庭联产承包责任制的实施,极大地促进了农业增长和农民增收。据研究,1978~1984年,中国农产品产值以不变价格计算增长了42.23%,其中46.89%归功于家庭承包制取代集体耕作制的制度改革(林毅夫,1993)。从农民增收看,1979~1985年,农村居民家庭人均可支配收入年均增长15.2%,比城镇居民家庭增速高8.2个百分点。然而,自1985年经济体制改革的重心转向城市后,农村居民收入增速明显低于城镇居民。1986~2002年,农村居民家庭人均可支配收入年均增长4.2%,比城镇居民家庭增速低2.3个百分点。

三、城乡融合发展阶段(2003年以来)

2003年以来,随着改革开放和城镇化的不断推进,中国农村发展进入了城乡融合的新阶段。2003年10月,党的十六届三中全会提出"五个统筹",并把统筹城乡发展放在首位;2008年10月,党的十七届三中全会提出"把加快形成城乡经济社会发展一体化新格局作为根本要求";2012年11月,党的十八大报告又提出"推动城乡发展一体化";2017年10月,党的十九大报告再次强调,要"建立健全城乡融合发展体制机制和政策体系"。这期间,国家先后推进社会主义新农村建设和乡村振兴战略,制定实施了一系列强农惠农富农政策,着眼点也从单纯的农村内部扩展到城乡关系层面,核心是全面深化农村改革,调整国民收入分配结构,促进乡村全面振兴和城乡融合发展。

一是促进农民增收与反贫困。为减轻日益加重的农民负担,在安徽等地试点的基础上,2003年国务院决定在全国全面推进农村税费改革试点工作。2004年，牧业税和除烟叶外的农业特产税全部取消。到2005年底，全国有28个省（区、市）及河北、山东、云南三省的210个县（市）全部免征农业税。2006年，《中华人民共和国农业税条例》《国务院关于对农业特产收入征收农业税的规定》《中华人民共和国屠宰税暂行条例》先后被废止，农村"三提五统"及其他各项规费、杂费一并取消。取消农业税大大减轻了农民负担，增加了农民收入。2000~2006年，全国农民直接负担的税费总额下降了77.55%，人均税费下降了78.11%（马晓河、刘振中、钟钰，2018）。同时，在农业支持保护政策的框架下，国家启动实施了农业补贴等政策。2004年以来，国家先后在全国启动实施了良种补贴、种粮直补、农资综合补贴和农机具购置补贴，并陆续推出了粮食最低收购价、主要农产品临时收储政策。2015年，国家又对农业补贴资金进行整合，并从2016年起在全国全面推开农业"三项补贴"改革，将农作物良种补贴、种粮直补和农资综合补贴合并为农业支持保护补贴，重点用于支持耕地地力保护和粮食适度规模经营。此外，自2003年尤其是党的十八大以来，中共中央、国务院高度重视农村扶贫工作，制定实施了一系列规划和政策措施，全力加大资金投入，凝聚全党全社会力量共同参与扶贫开发，形成了专项扶贫、行业扶贫、社会扶贫互为支撑、共同推进的大扶贫格局。

二是推动城乡融合和一体化。从2003年起，国家开始建立新型农村合作医疗制度，到2010年基本实现全覆盖。2005年10月，党的十六届五中全会提出了"生产发展、生活宽裕、乡风文明、村容整洁、管理民主"的新农村建设要求，以及"工业反哺农业、城市支持农村"和"多予少取放活"的方针。2007年，国家将农村义务教育"两免一补"① 政策从扶贫开发工程重点县扩大到全国；同时，在全国建立农村最低生活保障制度，要求将符合条件的农村贫困人口全部纳入保障范围。从2009年起，国家开始建立新型农村社会养老保险制度。2014年2月，国务院决定将新型农村社会养老保险和城镇居民社会养老保险合并，建立统一的城乡居民基本养老保险制度。2015年11月，国务院决定整合农村义务教育经费保障机

---

① "两免一补"指免除农村义务教育阶段贫困家庭学生的书本费、杂费，并补助寄宿学生的生活费。

制和城市义务教育奖补政策，建立统一的中央和地方分项目、按比例分担的城乡义务教育经费保障机制。2016年1月，国务院又决定整合城镇居民基本医疗保险和新型农村合作医疗两项制度，建立统一的城乡居民基本医疗保险制度。2016年7月，国务院决定统筹推进县域内城乡义务教育一体化改革发展，到2020年基本实现县域义务教育均衡发展和城乡基本公共教育服务均等化。自2017年中央提出实施乡村振兴战略以来，中共中央、国务院发布了《关于实施乡村振兴战略的意见》和《乡村振兴战略规划（2018—2022年）》，有关部门也制定实施了一系列政策措施。目前乡村振兴战略正在扎实稳步推进。

三是全面深化农村改革。在农村集体产权制度改革方面，2008年6月，中央决定全面推进集体林权制度改革，计划用5年左右时间，基本完成明晰产权、承包到户的改革任务。2008年10月，党的十七届三中全会首次提出"现有土地承包关系要保持稳定并长久不变"，并允许农民以转包、出租、互换、转让、股份合作等形式流转土地承包经营权。从2015年起，国家启动了农村土地征收、集体经营性建设用地入市、宅基地制度改革以及农村承包土地经营权和农民住房财产权抵押贷款试点。为探索农村集体所有制有效实现形式，2016年中共中央、国务院先后发布了《关于完善农村土地所有权承包权经营权分置办法的意见》《关于完善集体林权制度的意见》《关于稳步推进农村集体产权制度改革的意见》。2018年12月29日，十三届全国人大常委会第七次会议表决通过了关于修改农村土地承包法的决定，将农村承包土地"三权分置"、保护进城农民土地承包经营权、土地经营权融资担保和抵押等写入条款。在户籍制度改革方面，2011年2月，国家提出按县级市（县城、建制镇）、设区的市和大城市实行分类户口迁移政策；2014年7月，国务院又提出按城市规模实行差别化落户政策，要求全面放开建制镇和小城市落户限制，有序放开中等城市落户限制，合理确定大城市落户条件，严格控制特大城市人口规模。在其他改革方面，2015年国家还先后启动了供销合作社综合改革和农垦改革，印发了《深化农村改革综合性实施方案》，2016年又制定实施了支持农业转移人口市民化的财政政策。

这期间，在城乡融合发展的大背景下，农村各项改革全面深化，有力地推动了农村经济社会发展，农民收入持续快速增长，农村减贫取得了巨大成效。2003~2018年，中国第一产业增加值年均增长速度达到4.2%；农村居民家庭人均可支配收入年均增长8.4%，比城镇居民家庭增速高0.3个百分点，比1979~2002年农村居民家庭增速高1.1个百分点。特别是，自2010年以来，中国农村居民家庭人均可支配收入年均增速已连续9年超过城镇居民家庭，2010~2018年农村居民家庭人均可支配收入年均增速为8.8%，比城镇居民家庭增速高1.8个百分点。这说明，改革创新已经成为激发农村发展的重要源动力。

第二节 农村发展70年的辉煌成就

新中国成立70年以来，中国农村发展取得了辉煌的成就，农业综合生产能力和供给保障能力不断增强，农民收入和生活水平显著提高，农村面貌发生了翻天覆地的变化，农村贫困人口大幅度减少。这期间，尽管中国农村发展经历了一些曲折，特别是"大跃进"、人民公社化运动和"文化大革命"对农村生产力造成了严重破坏，但这并不能抹杀70年来中国农村发展的辉煌成就。

一、农业发展的成就

总体上看，新中国成立以来，中国农业经济呈现持续增长态势，农业产业结构不断优化，农业科技和装备水平显著提高，农业生产方式发生了深刻变革。中国各种农产品供应日益丰富，已经解决了长期存在的农产品总量不足的问题，实现了由"吃不饱"到"吃得饱"的转变，现在又开始向"吃得好、吃得健康、吃得安全"转变，追求安全、绿色、健康、品质正成为新的趋势。

一是农业经济保持持续增长态势。除少数年份外，中国农业产出大多呈现持续增长的态势。按不变价格计算，1953~2018年中国第一产业增加值年均增长率为3.5%，其中，1979~2018年为4.4%。按可比价格计算，

1953~2017年中国农林牧渔业总产值年均增长率为4.5%，其中，1979~2017年为5.6%。对具有典型弱质性的农业而言，这是一个较高的增长速度。同时，中国主要农产品产量和人均产量也均在快速增长，农产品供应水平和保障能力显著提升，过去农产品供应长期短缺的状况已经一去不复返。2018年，中国粮食产量达到6.58亿吨，比1949年增长了4.8倍，而棉花、油料、糖料、猪牛羊肉、水产品、茶叶产量分别增长了12.9倍、12.4倍、41.3倍、28.7倍、142.8倍和64.3倍；全国人均粮食产量达到471.5千克，比1949年增长了1.3倍，而棉花、油料、糖料、猪牛羊肉、水产品、茶叶人均产量分别增长了4.5倍、4.2倍、15.5倍、10.4倍、57.0倍和12.4倍（见表1-1）。其他农产品产量和人均产量也均获得了快速增长。目前，中国谷物、花生、茶叶、肉类、水产品、羊毛、经济林产品、松香等产量均居世界第一位。

表1-1　　1949~2018年中国主要农产品产量及人均产量

年份	主要农产品产量（万吨）									
	粮食	棉花	油料	糖料	猪牛羊肉	水产品	水果	牛奶	禽蛋	茶叶
1949	11318	44	256	283	220	45	120	—	—	4
1978	30477	217	522	2382	856	465	657	88	281[b]	27
2018	65789	610	3439	11976	6523	6469	25242[a]	3075	3128	261
2018/1949	5.8	13.9	13.4	42.3	29.7	143.8	210.4[a]	—	—	65.3
2018/1978	2.2	2.8	6.6	5.0	7.6	13.9	38.4[a]	34.9	11.14[b]	9.7

年份	按人口平均的主要农产品产量（千克/人）									
	粮食	棉花	油料	糖料	猪牛羊肉	水产品	水果	牛奶	禽蛋	茶叶
1949	208.9	0.8	4.7	5.2	4.1	0.8	2.2	—	—	0.14
1978	318.7	2.3	5.5	24.9	8.9	4.9	6.9	0.9	2.8[b]	0.28
2018	471.5	4.4	24.6	85.8	46.7	46.4	182.1[a]	22.0	22.4	1.87
2018/1949	2.3	5.5	5.2	16.5	11.4	58.0	82.8[a]	—	—	13.4
2018/1978	1.5	1.9	4.5	3.4	5.2	9.5	26.4[a]	24.4	8.0[b]	6.7

注：a为2017年数据或与2017年的倍数，2017年水果产量含果用瓜；b为1982年数据或与1982年的倍数。

资料来源：根据《中国农村统计年鉴（2018）》、《新中国60年统计资料汇编》和《中华人民共和国2018年国民经济和社会发展统计公报》计算。

二是农业产业结构发生重大变化。新中国成立后至改革开放前，农业产业结构保持相对稳定。当时中国的农业经济主要是一种以粮食生产为主的种植业经济，林牧渔业发展严重滞后。在农林牧渔业总产值中，1952年农业占85.9%，林业、牧业和渔业仅分别占1.6%、11.2%和1.3%；到1978年，农业总产值比重仍高达80.0%，林业、牧业和渔业比重分别仅有3.4%、15.0%和1.6%。改革开放以来，中国农业产业结构不断调整优化，较好地实现了由以粮食生产为主的种植业经济向多种经营和农林牧渔业全面发展的转变。这种转变得益于林牧渔业的持续快速发展。1979~2017年，中国农业总产值年均增长4.7%，而林业、牧业和渔业总产值分别年均增长5.6%、7.2%和8.8%。到2017年，在农林牧渔业总产值中，农业所占比重已经下降到53.8%，而林业、牧业和渔业所占比重分别提升到4.3%、26.4%和10.7%。农林牧渔业的内部结构也在不断调整优化。特别是，近年来蔬菜、水果、食用菌、园艺、中药材、畜禽和水产养殖等产业迅速发展，满足了人们日益增长的消费需求。此外，农业生产区域布局日趋优化，粮食、棉花、糖料等主要农产品不断向主产区和优势产区集中。

三是农业科技和装备水平显著提高。在农田水利建设方面，1952年中国耕地灌溉面积仅有2.99亿亩，1978年增加到6.74亿亩，2017年则达到10.17亿亩，比1952年增长了2.4倍，比1978年增长了50.9%。在农业机械化方面，主要农业机械拥有量显著增加，农业机械化水平快速提高。1949年，全国农业机械总动力仅有0.8亿瓦，农业耕播收全部依靠人力、畜力；[①] 1978年，全国农业机械总动力提高到1175.0亿瓦，农业综合机械化率达到19.7%[②]；到2017年，全国农业机械总动力迅速提高到9878.3亿瓦，农作物耕种收综合机械化率达到66%,[③] 农业生产方式实现了从主要依靠人力、畜力到主要依靠机械动力的历史性转变。目前，中国已经成为世界上最大的农机生产和使用大国。在农业科技方面，1949年，中国农

---

① 1952年，全国机耕率只有0.1%；1973年，全国机播率也只有3.7%，机收率只有1.4%。
② 根据农业部农业机械化管理司、中国农业机械工业协会编：《国内外农业机械化统计资料（1949~2004）》（中国农业科学技术出版社2006年版）中数据计算。
③ 农业农村部、国家发展改革委等七部门：《国家质量兴农战略规划（2018—2022年）》，载于《人民日报》2019年2月21日。

业科技进步贡献率不足20%（程杰，2009），改革开放初期也只有27%（温思美、张乐柱，2009），到2017年迅速提升到57.5%，主要农作物良种基本实现全覆盖。

四是农业生产方式发生深刻变革。改革开放以来，各类新型经营主体的大量涌现，正在加快转变农业生产方式，使之朝着规模化、绿色化、融合化、社会化、工业化的方向发展。在规模化方面，根据第三次全国农业普查结果，2016年全国耕地规模化耕种面积占比为28.6%，生猪和家禽规模化存栏占比已达到62.9%和73.9%。在绿色化方面，全国化肥、农药使用量已实现下降，生态农业、有机农业迅速崛起，农业绿色转型在不断加快。截至2017年底，全国"三品一标"产品总数达12.2万个，共建成绿色食品原料标准化生产基地678个。在融合化方面，近年来农业功能不断拓展，休闲农业、景观农业、功能农业等迅猛发展，农业与餐饮住宿、文化旅游、休闲康养、教育医疗、电商物流等第二、第三产业融合发展、稳步推进。在社会化方面，各种新型农业经营主体和专业化社会服务的快速发展，促进了小农户与现代农业生产方式、与大市场的对接。在工业化方面，各种设施农业、智慧农业等的兴起，正在推动农业生产方式的大变革。

二、农村建设的成就

新中国成立之后，国家曾高度重视农田水利、农业技术推广服务、农村医疗等设施建设。改革开放以来，随着新农村建设、美丽乡村建设、农村生态文明建设的相继推进以及乡村振兴战略的实施，中央及各级地方政府加大了农村基础设施和公共服务投入，公共财政的阳光逐步照耀到广大农村，农村经济社会发展步伐加快，农村面貌发生了翻天覆地的变化。70年来，公共财政在农村的投入大幅增加，农村交通、邮电、通信、网络、电力、供水等基础设施显著改善，教育、文化、医疗、卫生等社会事业全面发展，农村基本公共服务水平明显提升。

一是农村基础设施明显改善。新中国成立初期，农村电力、交通、邮电、通信等基础设施均非常落后。1952年，中国农村用电量仅有0.5亿千瓦时，1978年增长到253.1亿千瓦时，2017年又迅速增长到9524.4亿千瓦时。据第三次全国农业普查数据，截至2016年末，全国已有99.3%的村通公路，99.7%的村通电，99.5%的村通电话，82.8%的村安装了有线电视，89.9%的村通宽带互联网，61.9%的村内主要道路有路灯，25.1%的村有电子商务配送站点。到2017年，全国村庄的供水普及率由2006年的42.7%迅速提高到75.51%。

二是农村教育事业快速发展。新中国成立之初，中国农村教育的基础十分薄弱，80%以上人口是文盲，适龄儿童入学率低于20%（周济，2009）。经过70年的持续发展，目前农村人口文盲率显著下降，九年免费义务教育已经全面普及，2018年全国九年义务教育巩固率达94.2%。根据2017年人口变动情况抽样调查数据，全国乡村文盲人口占15岁及以上人口的比重已下降到7.96%。同时，在国家政策的支持下，城乡义务教育均衡化快速推进。截至2019年3月，全国有2717个县实现义务教育基本均衡发展，占全国总县数的92.7%；有16个省（区、市）整体实现了义务教育均衡发展目标。

三是农村医疗卫生事业稳步推进。从20世纪50年代中期起，中国逐渐在农村建立起县、乡、村三级医疗卫生机构、乡村医生队伍和合作医疗制度，被世界称为中国农村卫生模式（张自宽，1999）。到2017年，全国92.8%的行政村设有卫生室。按县及县级市口径统计，1949年农村每千人口卫生技术人员数只有0.73人，1980年提高到1.81人，2017年又提高到4.28人。农村居民人均医疗保健支出由2000年的87.6元提高到2017年的1058.7元，相当于城镇居民人均医疗保健支出的比例由27.5%迅速提高到59.6%。农村医疗卫生事业的发展，大大降低了婴儿和儿童死亡率。1991~2017年，监测地区农村5岁以下儿童死亡率由71.1‰下降到10.9‰，新生儿死亡率由37.9‰下降到5.3‰，婴儿死亡率由58.0‰下降到7.9‰，孕妇死亡率由100.0/10万下降到21.1/10万。

四是农村社会保障体系不断完善。自2003年以来，国家先后建立了新型农村合作医疗制度、农村最低生活保障制度和新型农村社会养老保险制度，农村"病有所医""老有所养"取得重要进展。目前，城乡居民医疗和养老保险制度已经实现并轨。2006年，全国农村最低生活保障平均标准只有850.8元/人·年，到2017年该标准迅速提高到4300.7元/人·年，按现价计算平均每年增长15.9%，比同期城市低保标准年均增速高4.8个百分点。

五是农村环境整治取得较大成效。新中国成立以来，中国在全国普遍开展了群众性的爱国卫生运动，清洁和美化农村环境。1980年之后，全国各地相继开展了农村改水改厕、垃圾收集、污水处理和环境综合治理等工作，取得了明显进展。农村改厕工作显著改善了农村地区的基本卫生条件。根据第一次农村环境卫生调查结果，1993年中国农村卫生厕所普及率仅有7.5%；[1] 到2000年，全国农村卫生厕所普及率已提高到44.8%，2017年又进一步提高到81.7%。全国对生活垃圾进行处理的行政村比例也由2006年的5.5%提高到2016年的65%，对生活污水进行处理的行政村比例由1.0%提高到20%。另根据世界卫生组织数据库的数据，中国农村享有卫生设施人口占总人口的比重由2000年的49.6%提高到2015年的63.7%，农村享有清洁饮用水源人口占总人口的比重由70.8%提高到93.0%，均超过了世界和中等收入国家的平均水平。

三、农民生活的变化

新中国成立70年以来，中国农村居民收入和生活水平显著提高，实现了从贫困到温饱再到小康的历史性跨越，现正在加快向全面小康迈进。特别是，改革开放以来，中央不断加大强农惠农富农政策支持力度，自2004年以来连续出台16个一号文件支持"三农"发展，农民各项经济、社会和政治权利得到保障，农村居民收入和生活水平大幅提升。同时，精准扶贫与全面建成小康社会的努力将农民共享发展成果落到实处；农村集体产权制度改革等赋予了农民更多财产权利，财产权利更有保障、财产权能更加完善；乡村治理体制改革提升了农民对农村公共事务的参与权、决策权与监督权。

从人均收入来看，新中国成立之初，中国农村居民收入水平极低，处于极端贫困状态。1949年，全国农村居民人均纯收入只有43.8元，1952

---

[1]《卫计委：中国农村卫生厕所普及率约八成》，载于《现代养生》2017年第24期。

年也只有57元（温思美、张乐柱，2009）。1978~2018年，农村居民人均可支配收入从133.6元增加到14617元，增长了108.4倍，年均实际增长7.70%，比城镇居民增速高0.48个百分点。尤其在2010~2018年，农村居民人均可支配收入年均实际增长8.84%，比城镇居民增速高1.78个百分点（见表1-2）。农村居民的消费水平也呈现快速增长。1978~2018年，全国农村居民消费水平从138元提高到11704元，年均实际增长6.90%，比城镇居民增速高0.54个百分点。恩格尔系数是反映城乡居民家庭生活富裕程度的重要指标。新中国成立之初，中国农村居民恩格尔系数曾超过70%，1978年尚高达67.7%。自改革开放以来，农村居民恩格尔系数迅速下降，2018年降为30.1%，已经处于恩格尔系数在30%~40%之间的相对富裕阶段。

表1-2　1979~2018年中国居民家庭收入增长速度

时间	居民家庭人均可支配收入年均增速（%）			农村-城镇（百分点）
	全国	城镇	农村	
1979~2002年	7.83	6.65	7.27	0.62
其中：1979~1985年	11.42	6.98	15.18	8.20
1986~2002年	6.38	6.52	4.18	-2.34
2003~2018年	9.30	8.09	8.35	0.26
其中：2010~2018年	8.31	7.06	8.84	1.78
1979~2018年	8.42	7.22	7.70	0.48

资料来源：根据《中国统计年鉴（2018）》和《中华人民共和国2018年国民经济和社会发展统计公报》计算。

农民收入的持续快速增长和基本公共服务水平的稳步提升，尤其是城乡居民养老、医疗等社会保障制度的并轨，大幅提高了农民生活和福祉水平。农村居民人均住房面积1978年只有8.1平方米；到2016年末，全国99.5%的农户拥有自己的住房，村庄人均住宅建筑面积2017年已达到32.57平方米。同时，自2000年以来，农村居民平均每百户年末主要耐用消费品拥有量迅猛增长。到2017年末，农村居民平均每百户拥有移动电话246.1部、彩色电视机120.0台、电冰箱91.7台、洗衣机86.3台、热水器62.5台、空调52.6台、计算机29.2台、排油烟机20.4台、摩托车64.1辆、电动助力车61.1辆、家用汽车19.3辆。

此外，近年来稳步推进的一系列改革和相关政策措施，正在逐步破除导致二元结构的制度性因素，城乡融合发展的步伐不断加快，城乡收入和消费水平差距趋于缩小。按人均可支配收入计算，中国城乡居民收入比从2007年的峰值3.14下降到2018年的2.69；而城乡居民消费水平比也从2000年的峰值3.65下降到2017年的2.65。这表明，在国家政策的有力支持下，中国城乡差距已经越过倒"U"型变化的顶点，进入持续稳定缩小的新时期。

第三节 中国农村发展对世界的贡献

新中国成立70年尤其是改革开放以来，中国农业农村发展取得了辉煌成就，对世界发展作出了巨大贡献。具体体现在以下三个方面。

一、对保障世界粮食安全的贡献

中国人口众多，粮食生产所依赖的耕地和水资源短缺，人地矛盾突出，确保国家粮食安全始终是一个重大国家战略问题。从人口来看，1950年中国总人口占世界的比重为21.5%，1980年该比重提高到22.1%，到2017年又下降到18.4%。[1] 相比较而言，中国的耕地和水资源占世界的比重要低得多。根据世界银行世界发展指标数据库数据，2014年中国耕地面积仅占世界的7.5%，可再生淡水资源仅占世界的6.6%，人均耕地面积仅有1.16亩，只相当于世界平均水平的39.8%，人均可再生淡水资源也只有世界平均水平的34.8%。在这种情况下，中国任何时候都必须绷紧国家粮食安全这根弦不放松。正如习近平总书记所指出的："中国人的饭碗任何时候都要牢牢端在自己手上""饭碗应该主要装中国粮""靠别人解决吃饭问题是靠不住的""绝不能买饭吃、讨饭吃"。[2]

---

[1] 根据世界银行的世界发展指标数据库中的数据计算。
[2] 习近平：《在中央农村工作会议上的讲话》，收录于中共中央文献研究室编：《十八大以来重要文献选编》（上），中央文献出版社2014年版，第660～662页。

新中国成立以来，中国政府始终坚持以农业为基础，把农业放在发展国民经济的首位，不断加大财政投入和政策支持力度，狠抓粮食生产，粮食产量不断迈上新台阶。1949年，中国粮食总产量只有1.13亿吨，人均粮食产量只有209公斤。在新中国成立后相当长一段时期内，随着人口的快速增长以及工业化和城镇化的推进，中国的粮食供应一直处于高度紧张状态。到1978年，虽然中国粮食总产量达到了3.05亿吨，比1949年增长了169%，但由于同期总人口增长了77.7%，人均粮食产量始终在350公斤的温饱线之下，当年仅有317公斤（见图1-1）。改革开放以来，家庭联产承包责任制极大地调动了农民的生产积极性，大大提高了农业生产力，全国粮食总产量和人均产量均稳步提升。2012年，中国粮食产量迈上6亿吨的新台阶，2018年达到6.58亿吨，比1978年增长了1.16倍；人均粮食产量自2008年以来连续11年超过国际公认的400公斤安全线，2018年达到471公斤，比1978年增长了48.9%。

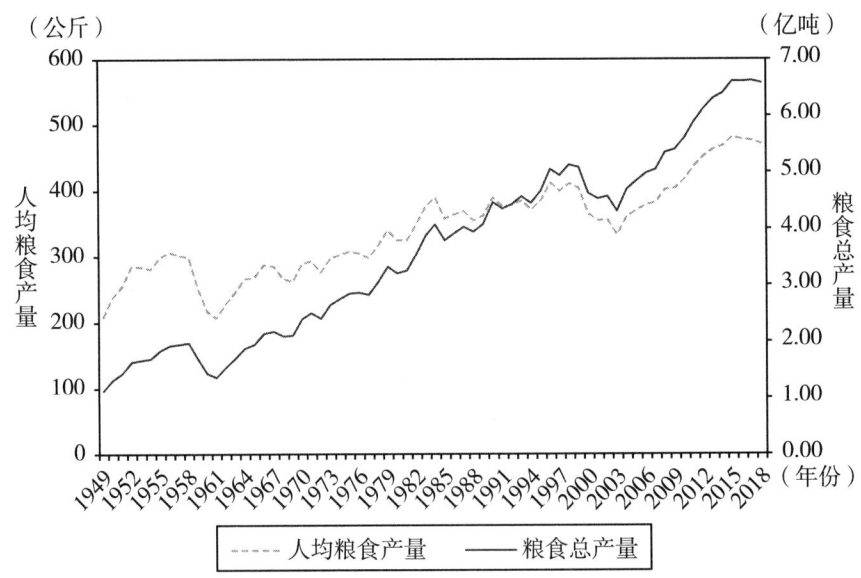

图1-1　1949~2018年中国粮食总产量和人均粮食产量的变化

资料来源：根据《中国农村统计年鉴（2018）》《新中国60年统计资料汇编》《中华人民共和国2018年国民经济和社会发展统计公报》计算。

长期以来，国际上一直有人对中国是否有能力自己解决粮食问题持怀疑态度。早在1949年，美国国务卿艾奇逊就曾断言："人民的吃饭问题是每个中国政府必然碰到的第一个问题。一直到现在没有一个政府使这个问题得到了解决。"[1] 美国学者莱斯特·布朗（Lester Brown, 1995）发表《谁来养活中国人》一文，声称随着人口增长和耕地减少等，中国必将出现粮食短缺，对全球粮食安全构成不容忽视的威胁。中国70年发展的成功实践，宣告了以上预言的破产。

事实上，中国始终是维护世界粮食安全的重要力量。新中国成立以来，中国仅用不到世界8%的耕地，解决了占世界20%左右的人口吃饭问题，对保障全球粮食安全和促进世界农业发展作出了巨大贡献。根据联合国粮农组织（FAO）数据库提供的数据，1961年中国谷物产量为10966.0万吨，占世界谷物总产量的12.5%；到1978年，中国谷物产量达到27303.8万吨，占世界谷物总产量的17.3%。这期间，中国谷物产量增长对世界谷物产量增长的贡献率达到23.2%。到2017年，中国谷物产量达到61985.7万吨，占世界谷物产量的比重达到20.8%。1979~2017年，中国谷物产量增长对世界的贡献率达到24.8%。1962~2017年，中国谷物产量增长对世界的贡献率高达24.3%。

中国对世界粮食安全作出的巨大贡献，除了粮食播种面积的扩大外，主要依靠粮食单位面积产量的持续稳定提高。根据联合国粮农组织数据库数据计算，1961~2017年，中国谷物单位面积产量提高了3.98倍，而世界同期仅提高2.01倍。如果以世界平均水平为100，这期间中国谷物单位面积产量的相对水平由1961年的89.5%提高到1978年的126.6%，2017年又进一步提高到148.0%。近年来，虽然中国谷物自给率呈现下降趋势，但2017年仍达到98.04%，为确保谷物基本自给、口粮绝对安全奠定了坚实基础。

二、对世界减贫的贡献

新中国成立之初，中国农村人口比重大，农民收入水平低，农村生产

---

[1] 毛泽东：《唯心历史观的破产》，收录于《毛泽东选集》（第四卷），人民出版社1991年版，第1510页。

生活条件简陋,普遍处于贫困状态。中国政府通过采取重新分配生产资料、改善农村基础设施、发展农村基础教育、改善农村医疗卫生条件、大力增加粮食生产、建立以农村集体经济为基础的社会保障体系等措施,使农村贫困状况得到较大缓解。1950~1952年,中国人均食物能量不到1900大卡,蛋白质只有53克,1980~1982年分别提高到2570大卡和66克。①考虑到中国农村人口在20世纪80年代初期所享受的卫生和营养标准比新中国成立初期要高得多,因此,这期间中国在减缓贫困方面仍被认为是高度成功的。②然而,按照1978年标准,全国农村贫困人口仍高达2.5亿人,贫困发生率达30.7%(见图1-2)。

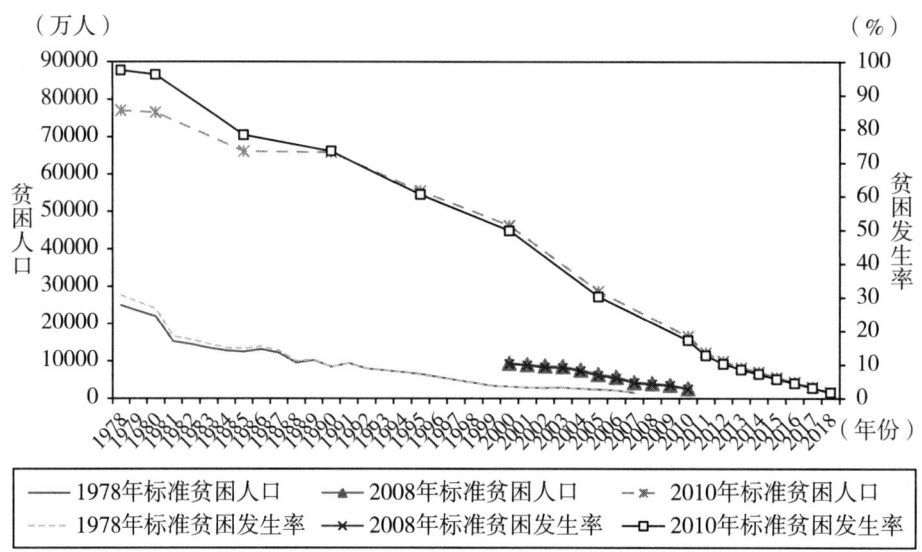

图1-2　1978~2018年中国农村贫困人口与贫困发生率

资料来源:根据《中国统计年鉴(2018)》和《中华人民共和国2018年国民经济和社会发展统计公报》计算。

1978年以来,中国开始了农村扶贫开发的新征程。从1982年启动"三西"地区③农业建设专项扶贫,到1986年开始的全国大规模扶贫开发,再到1994年的"八七扶贫攻坚计划"以及随后两个十年农村扶贫开发纲

---

①② 世界银行:《中国:90年代的扶贫战略》,中国财政经济出版社1993年版,第11页。
③ "三西"地区指甘肃的定西、河西走廊和宁夏的西海固地区。其中,西海固地区是宁夏南部山区的代称,范围包括西吉县、海原县、固原县、泾源县、隆德县、彭阳县六县以及同心县部分。

要，中国政府将农村扶贫工作提高到了前所未有的高度。经过40年的艰辛努力，农村扶贫开发取得了有目共睹的卓越成效，即将实现到2020年现行标准下农村贫困人口全部脱贫的目标。按照现行的2010年标准，中国农村贫困人口已从1978年的7.70亿人减少到2018年的1660万人，共减少贫困人口7.53亿人，平均每年减少1884万人；贫困发生率则从97.5%下降到1.7%，平均每年下降2.40个百分点。目前，全国农村贫困人口的90%以上集中在中西部地区。2018年，东部地区农村贫困人口147万人，贫困发生率为0.4%；中部地区农村贫困人口597万人，贫困发生率为1.8%；西部地区农村贫困人口916万人，贫困发生率为3.2%。

中国现行的农村贫困线为2300元（2010年不变价），2015年现价为2855元。按2011年购买力平价（1美元=3.696元人民币）计算，相当于每天2.11美元；按中国农村购买力平价（1美元=3.04元人民币）计算，则相当于每天2.57美元。这一贫困线高于世界银行2015年根据购买力平价和物价调整的每天1.9美元低贫困线（生存贫困线）标准，但低于每天3.1美元的高贫困线标准（魏后凯，2018）。据世界银行数据库提供的数据，按2011年购买力平价每天1.90美元衡量的贫困人口比例，1990年中国为66.2%，2015年下降到0.7%，平均每年下降2.6个百分点；而同期世界贫困人口比例由35.9%下降到9.9%，平均每年仅下降1.0个百分点。据研究，1981~2012年，按照2011年购买力平价每天1.9美元的贫困标准，中国贫困人口减少了7.9亿人。这期间中国减少的贫困人口占到全球减少全部贫困人口的71.82%（李培林、魏后凯，2016）。这表明，改革开放以来中国对世界减贫作出了巨大贡献。

最近，世界银行发布了《贫困与共同繁荣（2018）》，采用每个国家40%底层人口的平均收入增长率来度量共同繁荣。2010~2015年，中国40%底层人口平均收入年均增长率达到9.11%，比全国平均收入增速高1.74个百分点，其增速在91个经济体中居首位。① 这说明，近年来中国实施的脱贫攻坚战，不仅大规模、快速地减轻了农村贫困，而且在世界上树立了走共同

---

① 中国为2013~2015年数据。参见World Bank, "Poverty and Shared Prosperity 2018: Piecing Together the Poverty Puzzle", Washington, DC: World Bank, 2018: 63。

繁荣之路的典范，为广大发展中国家提供了可供借鉴的有益经验。

三、对世界城镇化的贡献

城镇化是现代化的重要标志，也是减缓农村贫困、促进农村发展的重要途径。实现乡村全面振兴，需要在城乡融合发展的背景下与新型城镇化实行联动。而要从根本上解决"三农"问题，首先必须减少农民，尽快实现农业劳动力向非农产业转移以及农村人口向城镇迁移。新中国成立以来，中国第一产业就业人员占全部就业人员的比重从1952年的83.5%下降到1978年的70.5%，2017年又迅速下降到27.0%。这期间，第一产业就业比重平均每年下降0.87个百分点，其中，1979～2017年平均每年下降1.12个百分点。虽然中国农业劳动力转移速度要明显快于世界平均转移速度，但与第一产业增加值比重相比，目前第一产业就业比重仍然明显偏高，二者之间存在严重的不匹配现象。这既反映了当前中国农业比较劳动生产率较低，也说明未来中国农业劳动力转移的潜力较大。

新中国成立以来，随着农业劳动力的不断转移，中国的城镇化进程也在稳步推进。1949～2018年，中国城镇化率从10.64%提高到59.58%，共实现了7.74亿人的城镇化，这期间平均每年新增城镇人口1121万人，城镇化率年均提高0.71个百分点。特别是，改革开放以来，随着市场化改革的不断推进，中国城镇化呈现大规模快速推进的特征。1978～2018年，中国共实现了6.59亿人的城镇化，平均每年新增城镇人口1647万人，城镇化率年均提高1.04个百分点。这种大规模的快速城镇化在世界上是绝无仅有的。相比之下，1980～2015年，世界城镇化率从39.3%提高到53.9%，平均每年仅提高0.42个百分点（United Nations，2018）。自2011年城镇化率越过50%的拐点以来，中国城镇化开始进入减速期，其推进速度虽然有所下降，但仍远高于世界城镇化的平均增速。

中国大规模的快速城镇化不仅刺激了经济增长、促进了社会进步和农民增收，而且为推进世界城镇化进程作出了重要贡献。据联合国经济和社会事务部人口司在《世界城镇化展望2018》中提供的数据，1950～2015年，中国新增城镇人口7.10亿人，占世界新增城镇人口的22.0%。

其中，1980~2015年，中国新增城镇人口5.83亿人，占世界新增城镇人口的26.2%（United Nations，2018）。考虑到1995年后中国城镇化速度较快，这期间的贡献率将更大。1995~2015年，中国新增城镇人口3.91亿人，占世界新增城镇人口的27.8%；如果按照国家统计局的数据计算，这期间中国新增城镇人口4.19亿人，占世界新增城镇人口的比重达到29.8%。这说明，近年来世界新增城镇人口有近1/3是中国贡献的。

第四节 中国农村发展的道路和经验

一、中国特色的农村发展道路

农村是社会稳定的基石，农村稳则社会稳，乡村兴则国家兴。从国际经验看，各国政策大多经历了从"农业支持工业、农村服务城市"的城市偏向到"工业反哺农业、城市支持农村"的农村偏向转变。新中国成立以来，中国农村政策也经历了一个漫长的曲折历程，从早期的重工业和城市优先发展到后来的"多予少取放活"和"工业反哺农业、城市支持农村"，再到最近的农业农村优先发展，表明国家农村发展政策发生了重大转变。70年来的实践经验表明，由于国情特点和发展阶段的不同，中国的农村发展绝不能照搬欧美发达国家的模式，而应该从自身实际出发，立足国情农情特点，遵循农村发展规律，走具有中国特色的多元化、合作共享型农村发展道路。这条发展道路既是促进乡村全面振兴之路，也是加快推进农业农村现代化之路，更是实现城乡共同繁荣之路。

中国特色的农村发展道路具有以下三个基本特征：

一是多元化。中国是一个发展中的农业大国，城乡区域差异大，人均占有耕地少，生产经营分散，大国小农是中国的基本国情。按照世界银行的划分标准，2015年中国96.0%的农户都属于经营耕地规模不到2公顷的小规模经营。这些小规模经营或小农生产将会长期存在。因此，尽快将小农生产引入现代农业发展体系，实现二者的有机衔接，将是推进农业现代化的关键所在。显然，中国的农业现代化既不可能走像美国、加拿大等那样的大规模农业发展道路,也不能再走过去的传统小农发展道路,而应该针对不同地区的实际情况,因地制宜,走多元化的现代农业发展之路。在实施乡村振兴战略的过程中,也应针对不同类型的村庄情况,因地制宜、分类指导,精准施策,积极探索多元化的乡村振兴模式。

二是新型合作。按照宪法规定,中国农村的土地以及宅基地和自留地、自留山都属于集体所有。坚持农村土地集体所有制是一条不可逾越的红线。这里的关键是在农村承包地和宅基地"三权分置"的前提下,如何探索新形势下农村集体所有制的有效实现形式。改革开放以来,经过长期的实践探索,中国逐步形成了以家庭承包经营为基础、统分结合的双层经营体制,这一基本经营制度是中国农村政策的基石。近年来,随着各地新型集体经济探索实践的蓬勃开展,家庭联产承包责任制下的"分"正在向新型集体经济的"合"转变,双层经营体制中的"统"与"分"将赋予新的内涵。在新的形势下,中国农村经济发展即将迎来一次新的飞跃。这次新的飞跃也就是邓小平所讲的农业的第二个飞跃。[①]新型农村集体经济是一种以合作、股份合作、联合为基础的新型农村合作经济,其实质就是要走符合市场经济要求的新型集体化、规模化、集约化发展道路。

三是共享发展。共享发展是中国特色社会主义的本质要求。当前,中国社会的主要矛盾已经转化为人民日益增长的美好生活需要和不平衡不充分的发展之间的矛盾,而农村发展的不充分是最大的发展不充分,城乡发展的不平衡则是最大的发展不平衡。走中国特色的农村发展道路,必须立足于破解这一主要矛盾,在城乡融合与一体化的大背景下,把城市和农村看成平等的主体,尊重农民的主体地位,保障农民的各项权益,建立农民持续增收与稳定减贫的长效机制,促进城乡要素双向流动、资源优化配置,推动城乡基础设施一体化和公共服务均等化,让广大农民充分分享改

[①] 1990年3月,邓小平在谈到农业问题时指出:"中国社会主义农业的改革和发展,从长远的观点看,要有两个飞跃。第一个飞跃,是废除人民公社,实行家庭联产承包为主的责任制。这是一个很大的前进,要长期坚持不变。第二个飞跃,是适应科学种田和生产社会化的需要,发展适度规模经营,发展集体经济。这又是一个很大的前进,当然这是很长的过程。"参见《邓小平文选》(第三卷),人民出版社2008年版,第355页。

革发展成果，走城乡融合发展、共同繁荣之路。

二、中国农村发展的基本经验

回顾70年来新中国农村发展的历程，主要有以下五方面基本经验：

一是始终绷紧粮食安全这根弦不放松。新中国成立70年来，无论是在粮食紧缺还是相对宽松的环境下，中央都始终高度重视粮食安全问题，把确保国家粮食安全放在经济社会发展的首位，实行了最严格的耕地保护制度，制定实施了一系列粮食宏观调控与支持政策，全面加强粮食生产、流通、储备能力建设，切实提高国家粮食安全保障水平。由于粮食短缺，新中国的粮食安全战略最初主要是确保粮食增产，后来逐步向能力安全、质量安全、生态安全等多维目标转变。1996年10月，在《中国的粮食问题》白皮书中，中国首次明确提出了"立足国内资源，实现粮食基本自给"的粮食安全战略，并要求正常情况下粮食自给率不低于95%。2013年12月，中央经济工作会议又根据新情况提出了"以我为主、立足国内、确保产能、适度进口、科技支撑"的粮食安全新战略，确立了"谷物基本自给、口粮绝对安全"的粮食安全新目标。70年的经验表明，确保国家粮食安全是维护社会稳定、保障国民经济运行的重要前提，任何时候都不能放松保障国家粮食安全这根弦。

二是充分调动农民的积极性和主动性。从70年的历程看，一些影响中国农村发展的重大事件，如家庭联产承包责任制、乡镇企业和村民自治等，都是中国农民的伟大创举。农民始终是农村改革和发展的主体，要坚持以人民为中心的理念，切实保障农民的经济利益，尊重农民的民主权利，充分调动农民的积极性和主动性，发挥农民的主体作用和首创精神，使农民充分分享改革和发展的成果，走共同富裕之路。实践经验证明，只有充分调动农民的积极性、主动性和创造性，才能激发农村发展的内生活力，农村改革和发展才能取得成功。

三是坚持农业农村优先发展总方针。新中国成立以来，中央始终把农业作为国民经济的基础，2003年明确提出把解决好"三农"问题作为全党工作的重中之重，2017年进一步提出"坚持农业农村优先发展"。从"基础"到"重中之重"再到"优先发展"，体现了国家"三农"政策的一脉相承和不断深化。在新形势下，要构建新型的工农城乡关系，加快推进农业农村现代化，促进城乡共同繁荣，就必须把农业农村发展放在优先的位置。优先发展是政府的一种战略和政策导向，即政府在公共资源配置和政策支持上给予优先考虑。坚持农业农村优先发展是市场经济条件下政府应有的职责，也是中国特色社会主义的本质要求，更是补齐农业农村短板的需要（魏后凯，2017）。为此，要加强顶层设计，完善体制机制和政策体系，并在要素配置、公共服务、干部队伍、支撑条件、支持政策等方面，切实把农业农村放在优先的位置，真正做到向农业农村倾斜。

四是以市场为取向全面深化农村改革。改革创新是推动农村发展的第一推动力。40多年的改革实践经验表明，农村改革必须坚持市场化的方向，要在社会主义市场经济的框架下，正确处理好政府与市场、农民与土地的关系，巩固和完善农村基本经营制度，保持农村土地承包关系稳定并长久不变，同时要全面深化农村土地、集体产权、集体林权、供销社、农垦、信用社等各项改革。通过市场化改革，全面激活农村要素、主体和市场，促进城乡要素双向流动和资源优化配置，全力激发农村发展的内生活力和动力。在推进农村改革的过程中，必须采取自下而上与自上而下相结合的方法，通过试点试验将基层创新与顶层设计有效衔接起来。只有这样，才能充分调动基层的积极性，发挥农民的主动性和创造性，同时把握改革的正确方向，避免犯一些颠覆性的错误（魏后凯、刘长全，2019）。

五是强化科技和人才的支撑作用。70年的经验表明，农业发展的根本出路在于科技创新，而农业农村现代化则需要强有力的科技和人才支撑。新中国成立以来，中国政府历来高度重视农业科技创新，不断加大科研经费投入，逐步建立了全国农业科技创新体系和技术推广服务体系。正是由于科技创新特别是农业机械、农业新技术的应用以及新品种的培育和推广，如杂交水稻与杂交玉米品种等的大面积推广，对粮食增产和农业发展起到了重要作用。同时，新中国成立以来，国家高度重视"三农"人才尤其是实用乡土人才的培养，逐步形成了全国农业教育体系、新型职业农民培训体系和农村人才培养体系，建立了一支规模庞大的"三农"人才队伍，为农业农村发展提供了坚实的人才支撑。

第二章

农业现代化

新中国成立70年来,农业发展的过程基本上就是不断追求现代化的过程,目的是为了提高农业生产效率,增加粮食等主要农产品供给。改革开放以前,中国发展农业除保障居民生活需要外,还希望从农业部门提取剩余作为工业化的发展资本;1978年改革开放以后,农业发展的主要目标是增加粮食等农产品市场供给,保持农产品市场价格稳定,为快速工业化、城镇化提供物质保障。进入21世纪,随着农业在国民经济中的比重日趋缩小,政府越来越关注农民收入水平的提高,国家取消了农业税费,推行了"以工补农"政策,同时加大了对农业和农村的投资。如无特别说明,本章数据均来源于历年《中国统计年鉴》。

第一节 农业现代化政策演变

农业现代化是从传统农业向现代农业转化的过程和手段。新中国成立以来,中国的农业现代化进程大致经历了三个阶段,分别是:1949~1978年的集体农业发展时期;1979~2001年的传统农业向现代农业转变时期;2002年至今的现代农业快速发展时期。

一、什么是农业现代化

农业现代化是发展中国家追赶发达国家农业发展和生产方式的一个目

标或一种手段。顾焕章、王培志（1997）和牛若峰（2001）认为，农业现代化是传统农业不断对其技术进行创新、不断地调整其生产规模和农业结构、逐步进行农业生产专业化，以达到农业生产总量的增长和农业生产效率的提升，从而使农业生产健康可持续地发展，即农业现代化是从传统农业向现代农业转化的过程和手段。2007年中央一号文件《中共中央 国务院关于积极发展现代农业扎实推进社会主义新农村建设的若干意见》将现代农业的内容归结为：用现代物质条件装备农业，用现代科学技术改造农业，用现代产业体系提升农业，用现代经营形式推进农业，用现代发展理念引领农业，用培养新型农民发展农业。

顾焕章、王培志（1997）和牛若峰（2001）的定义强调技术的重要性，强调农业现代化的目的，而2007年中央一号文件的表述则强调物质资本和技术两者的重要性，这些无疑抓住了农业现代化的主要方面。但无论是顾焕章、王培志（1997）和牛若峰（2001）提到的生产规模和农业结构调整、农业生产专业化，还是2007年中央一号文件说的现代产业体系、现代经营体系、现代发展理念，都不是农业现代化的本质特征，最多只是农业现代化后的附带结果，因为我们无法判断什么样的规模、结构、产业体系、经营形式、发展理念是现代化的。传统农业主要依靠农民传统经验，农业投入主要是农业自身内部的物质循环，农业生产效率较低，而现代农业采用科学技术，投入大量机械、石化能源、化肥、农药等。因此，目前的现代农业本质上是一种石化农业，在大幅度提高农业产量的同时也带来环境污染、资源枯竭等严重问题。现代农业中的"现代"概念是随着发展阶段和理念的变化而变化的。未来的现代农业将逐步向绿色农业和智慧农业的方向发展。

二、集体化时期的农业现代化政策

中国作为人口大国，农业发展与农产品充足供给不仅关系到人民生活水平改善和社会稳定，而且对国家工业化、城镇化及社会转型都有十分重要的意义。1949年之前，中国经历了北伐战争、国共内战、抗日战争和解放战争，这一时期兵荒马乱、内忧外患，农业发展举步维艰。新中国成立以后，为稳定社会、恢复和发展生产以及重塑乡村权力结构，中央政府在

1950年颁布了《中华人民共和国土地改革法》《城市郊区土地改革条例》，将原来归地主所有的土地分给农民。到1952年底，除部分少数民族地区外，中国大陆基本上完成了土地改革，这为中国农业后来的恢复性发展打下了制度基础。土地改革之后，拥有自己基本生产资料的农民生产积极性高涨，农业恢复迅速，农产品产量明显提高，但由于私有制小农经济与当时对社会主义制度的认识不相符合，加之当时部分农民生产资料匮乏，小部分地区出现了两极分化，政府很快开始了以合作化运动为名的农业集体化运动。

1953年，中国实行粮食统购统销政策并开始推行农业集体化运动。农业集体化经历了互助组、初级社、高级社、人民公社四个阶段，是对农业生产方式的一次根本性变革。农业集体化的初衷是通过生产方式调整，克服传统小农经济的局限性，从而大幅度提高农产品产量，既满足居民的生活需要，又为快速工业化提供发展的资本积累。1954年9月，周恩来在第一届全国人大第一次会议上所作的《政府工作报告》中指出："中国要建设强大的现代化的工业、现代化的农业、现代化的交通运输业和现代化的国防"，这是政府文件第一次提出农业现代化的概念。1958年，党的八届二中全会通过了"鼓足干劲，力争上游，多快好省地建设社会主义"的总路线。1958年8月，在北戴河召开的中央政治局会议通过了《中共中央关于在农村建立人民公社的决议》。这期间，由于农村盛行共产风、浮夸风、强迫命令风、生产瞎指挥风、干部特殊化风，农民生产积极性严重受挫，加上大炼钢铁挤占了农村大量劳动力和其他生产资源，农业生产遭到严重破坏，粮食及其他农产品产量大幅度下降，从而导致了1959～1961年"三年困难时期"，农业发展的探索之路付出了惨重的代价。

1962年9月，党的八届十中全会通过了《农村人民公社工作条例（修正草案）》，公社实行三级所有、队为基础的管理体制，减少了农业生产规模，严格控制了社队之间以及上级政府对社队的财产和生产成果平均调配现象。这样，农业生产和国民经济逐步恢复。1963年1月，周恩来在上海科学技术工作会议上发表讲话，将"四个现代化"表述为农业现代化、工业现代化、国防现代化、科学技术现代化，其中，农业现代化位于"四个现代化"之首，突出了农业生产和发展的重要性和迫切性。在人民公社体制中，社员以生产队为单位集体劳动、共同分配。由于成员劳动贡献难以度量，加之相当高比例的产品以平均的方式在社员之间分配，公社内部存在严重的激励缺陷。1962~1978年，中国农业发展极为缓慢，相当部分农民处于缺衣少食的绝对贫困中。农业生产效率低下进而阻碍了工业和整个国民经济的发展。农业为工业发展提供的资本积累十分有限，同时农民收入低下又限制了工业品销售和工业部门扩大规模。1975年1月，周恩来在第四届全国人大第一次会议上所作的《政府工作报告》中重申了"四个现代化"的建设目标。重提农业现代化是希望通过资本投入和技术创新提高农业效率和产出，以此弥补社员激励不足造成的农产品供给短缺。

三、改革开放后的农业现代化政策

1978年，党的十一届三中全会通过了《中共中央关于加快农业发展若干问题的决定（草案）》，再次提出实现农业现代化的目标。到20世纪70年代后期，四川、贵州、安徽、内蒙古等省份的贫困地区开始进行包产到组、包产到户、包干到户等多种农业生产方式变革。1983年，中共中央、国务院发布《关于实行政社分开，建立乡政府的通知》，要求各地在1984年底完成建立乡政府工作。至此，人民公社体制被完全废除，家庭联产承包责任制成为中国农业的基本经营方式。农村实行家庭联产承包责任制后，农户自主配置农业生产资源，产品在交足国家的农业税和乡镇政府、村组织的"三提五统"后全部归农户所有。农民的生产积极性显著增加，农产品产量大幅度提高。但是，就农业技术、生产工具、劳动者素质而言，中国这时的农业仍然处于传统农业发展阶段。1984年，中国开始对整个计划经济体制和国有企业进行改革，鼓励民营经济和外资企业发展，城市和工业部门开始以较快的速度增长，这就对农业生产提出了新的要求。为了突破传统农业发展的限制，中央政府通过政策调整加快推进农业现代化进程。1991年11月，党的十三届八中全会通过的《中共中央关于进一步加强农业和农村工作的决定》再次强调了科学技术进步和提升农业劳动者素质的重要性。1992年，党的十四大确立了社会主义市场经济体制；1993年，中共中央、国务院发布《关于当前农业和农村经济发展的若干政策措施》，将家庭联产承包责任制的承包期延长至30年。这些文件为加快中国农业现代化进程奠定了制度基础。

2001年12月,中国加入世界贸易组织,逐渐成为"世界工厂",工业化和城镇化明显加快。为稳定农产品供给和工资水平,同时也为了满足居民生活水平提高后对农产品数量和质量的要求,中央政府更加重视农业发展和农业现代化进程。2002年颁布了《中华人民共和国农村土地承包法》,法律上明确将土地承包期限延长至30年,以稳定农业生产者预期。2005年,中国取消了农业税费,进一步为促进农业发展提供了制度保障。2007年发布的中央一号文件明确提出:"推进现代农业建设,顺应中国经济发展的客观趋势,符合当今世界农业发展的一般规律,是促进农民增加收入的基本途径,是提高农业综合生产能力的重要举措,是建设社会主义新农村的产业基础。"该文件还提出了发展现代农业的具体措施,即提高农业水利化、机械化和信息化水平,提高土地产出率、资源利用率和农业劳动生产率,提高农业素质、效益和竞争力;认为建设现代农业的过程,就是改造传统农业、不断发展农村生产力的过程,就是转变农业增长方式、促进农业又好又快发展的过程。2008年10月,党的十七届三中全会通过了《中共中央关于推进农村改革发展若干重大问题的决定》,该文件强调中国要走"中国特色的农业现代化道路"。2013年中央一号文件《中共中央 国务院关于加快发展现代农业进一步增强农村发展活力的若干意见》进一步指出:"必须统筹协调,促进工业化、信息化、城镇化、农业现代化同步发展,着力强化现代农业基础支撑。"2016年中央一号文件《中共中央 国务院关于落实发展新理念加快农业现代化实现全面小康目标的若干意见》又强调,要"走产出高效、产品安全、资源节约、环境友好的农业现代化道路",让广大农民平等参与现代化进程、共同分享现代化成果。

2016年,国务院颁发了《全国农业现代化规划(2016—2020年)》,明确了"十三五"期间全国农业现代化的基本目标和主要任务,提出了推进农业现代化的系列措施,主要包括:一是推进体制机制创新,稳定完善农村基本经营制度,引导农户依法自愿有序流转土地经营权,发展多种形式的适度规模经营;二是优化农业产业布局,依靠科技创新调整农业生产结构,提高机械化、信息化水平,增强粮食等重要农产品安全保障能力;三是推进农村一二三产业融合,培育新型经营主体和职业农民,发展农产品深加工和电子商务、创意休闲农业等新业态，多渠道促进农民增收；四是实施绿色兴农重大工程，严格化肥、农药、饲料添加剂等使用管理，推动农业废弃物资源化利用和无害化处理，综合防治农业面源污染，强化农产品质量安全监管；五是加大支农惠农富农力度，健全财政投入稳定增长机制，拓宽社会资本市场化投入渠道，优化农业补贴政策，创新信贷、保险等支农措施，大力扶持农村贫困地区脱贫攻坚。

2017年中央一号文件《中共中央 国务院关于深入推进农业供给侧结构性改革加快培育农业农村发展新动能的若干意见》提出深入推进农业供给侧结构性改革，强调中国农业的主要矛盾已从总量供给不足，转变为阶段性的供过于求和供给不足并存，矛盾的主要方面在供给侧。文件提出对农村集体产权制度进行改革，实行农村土地集体所有权、农户承包权、土地经营权"三权分置"办法。目的是促进农村土地的流转，加大力度激活农业劳动要素，加快现代农业发展。2017年，党的十九大报告又提出要"加快推进农业农村现代化"，这是中央文件首次提出"农业农村现代化"的概念。2018年中央一号文件《中共中央 国务院关于实施乡村振兴战略的意见》中明确提出，到2035年农业农村现代化基本实现，由此把农业农村现代化提升到乡村振兴战略总目标的高度。

第二节 农业机械化和科技创新

农业机械化和科技创新是发展现代农业的两个重要途径。新中国成立70年来，中国农业机械化大致可分为1949~1978年的探索阶段和1979年以来的快速发展阶段，目前正处于增机减人的中级水平。2002年以后，中国农业科研投入大幅度增加，科技创新在农业增产和发展中所作的贡献越来越突出。

一、农业机械化的政策支持

农业机械化是指用机械动力替代传统农业中人力和畜力的一种生产方

式。农业机械化是农业现代化的重要内容，它可以降低农业生产中的劳动强度，节约农业生产时间，提高利用自然资源的效率，改善农业生产条件。农业机械化既包括农、林、牧、渔业作业的机械化，也包括农产品加工和运输的机械化以及农业生产基础设施的机械化。张培刚（2014）将农业机械化方式分为三种：动力机的采用、乡村区域开始使用现代型的交通工具、现代的改良的较大型的农用工具的应用和推广。动力机的采用可以理解为运作于田间的拖拉机、灌溉机械、农产品加工机械等；现代化的交通工具则是指以销售或农业采购为目的而在乡间使用的汽车、货车等工具；改良的较大型的农具是指针对不同地区、不同类型的耕作、养殖模式，运用相应的大型机械耕种、收割、加工等操作器械。

1840年鸦片战争后，长期闭关自守的中国被迫门户开放，大量西方技术、法律制度和思想涌入中国，改变了国人的生产和生活方式。这时，中国传统农业开始引进国外的农业装备，学习国外农业技术，并逐渐结合中国农业的具体环境对西洋农具作进一步改良和创新，这可以视作中国农业机械化进程的开始。尽管如此，在新中国成立初期，农业仍主要是靠人力、畜力和手工等生产方式，装备技术落后，农具的功能单一，效率低下，当时现代化的农用机械非常少。据《中国统计年鉴（1982）》数据，1952年，全国的农用机械总动力只有25万千瓦，农用大中型拖拉机总共才1300台不到。1970年，国务院召开北方地区农业会议，周恩来强调了实现农业机械化的重要性，鼓励农村地区通过发展"五小工业"加快农业机械化前进步伐。1979年9月，当时的农业机械部召开了全国小麦收割机械化会议。1980年，国务院批转了农业机械部《关于积极发展小麦收获机械的报告》，认为小麦收获机械问题亟待解决，小麦收割实现机械化后每年就可以多收十几亿到几十亿斤粮食，而且有利于全年增产。

2004年，中国颁布实施了《中华人民共和国农业机械化促进法》，提出要"鼓励、扶持农民和农业生产经营组织使用先进适用的农业机械，促进农业机械化，建设现代农业"。当年，中央财政拿出4000万元资金对粮食主产区16个省（区、市）66个县实行农机购置补贴。补贴标准是中央财政资金按不超过机具单价的30%、最高补贴额不超过3万元。各省份也先后出台了有关促进农业机械化发展的政策措施，为农业机械化发展提供了系统性的政策支持,使推进农业机械化有法可依、有据可循。《中华人民共和国农业机械化促进法》颁布实施后,中央连续出台了一系列促进农业机械化的政策文件。2005年中央一号文件《中共中央 国务院关于进一步加强农村工作提高农业综合生产能力若干政策的意见》指出:中央财政继续增加农机具购置补贴资金。2007年中央一号文件《中共中央 国务院关于积极发展现代农业扎实推进社会主义新农村建设的若干意见》再次强调了推进农业机械化的重要性,要求改善农业装备结构,提升农机装备水平,走符合国情、符合各地实际的农业机械化发展道路。2008年中央一号文件《中共中央 国务院关于切实加强农业基础建设进一步促进农业发展农民增收的若干意见》也明确提出"加快推进农业机械化""加快推进粮食作物生产全程机械化,稳步发展经济作物和养殖业机械化。"2009年中央一号文件《中共中央 国务院关于2009年促进农业稳定发展农民持续增收的若干意见》又强调要较大规模增加农机具购置补贴,将先进适用、技术成熟、安全可靠、节能环保、服务到位的农机具纳入补贴目录,补贴范围覆盖全国所有农牧业县,带动农机普及应用和农机工业发展。2012年中央一号文件《中共中央 国务院关于加快推进农业科技创新持续增强农产品供给保障能力的若干意见》再次强调扩大农机具购置补贴规模和范围,进一步完善补贴机制和管理办法,鼓励种养大户、农机大户、农机合作社购置大中型农机具,同时提出"充分发挥农业机械集成技术、节本增效、推动规模经营的重要作用,不断拓展农机作业领域,提高农机服务水平。着力解决水稻机插和玉米、油菜、甘蔗、棉花机收等突出难题,大力发展设施农业、畜牧水产养殖等机械装备,探索农业全程机械化生产模式"。

二、农业机械化的主要成效

新中国成立70年来,中国的农业机械化发展大致分为两个阶段:1949~1978年为农业机械化的探索阶段,这一阶段为后来的机械化快速发展奠定了坚实的基础(白人朴,2012);1979年至今为快速发展、积极创新阶段,这一阶段最终确立了具有中国特色的农业机械化发展道路。农业机械化的发展成效主要包括以下四个方面。

一是农业机械化发展政策体系逐步建成和完善。从2004年颁布实施《中华人民共和国农业机械化促进法》开始，中国的农业机械化法律法规体系日益完善，包括农业部和各级地方政府关于农业机械化的规章制度逐渐系统化，形成了从地方到中央、基于中国农村实际发展状况的农村机械化法律法规制度框架，为今后中国进一步推进农业机械化提供了政策支持。

二是小麦、玉米的生产实现了全程机械化。1980年国务院批转农业机械部《关于积极发展小麦收获机械的报告》，开始以小麦为重点机械化发展对象，持续推进小麦机械化进程。在小麦机械化中先以机收为重点，然后逐步发展小麦耕、播的机械化。1979年，三个农业大省豫、鲁、冀的小麦机播水平在50%左右，而机收水平非常低，在3%~5%之间（白人朴，2008）。据农业农村部统计，就全国而言，1979年小麦机播水平只有29.8%，玉米只有8.7%。经过近40年的发展，至2016年全国小麦机播水平达到了87.9%，机收水平为93.7%。同期，全国玉米机播水平也达到83.8%，机收水平达到66.7%。这样就基本实现了小麦、玉米生产的全程机械化，这是中国农业机械化进程中的重要里程碑。

三是农业机械化发展进入了中级阶段。2007年部分省份发布了农业机械化水平发展阶段标准，将农业机械化水平分为初级、中级和高级阶段（见表2-1）。2005年，中国农业机械化综合水平为36%，[①] 第一产业从业人员占比为44.8%[②]；2008年，全国耕种收综合机械化水平为45.8%，第一产业从业人员占比为39.6%。[③] 所以，以此标准，2005~2008年中国农业机械化处于过渡阶段。2015年，中国第一产业从业人员占比为28.3%，全国耕种收综合机械化水平为63.8%。[④] 结合四川省规定的分类标准，目前中国农业机械化水平处于中级阶段，并向高级阶段靠拢。机械化农业生产已远超传统农业生产方式，这是中国农业机械化发展的重大成果。

[①]《新中国农业机械化六十年的发展历程回顾》，http://www.chinairn.com/news/20111007/621731.html，2011年10月7日。

[②] 由于农业劳动力人数难以搜集，这里用第一产业从业人员来替代农业劳动力人数。

[③]《新中国农业机械化六十年的发展历程回顾》，http://www.chinairn.com/news/20111007/621731.html，2011年10月7日。

[④]《全国农业机械化发展第十三个五年规划》，http://www.moa.gov.cn/gk/ghjh_1/201701/t20170105_5424545.htm，2017年1月5日。

表2-1 农业机械化发展阶段划分标准

阶段	耕种收综合机械化水平（％）	农业劳动力占全社会从业人员的比重（％）
初级阶段	<40	>40
中级阶段	40~70	40~20
高级阶段	>70	<20

资料来源：《四川农业机械化水平评价指标体系》。

四是进入增机减人、发展现代农业的新时期。由于农业人口基数大，长期以来，与世界平均水平相比中国的农业人口比例常年居高不下，而近年来伴随着中国经济的快速增长，以及工业化、城镇化和农业机械化的快速推进，农业从业人员占比逐步下降。中国第一产业从业人员占全社会从业人员比重从1978年的70.5%降至2017年的27.0%。同期，中国农业机械化水平不断提高，1978年中国农业机械总动力为15975万千瓦，农用大中型拖拉机55.74万台，小型拖拉机137.30万台，农用排灌动力机械502.6万台；2017年分别增至98783.3万千瓦、670.08万台、1634.24万台、930.15万台（见表2-2）。经过改革开放近40年的发展，2017年中国的农业机械总动力、农用大中型拖拉机、农用小型拖拉机、农用排灌动力机械分别增长至1978年的6.18倍、12.02倍、12.40倍、1.87倍。

表2-2 1952~2017年中国主要农业机械拥有量

年份	农业机械总动力（万千瓦）	农用大中型拖拉机（万台）	农用小型拖拉机（万台）	农用排灌动力机械（万台）
1952	25	0.13	—	—
1957	165	1.47	—	—
1965	1494	7.26	0.40	55.8
1978	15975	55.74	137.30	502.6
1980	20049	74.49	187.40	563.0
1985	20192.5	85.24	382.40	286.50
1990	28707.7	81.35	698.10	411.10
1995	36118.1	67.18	864.64	491.21
2000	52573.6	97.45	1264.37	688.12
2005	68397.8	139.60	1526.89	809.91
2010	92780.5	392.17	1785.79	964.25
2015	111728.1	607.29	1703.04	939.93
2017	98783.3	670.08	1634.24	930.15

资料来源：历年《中国统计年鉴》。

三、农业科技创新

现代农业的基础是科技创新及技术应用。农业技术大体上可分为生物技术、化学技术、机械工程技术以及农业综合整治和管理技术。一国农业技术创新的方向与该国资源禀赋有关，土地广袤、劳动力短缺的国家将采取节约劳动力的机械工程技术为主；相反，人多地少的国家更可能采用提高产量、节约土地资源的生物和化学技术。

1950年前后，中国七大区政府在接收原有农业科研机构的基础上组建了七个大区农业科研研究所。1966年"文化大革命"开始后，大量农业科研机构被撤销、解散和合并，科研人员被下放到农村接受劳动和批斗（李成贵，2013）。1978年党的十一届三中全会提出"经济建设必须依靠科学技术，科学技术工作必须面向经济建设"，中国农村科技发展进入一个新的历史阶段。1989年国务院发布《关于依靠科技进步振兴农业 加强农业科技成果推广工作的决定》，各级政府和各部门开始大力开展科学技术创新和科技兴农活动。2009年中央一号文件强调要加快农业科技创新的步伐，加强和完善现代农业产业技术体系；加大农业科技投入，多渠道筹集资金，建立农业科技创新基金，重点支持关键领域、重要产品、核心技术的科学研究。2012年中央一号文件进一步聚焦农业科技创新，强调要坚持科教兴农战略，把农业科技摆上更加突出的位置，下决心突破体制机制障碍，大幅度增加农业科技投入，推动农业科技跨越发展。2017年中央一号文件再次提出要强化科技创新驱动，引领现代农业加快发展。在中央政策的支持下，改革开放以来中国农业科技投入快速增长，且主要是依靠政府投入。据《中国科技统计年鉴（2018）》数据，2002~2017年，中国农林牧渔业研究与开发机构研发（R&D）经费内部支出从17.28亿元增加至182.59亿元，年均增长17.0%，其中政府资金从13.99亿元增至161.73亿元，企业资金从0.18亿元增至5.66亿元，分别年均增长17.7%和25.8%。这期间，政府资金所占比重由81.0%迅速提高至88.6%。

在农业技术推广方面，1954年农业部颁布《农业技术推广站工作条例》，几年后全国普遍建立了农业技术推广站、畜牧兽医工作站和水产技术推广站。20世纪60年代中期，农村大搞"实验田""示范田""丰收田"活动。1974年，农林部提出在全国建立四级农业科学实验网，开展科学实验，总结推广先进的农业技术和经验，繁育良种和选育新品种，做好病虫测报和防治技术指导（李成贵，2013）。改革开放以后，农业科技推广得到进一步重视，到20世纪80年代末，中国所有县的农业局都在各个乡镇建立了农业技术推广站。1993年，中国颁布实施了《中华人民共和国农业技术推广法》，对农业技术推广体系、农业技术的推广和应用以及农业技术推广的保障措施从法律层面进行了规范。

改革开放之前，中国农业科研尽管受到"文化大革命"等政治运动的干扰，仍有部分科学家做出了杰出的贡献。1973年10月，袁隆平发表了论文《利用野败选育三系的进展》，宣告中国籼型杂交水稻"三系"培育成功。1976年，中国推广示范该项技术208万多亩，亩产比常规稻增产20%以上（李成贵，2013）。1978年起，中国实行科技兴农的近40年间，农业科技创新取得了突出成效。特别是杂交品种的培育和运用，如杂交水稻、杂交玉米等的大面积推广种植，对粮食增产做出了巨大贡献。2017年，中国良种覆盖率超过96%；农业化学工业的发展，如化肥、农膜、农药等的应用，提升了农作物抵抗自然灾害的能力和增产潜力；耕作制度的创新、改进，由传统农业中惯用单熟制发展为现代耕作制度中的双熟制或者多熟制，提高了耕作效率；农作物品种的创新，如高秆作物变矮秆，增强了其光合作用能力；节水技术、灌溉技术的使用，提高了农作物灌溉效率、节约了有限的水资源；畜牧育种和饲料加工技术的发展显著提高了畜产品产量，缩短了畜产品出栏周期，满足了中国居民对动物蛋白质的需求。与科技创新相伴随的是，中国的粮食总产量从1978年的30477.01万吨增至2017年的61791.0万吨，肉类产量从1978年的943万吨增加到2017年的8654.4万吨。2005年中国的农业科技进步贡献率为48%，随着科技创新投入不断增加，2007年农业科技进步贡献率已达到50%，到2017年达到56%。

第三节 农村三次产业融合发展

三次产业融合发展战略的提出既是为了应对中国农业农村发展过程中出现的农民收入增长缓慢、农产品市场波动、农业投资不足等方面的挑战，也是为了充分利用随着社会经济发展而出现的乡村旅游、休闲、电子商务等新的经济机会。农村三次产业融合发展关键是农业如何与第二、第三产业融合，需要设计好农民与外部合作的利益机制。

一、农村三次产业融合发展提出的背景

农村三次产业融合发展不同于主要强调技术进步的农业现代化，这一战略的提出具有深刻的社会经济背景。农村实现家庭联产承包责任制后，粮食等主要农产品产量显著增加，市场供给有了明显保障。然而，农民收入增长速度不高，城乡之间收入差距长期难以缓解。收入水平较低降低了农民的生产积极性，也降低了工业品购买力，不利于拉动内需，减缓了工业化和经济发展速度。而城乡之间收入不平等不利于社会稳定，削弱了发展的公正性。

中国是一个人多地少的国家，农业长期保持小规模家庭经营。20世纪80年代以来，随着快速工业化和城镇化，尽管相当部分农民转入工业和服务业部门，但农业部门至今仍存在较多的剩余劳动力，农业仍以家庭经营为主，经营规模狭小。这种分散的小规模经营在生产方面激励效果明显，但在流通体制不畅的情况下则常常造成产销之间脱节、农产品价格经常出现大涨大落的情况，这就给农民带来了较大的风险。而且，由于生产规模小，农产品批量也小，质量参差不齐，农户履约率较低，给从事农产品贸易和加工的企业也带来风险。

农业小规模经营的另一缺陷是农民缺乏能力投资基础设施建设、改善农业生产条件。当然，承包期30年的局限性也抑制了农民长期投资的积极性。但是，随着经济发展和居民收入水平的提高，全社会对农产品需求

的数量增加了，对质量则有更高的要求。这就需要农村之外的社会资本投资农业，改善生产条件，变革生产方式，引入新的技术和品种，提高农业生产、加工、销售的效率，满足社会对高质量、多样化的农产品的需求。

20世纪70年代，国际社会认识到农业的多功能性质，认为除提供粮食、纤维等物质产品外，农业及其生产方式极大地影响着生态系统的恢复和平衡。例如，森林和草地生态系统通过固定大气中的二氧化碳而减缓地球的温室效应；树木的根系可以稳定土壤，而地上植物的叶片可以截留降水，防止水土流失；植物在抗生范围内能够通过吸收而减少空气中硫化物、氮化物、卤化物及其他有害微粒的含量；湿地及其他水生生态系统能够处理人类活动产生的大量有机废水，使之成为可供饮用的清洁水，这类功能扮演了"免费"污水处理厂的服务功能。此外，农田等自然生态系统为人类的精神财富、心灵发展和娱乐休闲提供了无限可能，如提供美学信息、娱乐与生态旅游机会、文化艺术灵感和科学教育信息等。农业还有文化传承作用，因为迄今为止人类文明史大部分时期本质上是关于农业发展和农民生活的历史，中国的文学、哲学、伦理道德、政治制度、法律等，或源于农业，或为农业服务。21世纪初，随着生活水平的提高，城市居民赴农村旅游、休闲、娱乐的越来越多，很多农民趁此机会开发了"农家乐"等旅游休闲项目，部分地区利用特有的山水资源、物质文化遗产建设旅游观光的特色小镇。同一时期，电子商务也开始进入农村，部分农户、公司、微商利用互联网直接出售自己生产的农产品及一些农村文化产品。

概言之，三次产业融合发展战略既是为了应对中国农业农村发展过程中出现的农民收入增长缓慢、农产品市场波动、农业投资不足等方面的挑战，也是为了充分利用随着社会经济发展而出现的乡村旅游、休闲、电子商务等新的经济机会。20世纪90年代中期，中国便提出了农业产业化战略，该战略的主要内容便是支持以股份合作社、专业合作社、龙头企业等为主体的新型农业经营体系建设。农业产业化首先确定主导产业，然后依靠龙头企业带动，发展规模经营，实行市场牵龙头、龙头带动基地、基地连农户的产业组织形式，由此形成种养加、产供销、贸工农、农工商、农科教一体化经营体系。当前的三次产业融合发展战略无疑是农业产业化战略的继续，只是早期的农业产业化战略要解决的主要问题是农民增收、农业生产与市场销售脱节、农民如何分享部分农产品加工利益以及农业投资不足等问题，而目前的三次产业融合发展增加了如何利用农村和农业外部出现的新机会和新技术等问题。

二、农村三次产业融合发展的政策

2015年，中共中央、国务院在《关于加大改革创新力度加快农业现代化建设的若干意见》中首次提出了推进农村三次产业融合发展的理念。该文件认为，要实现农村三次产业融合发展，增加农民收入，就必须延长农业产业链、提高农业附加值。推进农村三次产业融合发展需要立足资源优势，以市场需求为导向，大力发展特色种养业、农产品加工业、农村服务业，扶持发展一村一品、一乡（县）一业，壮大县域经济，带动农民就业致富；需要开发农业多种功能，挖掘乡村生态休闲、旅游观光、文化教育价值。2015年，国务院办公厅印发的《关于推进农村一二三产业融合发展的指导意见》提出农村三次产业融合发展的方式包括：（1）将农村产业融合发展与新型城镇化建设有机结合，引导农村第二、第三产业向县城、重点乡镇及产业园区等集中；（2）调整优化农业种植养殖结构，加快发展绿色农业；（3）发展农业生产性服务业和农产品深加工，促进其向优势产区和关键物流节点集中；（4）发展多种形式的农家乐，建设具有历史、地域、民族特点的特色旅游村镇和乡村旅游示范村，有序发展新型乡村旅游休闲产品，合理开发农业文化遗产，大力推进农耕文化教育进校园，统筹利用现有资源建设农业教育和社会实践基地；（5）实施"互联网+现代农业"行动，推进现代信息技术应用于农业生产、经营、管理和服务，鼓励对大田种植、畜禽养殖、渔业生产等进行物联网改造；（6）加强农村产业融合发展与城乡规划、土地利用总体规划有效衔接，完善县域产业空间布局和功能定位，将新增耕地和建设用地优先用于农村产业融合发展；（7）扶持发展一乡（县）一业、一村一品，加快培育乡村手工艺品和农村土特产品品牌，推进农产品品牌建设；（8）依托国家农业科技园区、农业科研院校和"星创天地"，培育农业科技创新应用企业集群。

2016年中央一号文件再次强调要通过推进农村产业融合，促使农民收入持续较快增长。该文件提出了推动农村三次产业融合发展的有效途径，具体包括：（1）开展农产品加工技术创新，促进农产品初加工、精深加工及综合利用加工协调发展，提高农产品加工转化率和附加值，增强对农民增收的带动能力。（2）健全统一开放、布局合理、竞争有序的现代农产品市场体系，通过搞活流通促进农民增收。加快农产品批发市场升级改造，完善流通骨干网络，加强粮食等重要农产品仓储物流设施建设。促进农村电子商务加快发展，形成线上线下融合、农产品进城与农资和消费品下乡双向流通格局。（3）依托农村绿水青山、田园风光、乡土文化等资源，大力发展休闲度假、旅游观光、养生养老、创意农业、农耕体验、乡村手工艺等，使之成为繁荣农村、富裕农民的新兴支柱产业。该文件强调三次产业融合发展的关键是如何引导农民与外部进行合作，要创新发展订单农业，支持农业产业化龙头企业建设稳定的原料生产基地、为农户提供贷款担保和资助订单农户参加农业保险；鼓励发展股份合作，引导农户自愿以土地经营权等入股龙头企业和农民合作社，采取"保底收益＋按股分红"等方式，让农户分享加工销售环节收益，建立健全风险防范机制。

2017年中央一号文件根据地方实践的经验，提出了农村三次产业融合发展的一些新模式，如以规模化种养基地为基础，依托农业产业化龙头企业带动，聚集现代生产要素，建设"生产＋加工＋科技"的现代农业产业园，发挥技术集成、产业融合、创业平台、核心辐射等功能作用；吸引龙头企业和科研机构建设运营产业园，发展设施农业、精准农业、精深加工、现代营销，带动新型农业经营主体和农户专业化、标准化、集约化生产，推动农业全环节升级、全链条增值；鼓励农户和返乡下乡人员通过订单农业、股份合作、入园创业就业等多种方式，参与建设，分享收益。该文件还提出充分发挥乡村各类物质与非物质资源富集的独特优势，利用"旅游＋""生态＋"等模式，推进农业、林业与旅游、教育、文化、康养等产业深度融合；促进新型农业经营主体、加工流通企业与电商企业全面对接融合，推动线上线下互动发展，推进"互联网＋"现代农业行动；引导加工企业向主产区、优势产区、产业园区集中，在优势农产品产地打造食品加工产业集群；围绕有基础、有特色、有潜力的产业，建设一批农业文化旅游"三位一体"、生产生活生态同步改善、三次产业深度融合的特色村镇。2018年中央一号文件又强调要"构建农村三次产业融合发展体，大力开发农业多种功能，延长产业链、提升价值链、完善利益链，通过保底分红、股份合作、利润返还等多种形式，让农民合理分享全产业链增值收益"。

农村三次产业融合发展关键是农业如何与第二、第三产业融合，因此需要设计好农民与外部合作的利益机制。订单农业无疑是一种稳妥的利益联结方式。龙头企业在平等互利基础上与农户、家庭农场签订农产品购销合同，合理确定收购价格，形成稳定购销关系。龙头企业还可以为农户、家庭农场提供贷款担保，资助订单农户参加农业保险。利益联结也可以采取股份合作制的方式，即农民将土地、林地作为资本，以股份的方式投资于农产品加工企业和贸易企业。这样，农户可以分享加工、销售环节收益。订单农业和股份合作可以使农产品形成产加销一条龙、贸工农一体化经营，把农业的产前、产中、产后环节有机地结合起来，形成产业链，使各环节参与主体真正形成风险共担、利益均沾的利益共同体。

三、农村三次产业融合发展的效果

三次产业融合发展战略提出以来，通过各方共同努力，总体成绩显著。首先，各类新型产业融合主体不断出现，数量激增，质量不断提高，展现出强大的带动能力。截至2017年底，全国家庭农场、农民合作社、农业企业等各类新型主体超过300万家，新型职业农民超过1500万人，社会化服务组织达到22.7万家，已服务3600多万农户，托管面积2.32亿亩。[①] 这些经营主体与农民形成了诸如订单生产、股份合作、产销联动、利润返还等紧密的利益联结机制，不仅保障了农民的利益，还通过模式创新将农民收入从农村内部拓展到农村外部，拓宽了农民增收渠道。其次，

---

① 国家发展改革委农村经济司：《农村一二三产业融合发展年度报告（2017）》，国家发展改革委官方网站，2018年4月。

融合发展模式多样化,既突出了农村自身优势,又通过延伸产业链条提高了产业附加值。其中,以农业为依托,充分融合文化、健康、旅游等元素的休闲农业和乡村旅游蓬勃发展,带动农民增收明显。2017年全国休闲农业和乡村旅游营业收入达到7400亿元,2018年超过8000亿元。另外,以互联网为依托的农村电子商务等新业态保持加速增长态势。据前瞻产业研究院发布的《2018—2023年中国农村电商市场前瞻预测与投资规划分析报告》显示,2017年全国农村实现网络零售额12448.8亿元,同比增长39.1%。截至2017年底,农村网店达到985.6万家,较2016年增加169.3万家,同比增长20.7%,带动就业人数超过2800万人。最后,绿色发展理念融入三次产业融合发展的各个环节,有力推动农业供给侧结构性改革和国家食品安全战略的实施。截至2017年9月,全国累计完成农产品商标注册279.5万件,注册地理标志商标3734件。①

此外,国家相关部门和地方政府积极开展各类试点工程,为三次产业融合发展提供了良好的示范。2017年,国家发展改革委等七部委联合印发《国家农村产业融合发展示范园创建工作方案》,提出到2020年建成300个融合特色鲜明、产业集聚发展、利益联结紧密、配套服务完善、组织管理高效、示范作用显著的农村产业融合发展示范园。2018年,农业农村部将天津市蓟州区等155个县(市、区)列入全国农村三次产业融合发展先导区创建名单。很多地区在探索三次产业融合发展过程中也形成了独具特色的发展模式。例如,河北省以消费需求为导向,提出发展三次全产业链融合的"第六产业"(赵红梅,2015);山东省围绕"三链重构"、加快发展"新六产"等思路,推动农村产业融合(解希民,2017);重庆市有效整合种植业、加工业、旅游业,通过休闲农业与乡村旅游促进农村三次产业融合发展,形成了独具特色的"生产+加工+销售"一条龙产业链,"吃、住、玩、土、特、奇、鲜"的休闲农业链(向婧,2017);浙江省则通过加大政策扶持和资金投入力度,构建农业与第二、第三产业交叉融合的现代农业产业体系,为更好地服务于农村三次产业融合发展,专门成立

---

① 国家发展改革委农村经济司:《农村一二三产业融合发展年度报告(2017)》,国家发展改革委官方网站,2018年4月。

了农村三产融合发展联合会（杨雅，2017）。

第四节 农业发展及面临的挑战

新中国成立70年来，中国农业发展经历了由传统农业向现代农业的转变，目前已处于中等现代化水平。改革开放之前，农业生产以集体化方式为主，国家希望通过生产关系变革、扩大生产规模来提高农业产量，农业必须为工业部门发展提供资本积累。改革开放以后，农业实行家庭联产承包责任制，农民生产积极性显著提高。21世纪初，中国开始进入以工补农、以城带乡发展阶段。中国农业面临的一个长期而又严峻的挑战是土地资源稀缺并遭到不断破坏和浪费。

一、农业产出与结构变化

中国农业生产水平在1978年以前一直处于低水平。按当年价格计算，1949年中国农林牧渔业总产值为429亿元，1969年为948亿元，经历20年时间仍未突破千亿元。相应地，农业、林业、牧业和渔业总产值也都处于较低水平。1952年农业总产值为395.95亿元，林业总产值为7.28亿元，牧业总产值为51.72亿元，渔业总产值更低为6.05亿元。1949年中国粮食总产量为11318.4万吨，到1978年粮食总产量为30476.5万吨。1978年之前，中国粮食一直供给不足，主要农产品长期短缺。

改革开放以后，农业开始快速增长，粮食产量大幅度提高，农林牧渔业总产值迅速增加。1996年，中国粮食总产量为50453.5万吨，农林牧渔业总产值为22353.7亿元，分别较1978年增长了65.5%和15.0倍。2017年，中国粮食产量达到66160.7万吨，农林牧渔业总产值为103978.7亿元，粮食产量是1949年的5.85倍、1978年的2.17倍；农林牧渔业总产值是1949年的225.55倍、1978年的74.43倍。

农业部门效率提高和农业发展为工业部门提供了棉花、油料等原材料。最重要的是，农业发展扩大了农产品供给，提高了居民的生活水平，改善了居民膳食结构和生活质量。2017年，中国人均粮食产量477公斤，人均猪牛羊肉产量47.3公斤，人均水产品产量46.5公斤，人均牛奶产量21.9公斤，分别比1980年增长0.46倍、2.85倍、9.11倍和17.23倍；中国人均消费粮食、猪牛羊肉类、水产品、牛奶分别为130.1公斤、26.7公斤、11.5公斤和12.1公斤。农业部门效率提高保证了粮食等主要农产品市场价格平稳，从而也就保证了工业部门劳动者生活资料的价格水平保持平稳，防止了工资侵蚀利润的现象，进而推动了中国工业化和城镇化的快速转型。1978~2016年，中国农产品生产价格指数除个别年份有所波动外，基本保持着平稳状态。

二、农业发展政策转型

新中国成立70年来，中国农业发展经历了由传统农业向现代农业的转变，目前已处于中等现代化水平。早期，农业以利用人畜力为主，采取传统经验进行耕作，生产力水平低下，粮食等主要农产品供应严重短缺；目前，农业以利用机械动力和电力为主，大量投入化肥和能源，大量利用生物技术改良动植物品种，生产效率大幅度提高，粮食、畜产品等供应充裕。这期间，农业发展政策分为两个阶段。1978年改革开放之前，农业生产以集体化方式为主，国家希望通过生产关系变革、扩大生产规模来提高农业产量，农业必须为工业部门发展提供资本积累。围绕这一战略目标，国家在农村强制推行"政社合一"的人民公社体制，在城乡间建立了控制粮食等主要农产品流通的统购统销制度以及限制城乡居民流动的户籍制度。1978年改革开放以后，农业实行家庭联产承包责任制，农民生产积极性显著提高。此后政府逐步开放了城乡农副产品集贸市场，允许农民外出务工。1983年，中国取消了肉票、油票和布票等票证制度；1993年，国务院发布了《关于加快粮食流通体制改革的通知》，提出争取在两三年内全部放开粮食价格，促进粮食产销价格与市场接轨，实施了多年的粮票制度退出历史舞台；1998年党的十五届三中全会通过了《中共中央关于农业和农村工作若干重大问题的决定》，提出保护农村生产力、减轻农民负担、保持农村稳定的主张。

21世纪初,中国开始进入以工补农、以城带乡发展阶段。2003年党的十六届三中全会明确提出了统筹城乡发展战略。2004年中央一号文件《中共中央 国务院关于促进农民增加收入若干政策的意见》提出按照统筹城乡经济社会发展的要求,坚持"多予、少取、放活"的方针,调整农业结构,扩大农民就业,加快科技进步,深化农村改革,增加农业投入,强化对农业的支持保护,力争实现农民收入较快增长,尽快扭转城乡居民收入差距不断扩大的趋势。2007年中央一号文件提出推进现代农业发展,进一步增加农业投入。2016年中央一号文件提出大力推进农业现代化,加快补齐农业农村短板,促进农民稳定较快增收。纵观2000～2018年的中央一号文件和国家农业政策,关键词是增加农业投入、加强农业基础设施建设、增加农业补贴、促进农民增收等。国家实施的系列促进和保护农业发展的政策以及对农业投入的不断增加,大大改善了农业生产条件,稳定了农民的生产积极性,保证了粮食等主要农业品产量持续增加。

三、农业发展面临的挑战

中国农业面临的一个长期而又严峻的挑战是土地资源稀缺并遭到不断破坏和浪费。第一,在工业化、城镇化过程中,大量耕地被建成工厂、商店和住宅。虽然根据《中华人民共和国土地管理法》第三十一条,"非农业建设经批准占用耕地的,按照'占多少,垦多少'的原则,由占用耕地的单位负责开垦与所占用耕地的数量和质量相当的耕地;没有条件开垦或者开垦的耕地不符合要求的,应当按照省、自治区、直辖市的规定缴纳耕地开垦费,专款用于开垦新的耕地"。但占用的土地一般是位置比较好、自然条件比较优越的熟地,而新开垦的土地一般是位置较差、自然条件较劣的生地。第二,随着大批农村劳动力转移,农村劳动力成本提高,大量水肥条件不是很好的耕地被抛荒。第三,相当部分耕地由于污水、废气排放不当已被污染。第四,中国是一个水资源短缺的国家,工业部门用水的效益明显高于农业部门,农业尤其是北方农业发展严重受到水资源制约。

现代农业除大量使用机械和生物技术外,同时大规模施用化肥、农药及石化能源，现代农业也被称为石化农业。但是，中国农业单位面积施用的化肥、农药显著高于全球平均水平、发达国家美国以及金砖国家。根据FAO统计数据，2005~2009年，中国每公顷耕地施用的农药为10.3公斤，是美国的4.68倍、印度的51.5倍。2009年，全球每公顷耕地施用的氮肥为69.3公斤、磷肥为25.8公斤、钾肥为14.8公斤。中国每公顷的氮肥施用量为296.8公斤、磷肥施用量为109.4公斤、钾肥施用量为39.7公斤，分别高出全球平均水平的3.28倍、3.23倍、1.66倍。[①] 大规模利用石化能源和化肥、农药后也带来了相当严重的负面后果，如大量施用化肥、农药后导致土壤板结，土壤结构遭到破坏；河流、湖泊等水体富营养化，局部生态环境被破坏；土壤被重金属等物质污染，进而食物被污染，农村和城市居民的饮水和食品安全受到威胁（谭秋成，2015）。

中国农业目前实行以家庭经营为基础、统分结合的集体经济。主要的生产资料土地由集体所有，农户家庭承包使用，耕地承包期是30年，农户承包的土地只能经营农业，不能将承包土地用作他途，农户不能买卖承包的耕地。显然，这种集体经济组织方式是不利于农业长期投资和土地改良的。水利设施建设如打井、建水坝、修池塘等，机耕道和农用房修建，水土治理，土地平整，地力培养等都需要较大规模投资，且投资回收期长。如果预期这部分投资在承包地到期后会被他人无偿占有，农地承包人是不会进行农业长期投资的。而且，承包地期限短显著降低了农地的价值，承包人出租土地时无法获得承包地正常的租值。承包权利的不完整性和不确定性使得经营者和承包人难以签订长期稳定的合约，中国农业也就长期保持小规模经营。经营规模小，很难使生产要素达到最优配置（谭秋成，2018）。

[①] FAO, "FAO Statistical Yearbook 2013: World Food and Agriculture", Rome, Food and Agriculture Organization of the United Nations, 2013.

第三章

农村基本经营制度

新中国成立以来，中国农村基本经营制度发生了三次重大变革。第一次是新中国成立之初的土地改革，实现了耕者有其田和土地农民所有；第二次是农业集体化运动，将土地的农民私有改变为社员集体所有，并在后来的人民公社体制中形成"三级所有、队为基础"的农村经营制度；第三次是改革开放后确立的家庭联产承包、统分结合的双层经营体制。此后，伴随着农村集体经济的发展、土地制度的变革和新型经营与服务主体的壮大，中国农村基本经营制度得以不断完善。

第一节 农业的集体化

新中国成立后，全国开展农村土地改革，实行了农民土地所有制，极大地激发了农民的生产热情。据估算，土地改革中获得经济利益的农民占农业人口的60%~70%，全国得利农民连老解放区在内约3亿人，约有7亿亩土地分给了农民。[1] 到1953年占农村人口不到10%的地主、富农占有10%左右的农地；占农村人口90%以上的贫雇农和中农占有农地达到90%上下。[2] 土地改革后的1952年，全国粮食产量达到16392万吨，比1949年

---

[1]《中华人民共和国三年来的伟大成就》，人民出版社1952年版，第15页。
[2] 国家统计局编：《伟大的十年》，人民出版社1959年版，第29页。

增长了44.8%（董辅礽，1999）。但是，这种土地农民所有的制度存续时间不长，中国很快走上了农业集体化道路，其间大致经历了互助组、合作社、人民公社三个时期。

一、互助组和农业集体化萌芽时期

新中国成立之初，长年战争导致大部分农村地区非常凋敝，农业工具缺乏、牲畜短缺等问题普遍存在。据统计，1949年每百户农民只有46头大牲畜、50部旧式犁、9.7部水车、6.6辆大车（田纪云等，1995）。分散的小农经济无法满足农业生产进一步发展的需要。

为此，1951年12月，中共中央通过了《关于农业生产互助合作的决议（草案）》，开始有计划地展开农业社会主义改造，组织农民成立互助组，广泛开展互助合作。到1953年11月，全国参加农业生产互助合作组织的农户约有4790万户，占全国农户总数的43%，比1952年增加了20%以上。[①] 其中，既有进行简单共同劳动的临时互助组，也有在共同劳动基础上实行某些分工分业并有少量公共财产的常年互助组。互助组作为中国农业集体化正式的初级组织形态，标志着新中国农业集体化时代的到来和农村集体经济形式的萌芽。

二、农业合作化运动时期

1953年，中国提出了"社会主义过渡时期总路线"，为实现由农业国向工业国的转变，获取工业化发展所需的原始积累，中央确立了全面推进农业集体化的发展战略，具体步骤是：引导个体农民经过具有社会主义萌芽的互助组，到实行土地入股、统一经营而有较多公共财产的初级农业生产合作社，到实行完全的社会主义集体所有制的高级农业生产合作社，再到人民公社。

在这一战略的指引下，中央开始引导农民开展更高级别的互助合作。

---

① 《1953年农业互助合作运动发展情况》，载于《人民日报》1954年1月14日。

1953年12月,中共中央颁布《关于发展农业生产合作社的决议》,农业集体化由互助组阶段进入合作社阶段。1955年全国人大常委会通过《农业生产合作社示范章程》,进一步将农业生产合作社的发展分为初级和高级两个阶段。初级社的基本特点是:农民在自愿互利的原则下将私有土地、耕畜、大型农具等主要生产资料入社统一经营和使用,按照土地的质量和数量给予土地分红,其他入社的生产资料也付给一定的报酬。初级社在社员分工和协作的基础上统一组织集体劳动,社员根据按劳分配的原则取得劳动报酬,产品由社统一支配。初级社有一定的公共积累,具有半社会主义性质。到1955年初,全国农业生产合作社已经发展到48万个,到1955年12月下旬,已有60%以上的农户,即7000万农户加入了半社会主义的农业生产合作社。①

农业初级合作社建立不久,中央就决定将其发展为高级合作社。1956年12月底,全国农村高级社增加到54万个,入社农户达10742.2万户,占全国总农户的87.8%(许永杰,1983)。到1957年,全国就基本上完成了由初级社向高级社的过渡,农民个人的土地和其他生产资料无偿转归高级合作社集体所有,农村土地集体所有制形成。

三、人民公社时期

1957年党的八届三中全会召开后,全国组织开展农田水利建设"大跃进",为便于多个合作社、乡、村之间的协调,一些地区开始尝试合并合作社,建立"公社"或"大社"。

中央肯定了各地搞"大社"的做法。1958年3月,中共中央通过了《关于把小型的农业合作社适当地合并为大社的意见》,指出:"为了适应农业生产和文化革命的需要,在有条件的地方,把小型的农业合作社有计划地适当地合并为大型的合作社是必要的。"② 随后,河南等省迅速掀起了

---

① 中华人民共和国农业委员会办公厅编:《农业集体化时期重要文件汇编》(上),中共中央党校出版社1981年版,第45~52页。

② 中共中央文献研究室编:《建国以来重要文献选编》(第十一册),中央文献出版社1985年版,第209页。

人民公社化热潮。

在各地兴办人民公社的实践基础上，中央出台文件对其进行了规范和指导。1958年中共中央发布《关于在农村建立人民公社问题的决议》（以下简称《决议》），指出人民公社的组织规模以一乡一社、2000户左右农户较为合适。《决议》还给出了小社并大社进而升级为人民公社的做法和步骤。此后，农村基本核算单位上调至人民公社，实现了农村生产资料的公有化、农村经济活动的集中统一化、农民收入分配的平均化。

全国性人民公社化运动迅速迎来高潮。1958年11月27日中央农村工作部报告显示，当年10月底，农村共有人民公社26576个，参加的农户占农户总数的99.1%。至此，中国农村多数在1956年上半年建立起来的70多万个高级农业生产合作社，才刚满两年，就被2万多个政社合一的人民公社所代替。平均大约28个农业生产合作社并成一个公社（薄一波，1993）。

但盲目冒进的人民公社化运动很快出现问题，再赶上"三年困难时期"，农业生产急剧滑坡，中央开始纠偏。1959年4月，党的八届七中全会通过了《关于人民公社的十八个问题》，首次明确了人民公社的三级所有制，即人民公社所有制、生产大队（原高级社）所有制和生产队所有制，其中生产大队所有制为主导，从而使人民公社的核算单位下放到生产大队一级。1960年11月，中共中央又发出《关于农村人民公社当前政策问题的紧急指示信》，规定以生产队为基本核算单位的"三级所有，队为基础"是人民公社的根本制度，从1961年算起，至少7年不变。提出"要坚持生产小队的小部分所有制，承认各小队之间在口粮标准、工资水平和劳动日分值上存在完全合理、必要和对于发展生产极为有利的差别，并进一步明确允许社员经营少量的自留地和小规模的家庭副业的政策"。核算单位再次下放。1962年2月，中共中央又发出《关于改变农村人民公社基本核算单位问题的指示》，提出农村土地可以确定归生产队所有。1962年9月，党的八届十中全会通过《农村人民公社工作条例修正草案》（即《人民公社六十条》），再次明确人民公社的基本核算单位是生产队，"这种制度定下来以后，至少三十年不变"。

人民公社制度一直持续到20世纪80年代。1983年10月，中共中央、国务院下发《关于实行政社分开,建立乡政府的通知》,指出:"当前农村改变政社合一体制的首要任务是把政社分开,建立乡政府;同时按乡建乡党委,并根据生产的需要和群众的意见逐步建立经济组织。"至此,在中国农村发展史上存续了25年之久的人民公社才真正退出历史舞台,"三级所有,队为基础"的农村集体所有制终结。

第二节 家庭联产承包责任制的确立

1978年家庭联产承包责任制的确立是中国农村经营制度的又一次重大变革。这种经营制度是中国农民的伟大创造,在被中央确立为中国农村基本经营制度前,曾经历过"三起三落"。

一、包产到户的第一次尝试

1956年初,四川江津地区龙门区刁家乡开始探索包产到户模式。具体做法是借推行包工为名,把合作社的田土分到户,生产、收获全由自己负责,各家收的各家得,只按预订产量交纳公粮和部分公积金。

刁家乡的做法经由《人民日报》报道,社会反响强烈。1956年4月29日,《人民日报》发表题为《生产组和社员都应该"包工包产"》的文章,向全国推荐介绍了四川江津地区的经验。文章说,"把一定产量的任务包给生产组和每个社员,是完全对的""只有这样才可以把生产责任制贯彻执行到底,也只有这样,才可以使全社的生产计划的完成更有保障"(罗军生,2005)。一些地区很快开始效仿。1956年5月,浙江省永嘉县在雄溪乡燎原社进行责任制试点,到1957年,全温州地区又有1000多个社、17万户实行了包产到户(杜润生,1999)。

但是,随着当时反右派斗争的扩大化,中央对包产到户作了错误的分析,说它是"离开社会主义道路的原则性路线错误",是"农村两条道路,两个阶级斗争的表现"(张海荣,2004)。包产到户的第一次尝试被迫中止。

二、包产到户的第二次尝试

1958年11月到1959年3月,中央先后召开四次重要会议对人民公社进行整改,实行生产责任制是改革举措之一。1959年5月,中共中央发出《关于人民公社夏收分配的指示》,要求"认真执行包产、包工、包成本的'三包'责任制和奖惩制度",以克服分配的平均主义和经营管理的混乱。在这一大背景下,江苏、湖北、陕西、甘肃等省的一些地方,开始搞起了"定产到田,超产奖励""田间管理,包工包产到户"等各种形式的包产到户责任制(罗平汉,2003)。

但是,1959年7月的庐山会议再次逆转了中央政策的风向。随后,包产到户被定性为"极端落后、倒退、反动的做法",是"右倾机会主义的主张和活动",是"右倾机会主义分子在农村复辟资本主义的纲领"。① 包产到户的试验又一次夭折。

三、包产到户的第三次尝试

1960年,为克服"三年困难时期",中央再次调整农业和农村经济体制。1960年11月,中共中央发出《关于农村人民公社当前政策问题的紧急指示信》(简称《十二条》),明确鼓励支持"三包一奖"制度,即生产队对生产小队实行包工、包产、包成本和超产奖励。1961年3月,《农村人民公社工作条例(修正草案)》进一步规定:"生产队为了便于组织生产,可以划分固定或者临时的作业小组,划分地段,实行小段的、季节的或者常年的包工,建立严格的生产责任制。""有的责任到组,有的责任到人。"②

在相对宽松的政治环境下,山东、安徽、河南、四川、河北、甘肃、广东等省的许多社队都实行了"包产到户",其中以安徽的"责任田"政策最有影响、最具代表性。到1962年2月,安徽全省实行责任田的生产队

---

① 《揭穿"包产到户"的真面目》,载于《人民日报》1959年11月2日。
② 中华人民共和国国家委员会办公厅编:《农业集体化重要文件汇编》(下),中共中央党校出版社1981年版,第220页。

已占生产队总数的90.1%。据估计,当时全国实行包产到户的生产队约占20%(薄一波,1993)。

然而,包产到户与人民公社体制之间始终存在着难以调和的矛盾。1962年8月中共中央召开北戴河工作会议,9月召开八届十中全会,之后各地相继作出了一系列纠正包产到户或单干的决定。至此,包产到户第三次被否定。

四、家庭联产承包责任制的确立

1978年,党的十一届三中全会对新中国成立以来农业发展方面的经验和教训进行了总结,明确可以发展多种形式的责任制,各地开始解放思想,恢复和实行各种农业生产责任制。安徽省肥西县山南区开展包产到户试点,全区1060个生产队,搞包产到户的占77%。安徽省凤阳县以小岗村为改革先锋,在全县进行大包干试点,实行"保证国家的,留足集体的,剩下都是自己的"。包产到户、包干到户的做法再次受到广大农民的热烈拥护,并取得良好成效。小岗村当年粮食总产量达66吨,相当于全队1966~1970年5年粮食产量的总和(王西玉,1998)。

中央领导公开支持包产到户,为农村改革定下了调。1980年5月,邓小平指出:"农村政策放宽以后,一些适合搞包产到户的地方搞了包产到户,效果很好,变化很快。"[①] 1981年12月中央召开全国农村工作会议,《全国农村工作会议纪要》指出:"包产到户""包干到户",同目前实行的各种农业生产责任制包括小段包工定额计酬,联产到劳、包产到户、到组,包干到户、到组等一样,"都是社会主义集体经济的生产责任制"。1982年1月,中央将《全国农村工作会议纪要》批转下发到全国,形成了改革开放以来第一个"中央一号文件",也是明确可以实行包产到户、包干到户的第一个中央文件。

由于中央的态度逐渐明朗,"双包"责任制在全国得到迅速发展。到1982年底,实行"双包"的生产队达到了90%,基本覆盖了全国(张海荣,

---

① 《邓小平文选(一九七五——一九八二年)》,人民出版社1983年版,第275~276页。

2004）。1983年开始，中央又连续四年发出一号文件，要求不断稳固和完善家庭联产承包责任制。1983年中央一号文件《当前农村经济政策的若干问题》把"双包"责任制正式概括为"联产承包责任制"。1983年10月，中央正式决定废除人民公社，家庭联产承包责任制彻底取代人民公社体制。到1983年底，农村586.3万个生产队实行了以家庭经营为主要形式的联产承包责任制，实行包干到户的生产队占生产队总数的97.8%（武力、郑有贵，2004）。

家庭联产承包责任制的确立，使广大农村地区迅速摘掉了贫困落后的帽子。1957~1977年，中国农民每人每年平均收入从40.5元增加到64.98元，平均每人每年只增加1.2元；1957年人均粮食消费量为167.2公斤，同期人均占有的粮食每人每年只增加1市斤（黄道霞，1998）。而1980年，农民人均收入为191元，1985年达398元，1984年的粮食产量创历史最高纪录，达4073亿公斤，人均口粮达393公斤，基本上解决了全国人民的吃饭问题（陈吉元、韩俊等，1996）。

第三节　农村集体经济的发展

经过农业集体化时期，农村集体经济这一形式已经形成。农村家庭联产承包责任制除了实行以家庭为单位的承包经营外，还有一个重要特征，就是保留了改革前形成的农村集体经济形式，发挥着其在中国农业基本经营制度中"统"的作用。

一、农村集体经济的定位

农村改革后，农村集体经济这一形式得到了法律的明确。1982年12月颁布的《中华人民共和国宪法》明确规定："农村和城市郊区的土地，除由法律规定属于国家所有的以外，属于集体所有；宅基地和自留地、自留山，也属于集体所有。"1986年颁布的《中华人民共和国土地管理法》规定："集体所有的土地依照法律属于村农民集体所有，由村农业生产合作社等农业集体经济组织或者村民委员会经营、管理。"

之后,伴随着家庭联产承包经营制度的逐渐稳定,中央完善并确立了中国农村的基本经营制度和农村集体经济的功能定位。1987年,中共中央在《把农村改革引向深入》的通知中,提出了"完善双层经营,稳定家庭联产承包制"的说法。通知认为:"乡、村合作组织实行分散经营和统一经营相结合的双层经营制,农民是满意的,要进一步稳定和完善,绝不搞'归大堆',再走回头路。"1991年,党的十三届八中全会通过了《关于进一步加强农业和农村工作的决定》(以下简称《决定》),把这一体制正式表述为"统分结合的双层经营体制",并一直沿用至今。《决定》同时指出:"要在稳定家庭承包经营的基础上,逐步充实集体统一经营的内容。一家一户办不了、办不好、办起来不合算的事,乡村集体经济组织要根据群众要求努力去办。要做到集体财产有人管理,各种利益关系有人协调,生产服务、集体资源开发、农业基本建设有人组织。"由此进一步明确了农村集体经济的地位和作用。

二、农村集体经济的发展困境

农村土地实行家庭承包经营之后,村集体经济组织逐渐退出了农业生产活动,其"统"的职能也转变为为农业社会化服务,但农村改革之初,大部分地区把能分的都分到户,农村集体资产所剩无几,并不具备向农户提供高水平农业社会化服务的能力。中央政策研究室和农业部农村固定观察点办公室的一项跟踪调查显示:改革前一年,平均每个村集体拥有生产性固定资产原值31万元,而1984年只有22万元,减少了29.1%。其中最突出的是役畜、种畜、产品畜,大中型农机具和农林牧渔业机械,三者分别减少85.4%、65.3%和46.8%(孔祥智、高强,2017)。部分村集体保留了少量机动地,以及林地、园地、鱼塘等,这些土地的发包可以成为村集体的一部分收入。

进入20世纪80年代中后期,广大农民逐渐重新认识到村集体经济的重要性,在追求"分"的同时,一些地区开始因地制宜尝试搞活"统"。农村集体经济的实现形式出现了承包制、租赁制及乡镇企业等形式。这些实现形式的出现和发展，不仅创新了农村集体财产的经营管理方式，而且在一定程度上增加了村集体经济收入。1990年村集体拥有的生产性固定资产原值比1984年增长了283.6%，年均增长20%。农村集体经济的增长，在很大程度上是乡镇企业迅速发展的结果。1984~1988年，中国乡镇企业从606.5万个增加至1888.16万个，年均增加69.6%；企业总产值从1709.9亿元增长至6495.66亿元，年均增长44.9%（仝志辉、陈淑龙，2018）。

但20世纪80年代中后期之后，中央政策调整和国际经济环境变化使农村集体经济发展再次陷入困境。亚洲金融危机导致一批乡镇企业倒闭，20世纪90年代中期乡镇企业产权制度改革，绝大多数农村集体企业转为民营，农村集体经济借助乡镇企业获得收入的机会明显减少。随后，1993年第二轮农村土地承包工作开启，要求"增人不增地，减人不减地"，严格控制"机动地"，村集体经济的收入来源进一步缩减。

面对上述困境，党的十五大提出了发展壮大农村集体经济的思路，各地也进行了一些探索和尝试。例如，山西省吕梁地区出台政府文件，允许拍卖荒山、荒沟、荒坡、荒滩（以下简称"四荒"）使用权，这一做法很快引起了其他地区的效仿。1999年，国务院办公厅发出《关于进一步做好治理开发农村"四荒"资源工作的通知》，对"四荒"资源使用权拍卖进行规范。2002年实施的《中华人民共和国农村土地承包法》专门对"四荒"资源的招标、拍卖等进行了规定。

但这些并不能改变农村集体经济的发展困境。由于收入不足等原因，农村集体经济负债日益增加。国务院发展研究中心"推进社会主义新农村建设研究"课题组2006年对17个省（区、市）2749个村庄进行的一项调查，也表明了这一时期农村集体经济的孱弱。数据显示，所调查村庄中资不抵债的村庄占到32.9%，净资产处于0~10万元的村庄占到21.9%（韩俊，2009）。

三、农村集体经济有效实现形式的探索

2006年农业税废除后，农村集体经济的发展困境更加凸显，而现代农业的发展对社会化服务的需求却日益扩大，为解决这一矛盾，中央要求发展壮大农村集体经济，进一步完善农业社会化服务体系。党的十七大报告

提出了"探索集体经济有效实现形式"的具体要求。

这一时期，土地资源日益成为农村集体经济发展有效实现的重要载体。各地在坚持农村基本经营制度的基础上，充分挖掘土地资源的价值，通过发展土地合作、社区合作、物业经济、服务经济等方式，探索加强"统"的功能。其中，土地股份合作以专业大户、家庭农场等为经营主体，以土地为基础，农民以地入社、发展合作经营，既实现了农业的规模化、标准化，促进现代农业的发展，又避免了工商资本进入农业、大规模租赁农户土地可能产生的负面影响，而且还能使老弱群体或外出打工农民从合作社发展中受益，在发展壮大集体经济的同时，解决了"种什么样的田""谁来种田""怎样种田"的问题。一些中心镇、工业园区等相对区位好的地方，则重点发展物业经济，通过购建物业楼、标准厂房、仓储设施、街面商业用房、市场摊位等，将物业经济项目出租产生租赁收入，使村集体有了相对稳定的收入。有的地方村集体通过领办各类服务实体、发展农村电子商务、组建劳务合作社等方式，增强集体经济实力。有的地方通过开发利用村域内土地、森林、水面、自然景观等资源，发展现代设施农业、观光农业、林下经济等，增加集体收入。此外，浙江、宁夏在开展农村综合改革示范试点中，探索运用基金的理念发展村集体经济。北京等地区开展的农村集体经营性建设用地入市改革试验，也可能为农村集体经济探索出一条新的发展路径。当然，由于区域位置、地方政策等不同，各地村集体经济的发展情况差别很大。东部地区因城镇化进程加速，村集体经济实力较强，但中西部村集体经济发展仍较为落后。

在中央的重视下，中国农村集体经济得到了更好的发展。农业农村部数据显示，2017年，中国农村集体经济组织总收入4627.6亿元，村均82.2万元。但是，在看到上述成绩的同时，也必须正视存在的问题。当前，中国大部分地区集体经济底子仍然很薄，收入来源仍以物业租赁和土地发包为主，可持续发展仍面临较大困难。

四、农村集体产权制度的改革

在探索农村集体经济有效实现形式的过程中，农村集体产权制度日益成为村集体经济发展必须突破的"瓶颈"。为此,党的十八届三中全会要求:"保障农民集体经济组织成员权利,积极发展农民股份合作,赋予农民对集体资产股份占有、收益、有偿退出及抵押、担保、继承权。"2014 年中央一号文件《中共中央 国务院关于全面深化农村改革加快推进农业现代化的若干意见》进一步要求:"推动农村集体产权股份合作制改革,保障农民集体经济组织成员权利",从而开启了中国农村集体产权制度的改革征程。

之后,中央下发一系列文件对改革的试点、总体目标和实施步骤等进行全面部署。2014 年 10 月,中央政治局常委会会议审议通过了《积极发展农民股份合作赋予农民对集体资产股份权能改革试点方案》。2015 年 5 月,经国务院同意,农业部、中央农办、国家林业局安排在北京市等 29 个省份各选定 1 个县(市、区)开展试点,随后又确定 100 个县(市、区)开展农村集体产权制度改革试点。2016 年中央一号文件提出了农村集体产权制度改革的目标:"到 2020 年基本完成土地等农村集体资源性资产确权登记颁证、经营性资产折股量化到本集体经济组织成员,健全非经营性资产集体统一运营管理机制。"2016 年 12 月,中共中央、国务院颁布《关于稳步推进农村集体产权制度改革的意见》,提出要"逐步构建归属清晰、权能完整、流转顺畅、保护严格的中国特色社会主义农村集体产权制度"。此后,2019 年中央一号文件《中共中央 国务院关于坚持农业农村优先发展做好"三农"工作的若干意见》以及《乡村振兴战略规划(2018—2022 年)》等文件均对农村集体产权制度改革做出了部署。

在中央政策的推动下,农村集体产权制度改革深入推进。截至 2018 年底,已有超过 13 万个村组完成改革,确认集体成员超过 2 亿人,量化资产 6664.7 亿元,累计向农民股金分红 3251 亿元。①

第四节 土地制度的改革与创新

家庭联产承包责任制的确立是中国农村土地制度的一次重大创新,在

---

① 《江苏农村经济》2019 年第 1 期资讯专栏。

保持农村土地所有权归集体所有的基础上，把土地经营权发包给农民，实现了农村土地所有权与经营权的"两权分置"。此后，政府在稳定农村土地家庭承包关系的基础上，继续深化农村土地制度改革，形成了完善的农地流转制度，并实现了农地"两权分置"到"三权分置"的再一次重大制度变革。

一、农村土地家庭承包关系的稳定

家庭联产承包责任制确立后，如何巩固和稳定农村土地承包关系成为20世纪80年代的核心任务。1983年1月，中共中央下发《当前农村经济政策的若干问题》，对家庭联产承包责任制进行了高度评价，指出家庭联产承包责任制"是在党的领导下中国农民的伟大创造，是马克思主义农业合作化理论在中国实践中的新发展"，鲜明地传达了中央的态度。1984年1月，《中共中央关于1984年农村工作的通知》提出把土地承包期延长至15年，真正给广大农民吃上了定心丸。1986年第六届全国人大常委会第十六次会议通过《中华人民共和国土地管理法》，以法律的形式确立了家庭联产承包责任制和农村土地承包关系。

到20世纪90年代，第一轮农村土地承包陆续到期，第二轮承包期开启。1993年11月，中共中央、国务院发布《关于当前农业和农村经济发展的若干政策措施》，要求"在原定的耕地承包期到期之后，再延期30年不变。开垦荒地、营造林地、治沙改土等从事开发性生产的，延包期可以更长"。同时，对第一轮承包期内耕地频繁调整不利于地权稳定、容易诱发农民对土地的掠夺性使用等问题作出回应，提倡在第二轮承包期内"增人不增地、减人不减地"。1998年《中华人民共和国土地管理法》进行修改，从法律层面确立了农民30年的土地使用权。

进入21世纪后，随着城镇化的推进，"圈地之风"日盛，乱占滥用耕地、越权审批、低价出让农村土地等问题凸显，农民权益受到损害，为此，中央对土地征用制度进行改革，切实保护农民的土地承包经营权。2002年，第九届全国人大常委会第二十九次会议通过《中华人民共和国农村土地承包法》，从法律层面进一步加强了对农村土地承包经营权的保护和规范。2007年,《中华人民共和国物权法》颁布实施,把农民土地承包经营权界定为"用益物权",更有效地保障了农民的土地承包权。

2008年,党的十七届三中全会提出"现有土地承包关系保持稳定并长久不变",使中国农村土地承包关系实现了重大突破,集体土地所有权确权登记颁证工作随之展开。截至2018年6月底,31个省(自治区、直辖市)均开展了承包地确权工作,确权面积13.9亿亩;其中,有17个省份已基本完成,其余省份也已进入确权收尾阶段。[①]

为具体落实农村土地承包关系稳定并长久不变政策,党的十九大报告进一步明确了"第二轮土地承包到期后再延长三十年"。2019年,中央农村工作领导小组办公室(以下简称"中央农办")、农业农村部下发《关于做好2019年农业农村工作的实施意见》,决定选择10个县组织开展承包期再延长30年试点。

二、农村土地流转制度的形成

改革开放之初,制度层面是不允许进行土地流转的,但这种规定无法满足基层群众的需要。20世纪80年代初,农村自发出现了土地流转现象,为适应群众需要,中央政策开始松动。1984年,中共中央发布《关于一九八四年农村工作的通知》,第一次从制度上允许土地流转,明确规定:"社员在承包期内,因无力耕种或转营他业而要求不包或少包土地的,可以经集体同意后进行转包""鼓励土地逐步向种田能手集中",但这一政策并没有从法律层面予以确认。直到1988年,在第七届全国人大一次会议表决通过的《中华人民共和国宪法》修正案中,中国才第一次从法律的高度对农村土地流转予以确认:"任何组织或者个人不得侵占、买卖或者以其他形式非法转让土地。土地的使用权可以依照法律的规定转让。"此时,法律上虽然允许对土地使用权进行转包,但仍然禁止转让、出租等。

20世纪90年代后,大部分地区进入第二轮农村土地承包期,耕地不

---

① 韩长赋:《中国农村土地制度改革》,http://www.moa.gov.cn/xw/zwdt/201812/t20181229_6165797.htm,2018年12月29日。

再调整，结果出现了"一人种多人地"和"多人种一人地"并存的现象，有的耕地甚至已经无人耕种，这种情形直接推动了中国农地承包经营权流转制度的形成和完善，更重要的是，在此期间完成了对土地使用权和承包经营权的"两权分置"，中央文件的表述中也可以看出这种概念使用的变化和逐渐清晰的过程。1993 年，党的十四届三中全会的提法是：在保持土地集体所有的前提下，可以"允许土地使用权依法有偿转让"。1995 年，国务院批转农业部《关于稳定和完善土地承包关系的意见》的提法是"建立土地承包经营权流转机制"。2001 年，《中共中央关于做好农户承包地使用权流转工作的通知》则提出了"土地使用权流转"的概念。直到 2002 年党的十六大报告才进一步明确为"土地承包经营权流转"，提出"有条件的地方可按照依法、自愿、有偿的原则进行土地承包经营权流转"，从而真正实现了土地使用权和承包经营权的"两权分置"。

进入 21 世纪，伴随着中国城镇化战略的推进，农村"空心化"现象凸显，对规模经营的需求越发迫切，在这个背景下，中央出台多个一号文件推动农地的快速流转。截至 2012 年底，全国家庭承包耕地流转总面积达到 2.7 亿亩，比 2007 年底增加 2 亿多亩，6 年间增加了 4.22 倍；流转面积占家庭承包经营耕地面积的比例达 21.5%，比 2007 年提高 16.3 个百分点，增幅显著（孔祥智、刘同山，2013）。截至 2017 年底，全部或部分流转出土地的农户超过 7000 万户，面积达到 5.12 亿亩，占家庭承包地总面积的 37%。伴随着农地流转规模的扩大，各地各级土地流转交易市场也在中央的推动下逐步建立和完善。截至 2018 年底，全国共有 21 个省份出台农村产权流转交易市场建设的指导性文件，1239 个县（市、区）、18731 个乡镇建立了农村土地经营权流转服务中心。①

土地流转过程中，各地也出现了一些强迫农民流转、"反租倒包"和通过流转改变土地农业用途等问题，同时，为了防范工商资本在农地流转中侵犯农民利益，中央随之从政策、制度和法律层面予以了规范。2003 年实施的《中华人民共和国农村土地承包法》明确规定："土地承包经营权

---

① 韩长赋：《中国农村土地制度改革》，http://www.moa.gov.cn/xw/zwdt/201812/t20181229_6165797.htm，2018 年 12 月 29 日。

可以依法采取转包、出租、互换、转让或者其他方式流转"，标志着中国土地承包经营流转制度在法律层面得以确立。2005年农业部专门出台《农村土地承包经营权流转管理办法》。之后几乎每年的中央一号文件都对规范土地流转制度作出了具体部署。2015年农业部、中央农办等联合印发《关于加强对工商资本租赁农地监管和风险防控的意见》，提出"建立健全租赁农地风险保障金制度""有条件的地方可以探索与开展农业保险、担保相结合，提高风险保障能力"。一些地方按照中央要求进行了探索。比如，成都市从2015年开始探索农地流转保险机制。2017年中央一号文件对这种做法明确表示鼓励。此后，江苏、四川等地也开发了适合本地的保险模式。

三、从"两权分置"到"三权分置"

在农地流转规模不断扩大的过程中，由于政策法规对土地承包权和经营权的界定不清晰，导致农地承包户和农地经营者之间的矛盾也不断增加。农地承包户愿意流转土地但并不想永久失去土地，而农地经营者试图长期经营土地但随时面临农地承包户收回土地的约束，并且农地经营者流转到手土地的财产权能也并未有效激活。这些问题如果不能妥善解决，将制约农地流转速度和规模经营的进一步发展，也将阻碍城镇化进程。

针对上述问题，各地在农村土地所有权、承包权和经营权"三权分置"方面开展了诸多探索。2007年，浙江省嘉兴市《关于加快推进农村土地承包经营权流转的意见》提出："鼓励农村集体土地的所有权、承包权、经营权相分离，稳定承包权，搞活经营权，规范土地承包经营权的流转。"重庆市出台《关于加快农村土地流转促进规模经营发展的意见（试行）》，要求"在不改变土地承包关系的前提下，实行土地所有权、承包权和土地使用权分离，创新流转机制，探索有效形式，放活土地使用权"。2008年，安徽省合肥市出台《关于农村土地承包和经营权流转的意见》，明确规定："推进农村土地承包经营权流转，应当坚持在稳定农村土地家庭承包经营制度不变的基础上，鼓励农村集体土地的所有权、承包权、经营权相分离。"此外，江西、四川等地也开展了农地"三权分置"的改革试验。但各地关于经营权的概念并不统一，有"土地经营权""经营使用权""土地使用权"等多种表述。

2013年，各地的"三权分置"改革试验得到了中央层面的认可。2013年底召开的中央农村工作会议明确指出，顺应农民保留土地承包权、流转土地经营权的意愿，把农民土地承包经营权分为承包权和经营权，实现承包权和经营权分置并行。2014年中央一号文件进一步明确指出："在落实农村土地集体所有权的基础上，稳定农户承包权、放活土地经营权，允许承包土地的经营权向金融机构抵押融资。"2014年11月，中共中央办公厅、国务院办公厅印发《关于引导农村土地经营权有序流转发展农业适度规模经营的意见》，正式提出了"三权分置"的政策，要求"坚持农村土地集体所有，实现所有权、承包权、经营权三权分置，引导土地经营权有序流转"。此后，中央文件又多次对"三权分置"工作进行部署。2015年中央一号文件《中共中央 国务院关于加快发展现代农业进一步增强农村发展活力的若干意见》首次就"三权分置"提出了修改法律法规的要求。2015年11月，中共中央办公厅、国务院办公厅印发《深化农村改革综合性实施方案》，正式将"三权分置"确立为深化农村土地制度改革的基本方向。《中共中央关于制定国民经济和社会发展第十三个五年规划的建议》和此后每年的中央一号文件均强调要完善"三权分置"办法。

伴随着"三权分置"改革的推进，农村土地承包经营权的权能也得到不断拓展。中央文件明确规定允许农村承包土地经营权依法向金融机构融资担保、入股从事农业产业化经营。自2016年起，农业部还组织开展了农村承包土地经营权抵押贷款试点，截至2018年6月末，全国232个试点地区农地抵押贷款余额已达390亿元。[①] 2018年12月，第十三届全国人大常委会第七次会议对《中华人民共和国农村土地承包法》进行了修改，明确规定"国家保护承包方依法、自愿、有偿流转土地经营权"，土地经营权可以向金融机构融资担保和再流转。

[①] 韩长赋：《中国农村土地制度改革》，http：//www.moa.gov.cn/xw/zwdt/201812/t20181229_6165797.htm，2018年12月29日。

总之,"三权分置"是中国农村改革的又一次重大制度创新,是农村土地制度改革与时俱进的延续与突破,它进一步理顺了农村土地集体所有权、农户承包权和经营权之间的关系,使农户的土地承包权在长久稳定和不变的基础上拥有了更具体和更多样的权能。

第五节 新型经营和服务主体的壮大

家庭联产承包制责任制的确立,成功地解决了农业生产中的监督和激励问题,但当制度改革红利释放完毕时,小农经济分散生产的弊端也日趋凸显。20世纪90年代初,邓小平曾预见性地提出"为适应科学种田和生产社会化的需要,发展适度规模经营,发展集体经济"[①]的科学论断。改革开放后不久,各地就在规模化经营方面开展了多种探索,新型农业经营和服务主体随之涌现。

一、新型农业经营和服务主体的成长

改革开放初期,农业社会化服务组织开始出现。1980年,四川和广东等省出现了全国首批农村专业技术协会,到20世纪80年代末,专业技术协会得到快速发展。1985年后,国家改革农产品的统销统购制度,一部分农村专业协会开始涉足产前生产资料供应领域,与此同时,农产品销售专业合作社开始零星涌现。

20世纪90年代,龙头企业和农民专业合作社等新型农业经营主体开始出现。山东省率先提出了"农业产业化"的概念,此后各地开始效仿。1997年,"农业产业化"正式进入官方政策文件。随后,以农业企业为核心形成的诸如"公司+农户""公司+中介组织+农户"等订单式的经营模式得到了大范围推广。1996年农业部成立"农业产业化办公室",并自2000年开始评选国家重点农业产业化龙头企业。但缺乏资本的小农户在

---

① 《邓小平文选》(第三卷),人民出版社1993年版,第355页。

"公司+农户"模式下利益分配常处于不利地位,因此,在龙头企业开始发展的同时,旨在提高农民组织化程度和市场话语权的农民合作社也在这一时期发展起来。

这一时期,农业社会化服务也得到了发展,社会自发成立的服务性组织被纳入社会化服务体系之中。1990年,中共中央、国务院发布《关于一九九一年农业和农村工作的通知》首次提出了"农业社会化服务体系"的概念,并将服务主体确定为"合作经济组织、国家经济技术部门和其他各种服务性经济实体"。1991年,《中共中央关于进一步加强农业和农村工作的决定》进一步指出:"供销合作社、信用合作社以及各种农产品经销、加工企业和农民自愿组成的服务实体,是农业社会化服务体系的重要组成部分。"1993年实施的《中华人民共和国农业法》明确要求发展社会化服务体系。但整体来看,这一时期的农业社会化服务主要依托政府部门和农村集体经济组织,且由于政府财政投入有限,加之农村改革后农村集体经济组织缺乏有力的收入来源,致使农业社会化服务体系的建设一度落后于农业生产经营对其的需求。

进入21世纪后,中央对新型农业经营主体的发展开始高度重视,从人员、财政、金融、登记等方面向合作社、龙头企业等实施倾斜政策。2006年《中华人民共和国农民专业合作社法》正式实施。此后,龙头企业和农民专业合作社取得了巨大发展。据农业部统计,截至2016年底,中国农业产业化组织数量达41.7万个,其中,农业产业化龙头企业达13.03万个。截至2017年7月底,在工商部门登记的农民专业合作社达到193.3万家,是2007年底的74倍,年均增长60%;实有入社农户超过1亿户,约占全国农户总数的46.8%。当然,也有一些学者指出,这一"形势喜人"的数字应该慎重看待,因为其中存在"假合作社""翻牌合作社"。

与此同时,专业大户和家庭农场也逐渐发展起来,成为新型农业经营主体的重要组成部分,并获得中央大力扶持。2007年中央一号文件明确要求积极发展种养专业大户。2008年中央一号文件提出扶持发展农机大户,引导科技示范户和种养大户率先实行标准化生产。2009年中央一号文件要求加大对农机大户、种粮大户和农机服务组织的扶持力度。2010年中央一号文件《中共中央 国务院关于加大统筹城乡发展力度进一步夯实农业农村发展基础的若干意见》要求新增农业补贴适当向种粮大户倾斜。2012年中央一号文件再次强调,加大对种粮大户的信贷投放力度。2014年农业部专门出台《关于促进家庭农场发展的指导意见》,推动家庭农场快速发展。据农业部统计,2016年全国经营50亩以上规模的农户已经达341万户,经营耕地面积超过3.5亿亩;家庭农场达87.7万个,平均经营土地面积达到了215.1亩。

随着新型农业经营主体的崛起,农业领域对社会化服务的需求显著增加,中央开始重视并扶持新型社会化服务组织在农业社会化服务体系建设中发挥作用。一项调查数据显示,50%以上的新型农业经营主体对于农业社会化服务都有强烈需求,尤其是技术服务(91.5%)、信息服务(84.2%)和金融服务(78.9%)(钟真,2018)。为此,2003年党的十六届三中全会要求"健全农业社会化服务体系"。此后,每年的中央一号文件都对健全农业社会化服务体系做出部署。特别是2006年中央一号文件《中共中央 国务院关于推进社会主义新农村建设的若干意见》首次提出了"在继续增强农村集体组织经济实力和服务功能、发挥国家基层经济技术服务部门作用的同时,要鼓励、引导和支持农村发展各种新型的社会化服务组织"的新思路。

二、新型农业经营和服务体系的形成

随着城镇化的推进和"农村空心化"问题的凸显,农村对规模化经营和社会化服务的需求也越来越强烈。伴随着新型农业经营和服务主体的发展,中央逐渐形成了更加集约、系统的规模经营和社会化服务协调发展的思路,构建新型农业社会化服务体系和新型农业经营体系的概念被提出。党的十七届三中全会明确要求:"加快构建以公共服务机构为依托、合作经济组织为基础、龙头企业为骨干、其他社会力量为补充,公益性服务和经营性服务相结合、专项服务和综合服务相协调的新型农业社会化服务体系。"党的十八大又提出"构建集约化、专业化、组织化、社会化相结合的新型农业经营体系",建立覆盖全程、综合配套、便捷高效的服务体系,形成多层次、多形式、多主体、多样化的农业社会化服务格局。

此后，新型农业经营体系和社会化服务体系的建设日益体现出融合发展的特点。2012年中央一号文件要求扶持农民合作经济组织、工商企业等社会力量广泛参与农业产前、产中、产后服务。2014年中央农村工作会议将新型农业经营体系的构建描述为：以农户家庭经营为基础、合作与联合为纽带、社会化服务为支撑的立体式复合型现代农业经营体系。社会化服务成为现代农业经营体系的重要组成部分。2016年中央一号文件将新型服务主体提高到与新型经营主体同等重要的地位，指出它们都是建设现代农业的骨干力量。2016年中共中央办公厅、国务院办公厅发布的《关于完善农村土地所有权承包权经营权分置办法的意见》进一步要求："支持新型经营主体相互融合。"

在政府顶层设计下，各级政府在财政、信贷、保险、用地、项目扶持、人才培训等方面给予了新型经营和服务主体有力的支持，推动了它们的快速发展。截至2017年底，各类新型农业经营主体超过300万家，多种形式适度规模经营占比达到40%。[①] 一项调查显示，新型农业经营主体中有56.2%获得过政府现金资助，有26.4%获得过实物支持，有34%承担过政府示范性推广项目，平均每个新型经营主体获得以上三种政府支持方式累计价值（经折算）达到58.7万元，是普通农户获得惠农支持力度的35倍以上。各类新型农业经营主体之间的融合进一步加强。45.6%的专业大户或家庭农场、33.3%的农业企业均以成员身份参与多种类型的合作经济组织，而28.2%的农民合作社参加了农民合作社联合社。新型经营主体的服务能力也不断增强。调查显示，农业经营主体平均服务农户880户。新型农业经营主体通过相关社会化服务帮助普通农户平均降低生产成本16.7%，平均提高农产品价格45.8%，平均增加最终销量143.7%，促进被辐射农户平均增收约为4286元/户（钟真，2018）。

三、对小农户和现代农业发展有机衔接的带动

虽然新型农业经营主体是现代农业的骨干力量，发挥着重要的引导作

---

① 韩长赋：《中国农村土地制度改革》，http：//www.moa.gov.cn/xw/zwdt/201812/t20181229_6165797.htm，2018年12月29日。

用，但小农户才是农业生产的主体力量。据第三次农业普查显示，中国现有农户2.07亿户，其中，规模经营农户仅有398万户，71.4%的耕地由小农户经营，主要农产品由小农户来提供。现代农业的发展需要小农户和现代农业发展有机衔接。

近年来，中央形成了为促进小农户和现代农业发展有机衔接而推动新型农业经营和社会化服务体系建设的思路。2017年，党的十九大报告明确提出，要通过发展多种形式适度规模经营，培育新型农业经营主体，健全农业社会化服务体系，实现小农户和现代农业发展有机衔接。2018年中央一号文件《中共中央 国务院关于实施乡村振兴战略的意见》要求统筹兼顾培育新型农业经营主体和扶持小农户，为小农户提供农业生产全程社会化服务，把小农生产引入现代农业发展轨道。2019年，中共中央办公厅、国务院办公厅下发《关于促进小农户和现代农业发展有机衔接的意见》，要求必须正确处理好发展适度规模经营和扶持小农户的关系，支持小农户与新型农业经营主体之间开展合作与联合，创新合作社组织小农户机制，发挥龙头企业对小农户的带动作用，同时要健全面向小农户的社会化服务体系。

农业政策支持体系变迁

新中国成立以来,农业政策支持体系经历了巨大的变化,这种变化与中国经济发展水平提高、经济体制改革的轨迹息息相关,体现了时代的烙印。农产品流通体制经历了自由购销、统购统销、市场经济的购销体系等一系列变迁,最终形成了流通主体和渠道多元化的流通体制。供销合作社作为负责农村地区农产品收购和农资、日用品销售的主要部门,在发展的过程中经历了多次成立和撤销,目前已转变成为农民和各类新型农业经营主体提供产供销一体、全程性农业生产服务的组织。农村金融体制在实践中调整、曲折发展,经历了传统计划金融、金融制度改革探索,最终形成了目前市场化的农村金融制度。在农村金融市场中,信用社是存在时间最长、最主要的金融组织,农村信用社经历了合作金融、集体金融、官办金融、恢复合作金融性、商业化等制度变迁过程。随着工农和城乡关系的转变、农业税费的取消以及国家"三农"投入的加大,农业补贴不断增加,目前基本上已建立起较为完善的农业补贴体系。

第一节 供销合作社与农产品流通体制

新中国成立以来,随着中国经济体制改革,农产品流通体制也经历了自由购销、统购统销、市场经济为基础的购销体系等一系列变迁,形成了目前的多元化农产品流通体制。这期间，供销合作社经历了多次成立和撤销。新中国成立初期，供销合作社主要负责中国农村地区的农产品购销，经过深化改革后，目前已转变成为农民及各类新型农业经营主体提供产供销一体的、全程性农业生产服务组织（石秀和、陈阿兴，2002）。除供销合作社外，在农产品流通中发挥作用的主体还包括农产品批发市场、龙头企业、农民专业合作社、运销大户、经纪人等。新中国成立以来农产品流通体制变革大体可分为六个阶段（宋瑛，2014）。

一、管制下的农产品自由购销阶段

新中国成立初期，中国农产品流通总体上根据市场需求实行自由购销，但政府干预较多。政府干预农产品流通，目的是维护市场稳定，强化对工农产品的价格控制能力，希望一方面保障城市居民生活需要，另一方面保证农民的生产积极性（宋瑛，2014）。1949年9月全国政协第一次会议通过的《中国人民政治协商会议共同纲领》第三十七条规定："关于商业：保护一切合法的公私贸易。实行对外贸易的管制，并采用保护贸易政策。在国家统一的经济计划内实行国内贸易自由，但对于扰乱市场的投机商业必须严格取缔。国营贸易机关应负调剂供求、稳定物价和扶助人民合作事业的责任。"1950年，农业恢复较快，农产品产量增加。为了扩大工农产品流通，提高城市购买力，中央人民政府贸易部于1950年11月发布《关于取缔投机商业的几项指示》，要求各地对"超出人民政府批准之业务经营范围，从事其他物资之经营者；不在当地人民政府规定之交易市场内交易者；故意抬高价格抢购物资或出售物资及散布谣言，刺激人心，致引物价波动者；买空卖空、投机倒把企图暴利者"等八种行为给予坚决打击，从而"贯彻在国家统一的经济计划内实行贸易自由政策"。为了进一步扩大农产品在城乡之间、地区之间的流通，1952年11月中共中央发布的《关于调整商业的指示》指出："为了保障人民利益，畅通城乡交流，为了提高私营经济的积极性，除了合理调整价格和适当划分经营范围之外，还应取消各地对私商的各种不当限制，禁止各地交易所的独占垄断行为。"

这一阶段，国营商业和合作社商业控制了部分农产品的收购渠道，但是农产品收购和销售是建立在粮、棉、油商品自由购销的基础上。私营商业仍然是农产品流通的主体，其中，资本主义商业和个体商业占90%以上。国家逐步扩大农产品流通领域中国营商业和合作社商业的比重，逐步撤销了批发市场（徐大兵，2009）。

二、农产品统购统销阶段

随着经济的复苏，人口迅速增长，农产品出现供不应求的现象，价格波动幅度大，政府认为这影响了经济建设及工业化推进。为了保证人民基本生活以及为国家工业化积累资金，政府逐渐将农业发展纳入国家计划经济轨道。1953年，中共中央发布并实施《关于实行粮食的计划收购与计划供应的决议》。1954年、1955年、1957年又相继发布了《中央人民政府政务院关于实行棉花计划收购的命令》《国务院 中共中央关于加紧整顿粮食统销工作的指示》《国务院关于由国家计划收购（统购）和统一收购的农产品和其他物资不准进入自由市场的规定》，进一步扩大了农产品统购统销的范围。1962年9月，党的八届十中全会通过的《中共中央关于商业工作问题的决定》指出，"农副产品的收购，分别采取统购、派购和议购的办法"。统购、派购和议购在以后相当长时期内成为农副产品收购的基本政策。至1978年，由商业部和供销合作总社管理派购的农副产品（不包括地方增加的）共有117种。在这期间，国营商业公司和供销合作社在农产品流通中居于绝对垄断地位。

为了满足农村一般商品流通的需求，1954年政府成立了供销合作社。按照中央政府的要求，供销合作社积极完成对农作物、棉花及其他工业品和出口产品的收购，完成国家收购计划，以换取外汇扶持国家工业建设，配合国营企业稳定物价，限制私商购买和销售，代表政府控制农村商品市场。1954年供销合作社收购的粮食和棉花，分别占国家收购量的70%和100%。到1957年底，全国供销合作社除了基层社以外，还建立了合作商店、饮食业、农产品加工业以及运输业等企业，企业总数已达29万个，员工达92.4万人，商品零售总额达177亿元，固定资产达

5.18亿元（蒋省三，2013）。1958年，国家决定让供销合作社实施国营商业的管理体制，将县以上的供销合作社和国有商业合并，基层供销合作社成为人民公社的供销部。于是，1959年，供销合作社将全部自有资金24亿元交给中国人民银行，性质由集体所有改为全民所有。1962年，国家对人民公社体制进行了调整，供销合作社再一次被创建。这时的供销合作社根据关于发展自营产业的要求，县级以上联合社基本都建立了合作货栈，规模较大的乡镇基层供销合作社还建立了农村贸易服务部和议价饭店，提供农村商业采购销售业务。1970年，供销社再次与国有商业合并，合作商店、合作小组同小商小贩一起被列入教育改造的范围，部分地方还在合作商店和合作小组中开展"四清"运动。1975年，供销合作总社也再次成立，被称为中华人民共和国供销合作总社，总社列入政府机构（徐旭初、黄祖辉，2006）。

三、统购统销逐步放开阶段

1979~1984年，中国经济体制从计划经济向市场经济过渡。在农村，家庭联产承包责任制开始建立，人民公社体制开始瓦解。为了提高农民的生产积极性，政府逐步减少了统购统销的农产品品种和数量，完成政府收购任务后的农产品根据市场供求实行议购议销，同时恢复了农村集贸市场和传统农副产品市场。到1984年底，属于统购统销的农产品品种由过去最多时的180多种减少到38种（其中，中药材24种），统购统销种类减少了67%（宋瑛，2014）。

1982年，供销合作社在国务院进行机构改革时再一次与粮食部一起合并到商业部，但此次合并没有撤销大部分省及省以下的供销合作社，这就为供销合作社再次恢复打下基础。对于基层供销合作社，1983年中央一号文件明确指出："基层供销合作社应恢复合作商业性质，并在扩大经营范围和服务领域的同时，要求基层供销合作社逐步办成供销、加工、贮藏、运输、技术等综合服务中心。"文件显然对基层供销社提出了市场化改革的要求。

第四章
农业政策支持体系变迁

四、自由购销体制基本建立阶段

随着经济改革的深入,农产品统购统销制度被废除,农产品自由购销机制基本形成。1985~1997年,农产品流通主要是通过合同订购与市场收购两种方式。1984年粮食大丰收时,农产品流通出现了购不起、销不动、调不出的困境。1985年,政府开始实行合同定购与市场收购"双轨制"。从1992年开始,农产品流通开始全面市场化,农产品统购统销体制基本结束。但是,由于市场化的农产品流通体制不能在短时期内完全建立,当时出现了零售供需缺口扩大、粮价大幅上涨的情况。为了稳定粮价,国家再次介入农产品市场。1994~1997年,农产品流通回归"双轨制"。这一阶段,龙头企业快速发展并成为农产品流通的重要主体,批发市场成为配置农产品、带动农业经济发展的重要力量(宋瑛,2014)。

农产品流通中多样化的经济组织出现后,迫切需要各种技术、信息等方面的综合服务。因为供销合作社与农民联系紧密并且具有丰富的基层网点,该组织再次得到政府重视,被政府赋予为农业提供综合服务的责任。1995年,中共中央、国务院发布《关于深化供销合作社改革的决定》,要求创建中华全国供销合作总社。供销合作总社加上之前基本保留的省及省以下的供销合作社,形成了从下到上的全国性独立系统。1995年5月,中华全国供销合作总社召开第二次全国代表大会,决定与商业部在组织结构上完全独立,形成由中华全国供销合作总社、各省(自治区、直辖市)供销合作社联社、各地市县供销合作联社以及各乡镇基层供销社组成的四级组织架构。大会决定扩大供销社的经营范围,不再局限于农产品的收购和出售以及农业生产资料、生活资料的供应,可以涉足贮藏、运输、加工、建筑、科技、信息等服务,供销合作社的活动范围可以突破行政区划的限制。

五、全面市场化阶段

从1998年开始,中国农产品流通体制进入全面改革时期。由于1997年中国首次出现了粮食相对过剩,因此改革的重点和主要内容在粮食流通体制，为此先后出台了《国务院关于进一步深化粮食流通体制改革的意见》《国务院关于进一步深化棉花流通体制改革的意见》《粮食流通管理条例》等政策法规文件。这一时期粮食以外的各类农产品流通的市场化改革进程也得到了持续的推进，并逐渐形成了较为稳定的市场化流通秩序。

供销合作社自1995年深化改革以来一直处于恢复时期，政府明确指出，在农村改革阶段供销合作社的作用应当加强，不能削弱，并在政策上为供销合作社的发展给予了支持。1999年，国务院下发了《关于解决当前供销合作社几个突出问题的通知》（以下简称《通知》），指出："发展合作经济，是坚持以公有制为主体、多种所有制经济共同发展基本经济制度的需要。随着农村改革的深化和经济的发展，供销合作社的作用应当加强，不能削弱。"《通知》对如何改造基层社、如何理顺各级联社的组织管理体制、供销社改革中存在的亏损挂账问题、清理社员股金问题、社有资产监管问题以及政策性亏损问题的解决都给予了政策支持。

六、多元化农产品流通体系基本形成阶段

2004年，国务院办公厅转发商务部、国家发展改革委、财政部等部门《关于进一步做好农村商品流通工作的意见》明确提出，要大力发展农村新型流通方式，建设多元化的农产品流通体系，培育农村消费品市场，规范发展农业生产资料市场，加强农产品物流体系建设，积极引导农民进入市场。之后，农产品流通体制改革的重点集中在那些与老百姓日常生活密切相关的农产品领域，其中，建设多元化的农产品流通主体成为重点。在改革过程中，龙头企业、农民专业合作社、运销大户、经纪人等农业产业化组织迅速发展，出现了"公司+农户""合作社+农户""运销大户/经纪人+农户""农超对接"等多元化农产品流通组织模式，在小农户与大市场对接中发挥着日益重要的作用（祁春节、蔡荣，2008）。

2004年以来，供销合作社的发展经历了两个阶段。第一阶段是2013年以前，国家加大了对供销合作社的支持力度，供销合作社被认为是农村现代流通体系、参与新农村建设的主要渠道之一。2006年5月，中华全国供销合作总社决定实施"新农村现代流通服务网络工程"（以下简称"新

网工程")。2007年，中央财政设立新网工程专项资金，支持供销合作社抓好日用消费品、农业生产资料、农副产品和再生资源等网络建设。截至2011年末，中央财政共投入专项资金34.5亿元，扶持系统"四大网络"建设项目4175个。[①] 在新网工程资金支持下，供销合作社全系统经营服务网络得到有效恢复，现代流通方式快速发展，服务功能更加完善，整体实力显著增加。2011年，各级供销合作社销售化肥1.35亿吨，占据70%的市场份额，承担67%的国家淡储（即淡季商业储备）任务；[②] 采购棉花超过350万吨，占该年全国棉花总产量的50%，在国家发展改革委认定的11家国家级棉花宏观调控公司里，属于供销合作社下属企业的有9家。[③] 2012年，供销合作社系统实现农产品采购额5181.9亿元，亿元以上农产品市场交易额占全国的30%。[④] 第二阶段是2013年以后，供销合作社进行全面深化改革。2014年中央一号文件要求开展供销合作社职能转型试点；同年4月，国务院批复河北、浙江、山东、广东4省开展供销合作社综合改革试点。2015年3月，中共中央、国务院发布《关于深化供销合作社综合改革的决定》（以下简称《决定》），标志着供销合作社进入深化综合改革的新时期。《决定》提出推动供销合作社由流通服务向全程农业社会化服务延伸、向全方位城乡社区服务拓展，加快形成综合性、规模化、可持续的为农服务体系，在农资供应、农产品流通、农村服务等重点领域和环节为农民提供便利实惠、安全优质的服务。此次综合改革强调拓展供销合作社为农服务的领域，创新农业生产服务方式和手段，打造城乡社区服务综合平台，开展农村合作金融服务。到2014年底，已经有28个省份、47个地级市、344个县开展了供销社职能转型试点。2015年底，有山东、河南等16个省份出台了落实中央关于推进职能转型精神的政策文件，28个省份的综合改革试点方案经中央农村工作领导小组审核并批复地方（王侠，2016）。在总结河北、浙江、山东、广东4省改革试点经验的基础上，2017年之后，深化供销合作社综合改革在全国展开。

[①][②][③] 《杨传堂在中华全国供销合作总社五届四次理事会议上的工作报告》，中国供销合作网，2012年1月14日。

[④] 《李春生在中华全国供销合作总社第五届理事会第六次全体会议上的工作报告》，中国供销合作网，2013年1月26日。

第二节 农村信用社与农村金融体制

新中国成立以来，中国农村金融体制在实践中调整、曲折发展，经历了传统计划金融、金融制度改革探索阶段，最终形成了目前市场化的农村金融制度。在中国农村金融市场中，农村信用社是存在时间最长、起作用最大的金融组织，经历了合作金融、集体金融、官办金融、恢复合作金融性、商业化等制度变迁。除农村信用社外，农业银行在农村也经历了数次建立与废除，现在已成为中国农村金融的重要力量。此外，中国政策性银行应农村经济发展需要而成立；商业银行曾大举进入农村，在市场化改革的过程中后逃离农村，现在随着农村经济的发展又以直接的方式或以入股村镇银行的方式回归农村。总体上看，中国农村金融体制的变革根据政府调控力度的强弱基本上可以分为三个阶段（类淑志，2005）。

一、传统计划金融制度

新中国成立后，中国实行高度中央集权的计划经济体制和优先发展重工业的经济战略。由于新中国成立初期经济基础薄弱，为了满足工业建设的资金需求，国家依靠国有金融制度支持工业发展。与之相对应，中国农村金融也呈现计划金融制度的特征（李爱喜，2009）。在近30年的农村计划金融制度安排中，农村信用合作社从新中国成立初期的合作金融组织逐渐演变成"官办"金融组织，农业银行则反复出现建立与撤销（何勇，2006）。

在传统计划金融时期，农村信用社的发展经历了两个阶段。一是1949~1959年的普及阶段。这时，农村信用社按照合作制原则建立。新中国成立后，随着土地改革完成，农民获得了土地，农业和手工业的发展都需要生产资金。在优先发展重工业的战略下，国家资金全力支持工业发展，无暇顾及农村资金需求，合作金融便成为解决农村资金问题的首项选择。1951年5月，全国农村金融工作会议提出了积极发展信用合作社的任务；同年下发了《农村信用合作社章程准则（草案）》和《农村信用互助小组公约（草案）》，开始在全国进行信用合作社试点。当时的试点主要采取三种组织模式，分别是信用合作社、信用互助社和供销社的信用部。农村信用社按照合作制原则建立，不以营利为目的，由中国人民银行负责组织领导。到1957年，中国基本实现了农村信用合作化。二是1960~1979年的"官办"阶段。农村信用社先后由人民公社、生产大队、国家银行、贫下中农管理（何勇，2006）。1977年，国务院在《关于整顿和加强银行工作的几项规定》中提出："信用社是集体金融组织，又是国家银行在农村的金融机构。"该规定明确信用合作社是国家银行的基层机构。信用合作社成为官办机构后，农村信用社的"三会"制度完全被废止，其职工待遇"干部化"，盈亏由国家负责。

这期间，国家在农村成立了中国农业银行，之后中国农业银行又经历了数次撤销与恢复。1951年召开的第一次全国农村金融工作会议决定成立农业合作银行，其在中国人民银行统一领导下开展工作。当时的农业合作银行未设分支机构，基层工作由中国人民银行办理。1952年7月，为了精简机构，农业合作银行被撤销。为了扶持农业生产的发展，促进小农经济的社会主义改造，中国参照苏联的做法在1955年成立了中国农业银行，归中国人民银行领导，与农村信用社是指导关系。后由于中国人民银行与中国农业银行业务工作划分不清，纠纷很多，1957年4月，国务院决定撤销中国农业银行。1957~1962年期间，中国先后发生了"大跃进"和"三年饥荒"，国民经济出现了严重的困难。为了管好用好农业资金，充分发挥银行和信用社的作用，1963年中央决定再次成立中国农业银行，作为国务院的直属机构，办理国家支援农业资金的拨付和贷款。

二、制度改革探索阶段

改革开放后，高度中央集权的计划金融体制开始松动，进行了市场化探索。在农村，随着家庭联产承包责任制的推广，农业生产和农村经济得到较快发展，农民收入增长较快，农村金融规模也开始迅速扩大，国家对农村金融的调控由过去计划调控和行政管理转变为直接与间接调控相结合的方式，农村金融呈现"计划—市场"双轨制的特征（尹矛，2003）。在农村金融制度改革的探索阶段，金融组织的经营与行政逐渐脱钩，各级金融组织被赋予更大的经营自主权，开始企业化运作。这时，农村信用社在"官办"的基础上开始恢复信用社组织上的群众性、管理上的民主性以及经营上的灵活性，经营方式发生了部分向群众性合作金融组织的转变。农业银行也再次建立，并逐步实行企业化管理，其他国有金融机构开始在农村地区进行扩张。

中国农业银行恢复后，农村信用社成为农业银行的基层机构，接受农业银行领导和监督。1980年，中央财经领导小组在会议讨论中提出，信用社应在银行领导下独立核算、自负盈亏，灵活经营，起到民间借贷的作用。1983年开始，农村信用社在农业银行领导下对管理体制进行了一系列改革，改革的重点是将信用社改造为自主经营、自负盈亏、自担风险、自求平衡、独立核算的农村合作金融组织。改革后的信用社发放农业贷款时利率可以上浮，在保证农业贷款的前提下，可以经营工商信贷业务。而且，农村信用社实行独立核算、自负盈亏，所组织的资金除按规定向农业银行交付准备金外，全部归自己使用。1984年，国务院批转中国农业银行《关于改革信用合作社管理体制的报告》，提出通过改革恢复农村信用社组织上的群众性、管理上的民主性、经营上的灵活性，在国家方针政策指导下，实行独立经营、独立核算、自负盈亏，充分发挥民间借贷的作用。1984~1988年，在恢复合作金融性质的改革中，农村信用社的存贷业务、自有资金积累快速增长，并且建立了农村信用社县联社，自我管理能力明显增强。

1979年，中国农业银行再次建立，作为国务院的直属机构，由中国人民银行代管。中国农业银行的主要任务是：统一管理支农资金，集中办理农村信贷，领导农村信用合作社，发展农村金融事业。随着农村经济发展，农业银行也不断发展壮大，为农村商品流通和经济发展提供大量资金支持（尹矛，2003）。中国农业银行这时的服务对象也发生了转变，由过去专门支持农业种植业，转变为不仅支持农业内部的农、林、牧、副、渔业，而且也支持工商、运输、服务等多类型的农业商品经济主体。中国农业银行还扩大了经营范围，开展了城市和国际金融业务。中国农业银行的服务类型则由过去提供单一的贷款服务,转变为提供多类型金融业务。与此同时,中国农业银行还加强了内部管理机制改革,逐步实行企业化管理。在这一时期,除了中国农业银行外,其他国有银行纷纷将机构延伸到农村。但是,这些国有银行在农村的业务主要是吸收资金,将大量农村金融资源转移到城市部门,用于城市工商业发展。

三、市场化实质性发展阶段

1992年,党的十四大提出建立社会主义市场经济体制。1993年12月,发布《国务院关于金融体制改革的决定》,提出了金融改革的目标是:"建立在国务院领导下,独立执行货币政策的中央银行宏观调控体系;建立政策性金融与商业金融分离,以国有商业银行为主体、多种金融机构并存的金融组织体系;建立统一开放、有序竞争、严格管理的金融市场体系。"1996年8月,发布《国务院关于农村金融体制改革的决定》,明确提出要建立和完善以合作金融为基础,商业性金融、政策性金融分工协作的农村金融体系;进一步提高农村金融服务水平,增加对农业的投入,促进贸、工、农综合经营,促进城乡一体化发展;农村金融体制改革的重点是恢复农村信用社的合作性质,进一步增强政策性金融的服务功能,充分发挥国有商业银行的主导作用。

农村金融市场化改革后,农村信用社的发展大体经历了三个阶段。一是1996年之前,农村信用社改革基本停滞。由于农村信用社承担保值储蓄、购买金融债券的政策任务,加上内部管理松懈、信贷资产质量差,这期间农村信用社亏损严重,原来对农村信用社松绑放权的改革措施被取消,改革处于停滞阶段。二是1996~2002年,农村信用社与中国农业银行脱钩,按照合作性金融组织进行改革。1996年,《国务院关于农村金融体制改革的决定》提出,农村信用社改革的核心是把农村信用社逐步办成由农民入股、由社员民主管理、主要为入股社员服务的合作性金融组织;中国农业银行不再领导、管理农村信用社,农村信用社的业务管理改由县联社负责,对农村信用社的监督管理由中国人民银行直接承担。三是2003年之后,农村信用社改革进一步深化。这次改革不再坚持农村信用社必须是合作金融组织，认为在经济比较发达、城乡一体化程度较高、农村信用社的资产规模较大且已经商业化经营的地区，允许组建股份制或股份合作制银行机构（蓝虹、穆争社，2012）。2003年，国务院出台《深化农村信用社改革试点方案》，农村信用社改革进入新的阶段。这次深化改革的主要内容包括：一是以法人为单位，改革农村信用社产权制度，明晰产权关系，完善法人治理结构，区分各类情况，确定不同的产权形式；二是改革信用社管理体制，将信用社的管理交由地方政府负责。试点工作率先在浙江、山东、江西、贵州、吉林、重庆、陕西、江苏8个省（市）正式启动，各地区根据各自实际情况，分别进行股份制、股份合作制和合作制等各种产权制度试点。

1993年发布的《国务院关于金融体制改革的决定》提出把国有专业银行办成真正的国有商业银行，执行自由经营、自负盈亏、自我约束的经营原则；确定组建国家开发银行、中国农业发展银行、中国进出口银行三家政策性银行。1994年，中国农业发展银行正式成立，接管中国农业银行原来承担的政策性业务，承担国家粮棉油储备和农副产品合同收购、农业开发等业务中的政策性贷款，代理财政支农资金的拨付及监督使用。国有银行确定商业化经营方向后，由于农户分散、农村经营风险较大，在农村经营的成本较高，国有银行纷纷调整其经营战略，收缩农村地区的业务。中国农业银行在农村地区的功能主要是吸收农村储蓄存款，将资金转向城市，而不是向农村提供资金。

2005年党的十六届五中全会提出开展社会主义新农村建设运动后，中国银监会在2006年发布《关于调整放宽农村地区银行业金融机构准入政策更好支持社会主义新农村建设的若干意见》，提出放宽准入资本范围，积极支持和引导境内外银行资本、产业资本和民间资本到农村地区投资、收购、新设村镇银行、社区信用合作组织、小额贷款公司等金融机构。2007年，首批村镇银行在国内6个试点省诞生。随着农村经济快速发展，农民收入水平不断提高，国有商业银行、股份制银行、外资银行意识到农村金融市场充满商机，通过设立分支机构、成立子公司等形式重返农村。目前，中国农村金融市场有国有商业银行、政策银行、股份制银行、村镇银行、合作金融组织、小额贷款公司、互联网金融等多类机构，提供的金融服务除存贷款业务外，还有理财、保险等多种金融产品。自2007年建立涉农贷款专项统计以来，中国全部金融机构涉农贷款余额由2007年末的6.1万亿元，迅速增加到2017年的30.95万亿元。①

第三节 农业税费改革与财税政策

新中国的农业税费从建立到取消经历了近50年的时间，在国家发展的不同阶段，农业税费扮演了不同的角色。新中国成立初期，国家通过征收农业税为工业发展提供资本积累。工业化和城镇化达到较高水平后，国家开始实行工业反哺农业、城市支援农村的政策，农业税费被取消（王诚尧，2011）。

一、农业税费改革以前

新中国成立初期，由于不同地区农民获得土地的情况不同，分别采取不同的税收方式。在老解放区，主要沿用新中国成立前的征收制度，实行比例税；在新解放区，由于很多地方还未进行土地改革，因此没有形成规范的农业税政策，各地征收制度有所不同。② 一些地方人民政府制定了临时性的农业税征收办法，采用了差额较大的累进税率，增加了对地主、富农的征收额，降低了对贫农的征收额。1952年全国基本完成土地改革后，中央人民政府政务院公布《关于1952年农业税收工作的指示》，提出采取累进税率差额相对缩小的税收政策。随着社会主义三大改造完成，农民由原来的分散经营转变为集体经营，原来的农业税政策不再适应当下情况。1958年，《中华人民共和国农业税条例》（以下简称《条例》）的颁布实施标志着全国实行统一的农业税制。《条例》确定了公平合理负担、鼓励增产、统一税制、简便征收、方便群众等征税原则，废除了原来的累进税率，在全国统一实行分地区的差别比例税制。《条例》规定，原来以户计

---

① 中国银行保险监督委员会：《中国普惠金融发展情况报告》，中国金融出版社2018年版。
② 国务院农村综合改革办公室：《新中国农业税制的发展和演变经历了哪些阶段》，中华人民共和国财政部官方网站，2019年5月31日。

征的纳税制度转变为以社为单位缴纳农业税,全国的平均税率为常年产量的15.5%。各省、自治区、直辖市的平均税率,由国务院根据全国平均税率,结合各地区具体情况,分别加以制定,但最高税率不得超过25%。

在农业税费改革以前,中国农民承担的税收主要有六类:一是农业税,是国家向一切从事农业生产、有农业收入的单位和个人按比例征收的一种税,通常称为正税或公粮;二是农业特产税,是国家向从事农业特产生产的单位和个人征收的一种税,应征产品包括水产品、茶叶、原木、原竹、生漆、天然树脂等;三是屠宰税,是对税法规定的应税牲畜,在屠宰时向屠宰单位和个人征收的一种税;四是耕地占用税,是对占用耕地用于建房或者从事其他非农业建设的单位和个人征收的一种税;五是契税,是在土地、房屋权属转移登记时,向不动产取得人征收的一种税;六是牧业税,是国家对牧区、半农半牧区,主要从事畜牧业生产、有牧业收入的单位和个人征收的一种税。

除农业税外,农民还需上缴部分费用于村民公益事业,这些费主要有:(1)村提留,包括公积金、公益金、管理费,简称"三提";(2)乡统筹费,包括用于乡、村两级办学教育费附加、计划生育管理费、优抚费、民兵训练费、乡级道路建设费等,简称"五统";(3)其他收费,包括有法律法规依据的行政事业性收费和政府性基金。行政性收费指国家行政机关和国家授权行使行政职权的单位,在社会、经济技术和资源管理过程中按照特定需要依据国家规定实施的收费;事业性收费是指事业单位向社会提供有效服务而实施的收费。事业性收费不以营利为目的,按照补偿或部分补偿合理的耗费的原则,并根据服务内容、质量,考虑国家有关政策制定收费标准(赵达君,2006)。此外,农村每个农业劳动力每年还需承担一定的义务工和劳动积累工。

二、农业税费改革过程

农村实行家庭联产承包责任制后,农民生产积极性增加,主要农产品产量大幅度提高,农民生活水平得到显著改善。然而,从20世纪80年代后期开始,农民开始出现"卖粮难"问题,收入增长乏力。这期间,由于

第四章
农业政策支持体系变迁

基层组织财政压力大,农业税费不断增加,这就导致了农民与基层组织之间的矛盾,引起了干群之间持久的冲突。为此,一些农业改革试验区的地方政府开始探索农业税费制度改革。1988年,安徽省政府参事何开荫呼吁把农村合理的收费用税收的形式固定下来,通过规范农村税费的办法减轻农民负担。1992年初,农民负担问题比较突出的安徽省涡阳县新兴镇最先开始农业税费改革,主要做法便是何开荫提出的将费用固定下来。新兴镇根据全镇每年的支出总额确定农民的税费总额,并将税费分摊到田亩,一并征收。新兴镇当时规定的税费负担是每亩地30元,这种将税费合并固定到亩的做法是农村税费改革的雏形(贾发生,2006)。

在1998年召开的党的十五届三中全会上,农村税费改革被列为经济体制改革的重要内容,中央政府主导的农业税费改革正式启动。2000年1月,国务院第57次总理办公会议原则通过了《关于农村税费改革试点工作若干问题的意见》,将农业税率定为7%,农业税附加的上限定为20%。

2000年3月,中共中央、国务院下发《关于进行农村税费改革试点工作的通知》,农业税费改革率先在农业大省安徽进行试点。根据农村税费改革新方案,改革内容概括为"三个取消、两个调整和一项改革"。"三个取消"指取消乡统筹费、农村教育集资等专门面向农民征收的行政性收费和政府性基金、集资,取消屠宰税,取消统一规定的劳动积累工和义务工。"两个调整"是指调整农业税和农业特产税政策,原农业税附加并入农业税,新的农业税税率不超过7%,农业税和农业特产税不交叉重复征收。"一项改革"是指改革村提留。村干部报酬、五保户供养、办公经费,除原由集体经营收入开支的仍继续保留外,凡由农民上缴村提留开支的,采用新的农业税附加方式统一收取,但农业税附加比例最高不超过农业税正税的20%。

在农业税费改革的过程中,中央、省及市一级政府加大了对试点地区的转移支付力度,同时也增加了配套改革措施,如合并乡镇、压缩和撤并七所八站。2002年3月,国务院办公厅再次发出《关于做好2002年扩大农村税费改革试点工作的通知》,决定2002年进一步扩大农村税费改革试点范围,确定河北、内蒙古、黑龙江、吉林、江西、山东、河南、湖北、湖南、重庆、四川、贵州、陕西、甘肃、青海、宁夏16个省(自治区、直辖市）为当年农村税费改革试点区。2003年2月国务院发布《关于全面推进农村税费改革试点工作的意见》，决定在进一步总结经验、完善政策的基础上，全面推进农村税费改革试点工作。自此，农村税费改革工作由上而下，在全国全面推开。这一阶段农村税费改革的基本目标是"减轻、规范、稳定"农民的负担（贾发生，2006）。

2004年3月，温家宝总理在第十届全国人大第二次会议上所作的《政府工作报告》中指出，"从今年起，逐年降低农业税税率，平均每年降低1个百分点以上，五年内取消农业税""为支持农村税费改革，今年中央财政拿出396亿元用于转移支付。加快推进县乡机构等配套改革"。同年，除烟叶税外的农业特产税被取消，黑龙江、吉林两省率先进行全面免征农业税的试点。上海、北京、天津、浙江、福建、西藏6个省（自治区、直辖市）和其他省份的274个县（市）也自主免征或基本免征农业税，河北、内蒙古、辽宁、广东、河南等12个省份的农业税税率降低3个百分点，其余省份农业税税率降低1个百分点。2005年3月，温家宝总理在第十届全国人大第三次会议上宣布，从2006年起，农业税全部免征。2005年12月，第十届全国人大常委会第19次会议决定，《中华人民共和国农业税条例》自2006年1月1日起废止。至此，几千年来加在中国农民头上的皇粮国税被彻底终结。

三、农村综合改革和城乡统一税制

农业税费的取消极大减轻了农民的负担，但是，如果不能解决由此导致的基层财政资金紧张问题，向农民收费的情况还会以各种形式再出现（胡志辉，2014）。2005年6月，国务院下发了《关于2005年深化农村税费改革试点工作的通知》，要求积极推进以乡镇机构改革、农村义务教育管理体制改革、县乡财政体制改革为重点的农村综合改革试点；按照切实转变乡镇政府职能、努力建立服务型政府和法治政府的要求，对乡镇内设机构实行综合设置；坚持以政府投入为主的农村义务教育投入机制，进一步明确各级人民政府对义务教育的保障责任，确保农村义务教育正常经费支出需要；根据财权和事权相统一的原则，继续改革完善县乡财政管理体制，确保乡镇正常经费支出需要。2005年10月，党的十六届五中全会提出按照生产发展、生活宽裕、乡风文明、村容整治、管理民主的要求建设社会主义新农村。自此，中央及地方各级政府大幅度增加了对农村道路、水利、教育、医疗等公共服务的投资。

取消农业税费后，并不意味着不再对农业和农民征税，而是建立一套城乡统一的、现代化的税制体系。目前，中国共有19个税种，除关税、船舶吨税两种是在进出口环节征收以外，其余17个税种征税面已覆盖城乡的有环境保护税、增值税、消费税、营业税、车辆购置税、企业所得税、个人所得税、资源税、土地增值税、契税、车船税、印花税12种；属于专为城镇设置的税种有房产税、城镇土地使用税、城市维护建设税3种；征税面在农村，专为特种农产品设置的税种有烟叶税1种；征税面基本在农村，少数在城镇，专为控制占用耕地设置的税种有耕地占用税1种（王诚尧，2011）。

第四节 农业补贴政策体系

新中国成立以来，农业补贴政策经历了三个阶段，分别是1949～1977年计划经济时期的补贴政策；1978～2003年计划经济向市场经济转型时期的补贴政策；2004年至今市场经济时期的补贴政策。根据不同时期国家发展战略和农业发展情况的不同，政府采取了不同的补贴方式，中国农业补贴政策目的由最初的"农业支持工业"转变为现在的"工业反哺农业"（吴琼，2016）。

一、计划经济时期的农业补贴政策

新中国成立初期，中国在经济发展上采取优先发展重工业的战略，因此，这一时期的政策导向主要是"农业支持工业"，国家对农业的补贴很少。计划经济时期农业补贴政策的目标是解决农业生产能力不足、粮食供应不足的问题，通过农业补贴政策提升粮食生产量，保证全国对粮食的基本消费需求，满足工业化和城镇化的紧迫需求（吴琼，2016）。中国最早的农业补贴是对国营拖拉机站的机耕定额亏损补贴，随后拓展到农业生产资料差价补贴、农业税收减免、农业生产用电补贴和农业低息贷款（李群青，2014）。

二、转型时期的农业补贴政策

改革开放以来，国家逐步增加了对农业发展的补贴力度。这一阶段，国家对农业的补贴主要为粮食补贴。1978~1990年，粮食补贴主要是对粮食企业经营费用和购销差价的补贴；1990~2003年，由补贴粮食企业经营费用和购销差价转向补贴粮食企业的流通各个环节，以粮食风险基金为主要形式。这个阶段农业补贴的主要目标是保证国家的粮食安全，补贴的对象主要是粮食经营企业和城镇居民，补贴的环节主要是粮食的流通和经营，补贴的形式主要是生产资料投入品补贴和价格补贴（吴琼，2016）。

三、市场经济时期的农业补贴政策

市场经济时期，中国农业补贴政策体系经历了以下两个阶段的发展：

第一个阶段是2004~2014年，以促进农民增收为目标的农业补贴政策体系在中国基本建立。这一时期，中国农业补贴政策主要有综合性收入补贴、专项生产补贴、专项销售补贴、防灾减灾补贴等（见表4-1）。综合性收入补贴包括粮食直补和农资综合补贴。其中，粮食直补是补贴从事粮食生产的农民；农资综合补贴是补贴购买农业生产资料化肥、柴油、种子的农民。专项生产补贴包括良种补贴、农机具购置补贴等。其中，良种补贴是对生产中使用农作物良种的农民（含农场职工）给予的补贴，补贴的范围包括水稻、小麦、玉米、大豆、棉花、油菜、青稞、马铃薯、畜牧等；农机具购置补贴是对直接从事农业生产的个人和农业生产经营组织购买农机具给予的补贴。专项销售补贴包括最低收购价政策、临时收储政策、目标价格等。其中，最低收购价政策是国家为了调控粮食价格而实施的补贴政策，当粮食的市场价格高于最低收购价时，国家不进行干预；当低于收购价时，则国家会委托粮食企业按规定的最低收购价收购农民的粮食。最低收购价政策主要针对水稻、小麦，临时收储政策主要针对主产区玉米、大豆、油菜籽、棉花、食糖。这一阶段中国形成了粮食直补、农资综合补贴、良种补贴、农机具购置补贴政策为主,最低收购价政策、临时收储政策、目标价格为辅的基本农业补贴政策体系。这一阶段农业补贴政策体系建立的目的不仅是为了保障粮食安全,也是为了促进农民增收和保护农民利益。

表4-1　　　　　　2004年以来中国农业主要补贴种类

各类补贴		时间	补贴对象	补贴标准
综合性收入补贴	粮食直补	2004年	对从事粮食生产的农民按照种粮面积给予补贴	由地方根据补贴资金总量和确定的补贴依据综合测算确定
	农资综合补贴	2006年	对购买农业生产资料(包括化肥、柴油、种子、农机)的农民给予补贴	要求对从事粮食生产的农民按照种粮面积给予补贴,但实际执行过程中逐步演变为按承包地计税面积发放
专项生产补贴	良种补贴	大豆,2002年;小麦,2003年;水稻、玉米,2004年;棉花、油菜,2007年	对生产中使用农作物良种的农民(含农场职工)给予补贴	早稻10元/亩,中晚稻、棉花15元/亩,小麦、玉米、大豆、油菜10元/亩
	农机购置补贴	2004年	直接从事农业生产的个人和农业生产经营组织	每档次农机产品补贴额按不超过本省域近三年平均销售价格的30%测算,重点血防区大田作业机械不超过50%
专项销售补贴	最低收购价补贴	水稻,2004年;小麦,2005年;玉米,2006年	主产区的水稻、小麦和玉米	当市场粮价低于国家确定的最低收购价时,国家委托符合一定资质条件的粮食企业,按国家确定的最低收购价收购农民的粮食
防灾减灾补贴	农业生产救灾补助	2002年	对农民受灾后进行一定额度的补助,用于重建和开展生产自救等	专项资金,视灾害发生的程度
	重大疫病防疫补助	2003年	免费为农民进行疫病防治和畜禽宰杀的补助	专项资金,视疫情发生的程度
	政策性农业保险补贴	2002年	鼓励各地发展农业政策性保险而设立的专项资金	主要用于农民的保费补贴

续表

各类补贴		时间	补贴对象	补贴标准
农业支持保护补贴	农业支持保护补贴	2016年	种植大户、家庭农场、合作社等新型农业经营主体	一般情况下，每亩补助30~230元，各地发放标准也不一样
	棉花和大豆目标价格补贴	2014年	棉花和大豆生产者	棉花在新疆2017~2019年为每吨18600元；大豆在黑龙江每亩130.87元，吉林每亩139.72元，辽宁每亩200元以上
	玉米生产者补贴	2016年	玉米生产者	黑龙江每亩补助100元以下，2018年秋收后，对合法种植面积每亩补助25元
农业绿色发展补贴	深松整地作业补贴	2014年	开展农机深松整地作业的农机合作社、农机户、家庭农场、种粮大户等农业生产经营组织	各地存在一定差异，2018年山西每亩补助30元，山东每亩补助35元，陕西、甘肃每亩补助20元，河北每亩补助40元，新疆每亩补助不超过30元，内蒙古最高为每亩补助25元，青海每亩补助21元
	轮耕休耕补贴	2016年	实行耕地轮作休耕试点的地块要为合法耕地，补助对象是实际生产经营者，而不是土地承包者	轮作：结合实施东北冷凉区、北方农牧交错区等地玉米结构调整，按每年每亩150元的标准给予补助。休耕：河北黑龙港地下水漏斗区季节性休耕试点每年每亩补助500元；湖南长株潭重金属污染区全年休耕试点每年每亩补助1300元（含治理费用）；贵州和云南两季作物区全年休耕试点每年每亩补助1000元；甘肃一季作物区全年休耕试点每年每亩补助800元

资料来源：根据胡冰川研究员提供的资料整理。

第二个阶段是2015年至今，中国的农业补贴政策更加注重对耕地和生态环境的保护，并加大了对粮食适度规模经营的支持。2015年，中国粮食出现产量增加、进口量增加和库存量增加"三量齐增"现象，粮食生产供大于求，不再需要大力度的刺激政策。于是，政策目标转为培育耕地地力、发展规模经营、培育粮食的未来增长潜力等方面。当年国家开始试点将农作物良种补贴、种粮农民直接补贴、农资综合补贴"三项补贴"合并为"农业支持保护补贴"，并选择安徽、山东、湖南、四川和浙江五省作为试点省份。2016年，在总结试点经验基础上，农业"三项补贴"改革在全国推开。"三项补贴"改革将全国范围内80%的农资综合补贴存量资金，加上种粮农民直接补贴和农作物良种补贴，用于耕地的地力保护；20%的农资综合存量补贴，加上种粮大户补贴试点资金和农业"三项补贴"增量资金，统筹用于支持粮食适度规模经营（董静儒，2016）。同时，国家在部分地区还实施了轮耕休耕补贴。2016年12月，财政部、农业部联合印发《建立以绿色生态为导向的农业补贴制度改革方案》，明确提出到2020年基本建成以绿色生态为导向、促进农业资源合理利用与生态环境保护的农业补贴政策体系和激励约束机制。方案强调，要突出绿色生态导向，将政策目标由数量增长为主转到数量、质量、效益并重上来。此外，近年来，随着大豆、棉花、玉米等临时收储政策的取消，农业支持保护政策逐步转向市场化手段，调整改进"黄箱"政策，扩大"绿箱"政策使用范围，更好地发挥市场机制的作用。

第五章

国家粮食安全保障

食为政首,作为一个人口大国,切实保障国家粮食安全是维护社会稳定、推动经济发展的重要基础。新中国成立后,粮食安全问题一直备受关注。计划经济时期,在粮食供给十分紧张、人民基本生活需求无法得到有效保障的情况下,中国确立了"以粮为纲"的农业生产指导方针,将农业生产资源高度集中于粮食作物种植。与此同时,为支持社会主义工业建设,粮食流通严格执行统购统销制度。从该时期粮食国际贸易看,中国总体规模较小,并经历了从净出口到净进口的转变。改革开放初期,农村经济体制改革提高了农民的粮食生产积极性,促进了中国粮食产量的快速增长。进入20世纪80年代中期以后,随着经济体制改革的全面深入,中国粮食流通逐步由统购统销向计划购销与市场购销并存转变。需要指出的是,改革开放之初至20世纪末的近20年间,尽管中国粮食产量增长迅速,但粮食国际贸易仍以进口为主。21世纪以来,在统筹城乡发展理念的指引下,粮食生产政策环境和基础设施等显著改善,粮食产量进一步增加。另外,粮食流通的市场化改革全面提速,粮食安全保障水平进一步提高。党的十八大以后,"端牢饭碗"、保障国家粮食安全仍然受到密切关注。

第一节 粮食生产与流通政策

新中国成立后,面对纷繁复杂的国内外环境,发展粮食生产、改革与完善粮食流通体制一直是中国"三农"工作的重点。新中国成立初期,中国经历了短暂的农业生产恢复及粮食自由交易。此后,计划经济体制逐步建立。在集体生产、统一分配的基础上,劳动力调配灵活促进了农业基础设施的完善,在一定程度推动了中国粮食生产的发展。同时,由于粮食供给普遍短缺,政府计划下的统购统销成为集体经济时期中国粮食流通的主要方式。改革开放后,农村经济体制改革促进了粮食生产的发展,在向社会主义市场经济体制转轨过程中,粮食购销"双轨制"逐步建立。20世纪90年代末,随着社会主义市场经济体制改革的深入推进,中国粮食生产出现波动,粮食流通进入政府宏观调控下的市场调节阶段。21世纪以来,农村税费改革较大幅度减轻了农民负担,继而推动了粮食产量的持续稳定增长。在积极融入全球市场背景下,中国粮食流通进入全面市场化时期。

一、计划经济体制下粮食生产和流通

新中国成立初期,受长期战争和自然灾害等因素的影响,粮食供应十分紧张,人民基本生存需求无法保障。1950年6月,在前期土地改革取得良好成效的基础上,《中华人民共和国土地改革法》颁布,"耕者有其田"普遍实现。农村生产力的解放推动了粮食生产的发展。1949~1952年,中国粮食产量由11318.4万吨增长至16392.5万吨,增幅达44.8%。期间,中国粮食公司和粮食管理总局先后成立,并在此基础上组建了中央粮食部,统一领导全国粮食工作。新中国成立初期粮食流通以自由交易为主,其价格亦由市场决定,政府干预较少。

1953年,受自然灾害影响,中国粮食供应再度出现短缺。为此,1953年10月发出的《关于召开全国粮食紧急会议的通知》指出,从根本上找出方法解决粮食问题,是中国共产党刻不容缓的任务。此后,在不同时间、不同场合,中央多次重申粮食生产的重要性。1958年,"以粮为纲"成为中国指导农业工作的重要方针。与此同时,为解决农业生产资料不足等问题,合作生产、农业基础设施建设等广泛开展。1951年12月,中共中央发布《关于农业生产互助合作的决议(草案)》,鼓励农民按照自愿互助的原则开展农业生产合作。此后，在初级农业生产合作社及高级农业生产合作社广泛发展的基础上，1958年8月，中共中央颁布施行了《关于在农村建立人民公社问题的决议》。值此背景下，由于劳动力调配灵活等原因，以灌溉设施、道路交通和农业技术推广站等为代表的农业基础设施建设广泛开展，推动了中国粮食生产的发展。但另一方面，高度集中的计划经济体制也影响农民的生产积极性。1953~1978年，中国粮食产量由16684.1万吨增长至30476.5万吨，年均增长2.4%。

为实现社会主义工业化，集体经济时期中国建立了粮食统购统销制度，即通过对农村余粮户实行计划收购和对城乡缺粮人员实行粮食计划供应，实现国家对粮食市场的严格管控。1953年，"一五"计划的颁布确立了中国"优先发展重工业"的方略。为确保社会主义工业化顺利进行，中共中央《关于实行粮食的计划收购与计划供应的决议》以及政务院《粮食市场暂行管理办法》和《关于实行粮食的计划收购和计划供应的命令》在同一年相继颁布，标志着中国统购统销粮食流通体制的初步形成。1955年8月，国务院发布《农村粮食统购统销暂行办法》，开始在全国范围内实行粮食定产、定购及定销"三定"政策，至此，粮食统购统销制度最终形成。

新中国成立初期，在农业生产力水平比较落后的情况下，"以粮为纲"的确立与集体生产合作制度的形成及在此基础上推动的农业基础设施建设，促进了中国粮食生产的发展。同时，粮食统购统销制度适应当时生产力水平落后的国情，有利于保障人民基本生存需求及实现社会主义工业化。

二、经济转轨时期粮食生产和流通

1978年，党的十一届三中全会拉开了中国改革开放的序幕。在"解放思想，实事求是"的指导理念下，农村经济体制改革推动了中国粮食生产的快速发展。经历了包工到组、包产到组、包产到户等阶段后，1983年1月，中共中央发布《关于〈印发当前农村经济政策的若干问题〉的通知》，标志着家庭联产承包责任制的最终形成。农业微观经营组织趋于合理化极大调动了农民的粮食生产积极性。此后，中央先后于1984年、1993年和1995年出

第五章
国家粮食安全保障

台文件稳定土地承包经营关系,[①] 由此也进一步促进了粮食生产发展。与此同时,政府农业投资规模的增长也较大程度提高了粮食产量。1979年9月,中共中央《关于加快农业发展若干问题的决定》指出,国家应从各方位强化对农业的投入,实行专款专用;自1989年起,中国建立了农业发展资金并列入各级财政预算,由此在一定程度上保障了粮食生产投入规模。从实际执行看,1979~1997年,中国国家财政用于农业支出总体呈现快速上升的趋势,期间农业支出占财政支出比重平均达9%以上。[②] 在多重因素综合影响下,改革开放之初至20世纪90年代末中国粮食产量快速增长,从1979年的33211.5万吨增至1997年的49417.1万吨,年均增长2.2%。

在粮食增产、集体经济解体以及统购统销政策无法调动农民生产积极性的背景下,原有粮食流通体制逐渐被计划调节和市场调节相结合的购销双轨制所替代。1982年1月,《全国农村工作会议纪要》强调粮食销购要以计划调节为主、市场调节为辅,开始提及市场作用。同年,国务院下发《关于实行粮食征购、销售、调拨包干一定三年的通知》,确定了粮食购销及调拨的具体数量,在此基础上,农民有权处置余粮。1983年1月,中共中央发布《当前农村经济政策的若干问题》,规定农户完成征购任务后的节余粮食允许上市买卖,参与市场调节。此后,随着人民公社的解体及家庭联产承包责任制的广泛实施,粮食流通进一步放开。1985年1月,中共中央、国务院颁布《关于进一步活跃农村经济的十项政策》,正式取消粮食统购而改为合同定购,定购价格以"倒三七"[③] 比例计算,超额部分可自由上市;若市场价格低于原统购价,则国家按原统购价敞开收购。至此,中国粮食流通终结了过去完全意义上的国家统购,实现了合同收购和市场交易的同步运转(赵德余,2011)。

20世纪90年代,为稳定粮食价格,保障农民利益,中国先后出台了

---

① 1984年,《中共中央关于一九八四年农村工作的通知》规定农户土地承包期为15年不变;1993年,《中共中央、国务院关于当前农业和农村经济发展的若干政策措施》提出在原有耕地承包期到期后再延长30年不变;1995年,国务院批转农业部《关于稳定和完善土地承包关系的意见》,规定在承包期内,允许子女继承未到期的土地。

② 根据中华人民共和国农业部编:《新中国农业60年统计资料》,中国农业出版社2009年版数据计算而得。

③ 以30%作为原统购价权数、70%作为超购加价权数的形式,形成固定比例的价格。

一系列政策措施。1990年,兼具商业周转与国家粮食安全保障性质的国家粮食储备工作开始启动;1991年,为顺应市场规律,中国大幅上调粮食销售价格;1993年,保量放价、购销同价政策在前期试点基础上广泛实施,同时规定中央和地方财政减下来的粮食加价、补贴款要全部用于建立粮食风险基金。粮食价格的放开使部分沿海地区将农业资源更多地投入利润更高的产业,致使粮食产量减少、价格走高。由此,1994年,"保量放价"改为"提价定购",短期的价格自由化尝试迅速逆转,粮食收购重回价格双轨制(褚保金、许晖,2005)。

综合而言,改革开放后至20世纪90年代中后期,以家庭联产承包责任制为主要内容之一的体制改革推动了中国粮食生产发展。由于供给增加,加之统一购销失去组织基础,中国粮食流通步入计划调节与市场调节相结合的双轨制时期。应该说,"双轨制"适应了中国经济转轨时期的国情,较好地保障了农民权益。

三、改革深入期粮食生产和流通

20世纪90年代末,粮食产量的持续增长使其出现相对过剩现象,农民"卖粮难"问题接踵而至。由此,"双轨制"下的粮食生产流通陷入政府及国有粮食企业债台高筑的困境。一般认为,粮食据其生产供求形势兼具政治性和经济性,由此也决定了行政干预和市场调节手段的运用。随着粮食产量的持续增长,中国粮食的政治性逐渐褪去,而经济性不断加强,如何改革粮食生产和流通政策使其回归经济调节职能成为20世纪末中国粮食工作关注的重点。

在20世纪90年代末,中国逐步取消了强制性粮食生产和定购计划,政府更多为粮农提供生产信息指导并鼓励其调整优化生产结构。对于部分在结构调整中存在困难的企业及农户,政府提供适当补贴,并提倡通过粮食产业化发展方式推动和稳定粮食生产。在粮食流通方面,1998年5月,《国务院关于进一步深化粮食流通体制改革的决定》(以下简称《决定》)拉开了新一轮粮食流通体制改革的序幕。《决定》明确了改革"四分开、一完善"的原则,即政企分开、中央与地方责任分开、储备与经营分开、新老账目分开和完善粮食价格机制。在此基础上，2000年6月，国务院下发了《关于进一步完善粮食生产和流通有关政策措施的通知》，提出以保护价收购农民余粮，扩大国家储备库建设规模。在上述政策推动下，中国粮食流通领域购销价格全面放开，生产与经营者按市场价格进行交易，政府制定粮食保护价格平抑市场波动的分工格局基本形成。在粮食生产和流通政策影响下，1998~2003年，中国粮食产量由51229.5万吨逐步回落至43069.5万吨，年均跌幅达3.5%。尽管这期间粮食产量有所回落，但其减轻政府负担，充分发挥粮食生产者积极性、主动性的作用不容忽视。

四、农村税费改革下粮食生产和流通

21世纪尤其是2004年以来，以增加农民收入、加强现代农业基础设施建设为核心的粮食生产流通体制改革拉开帷幕。农业税减免、农业补贴和基础设施建设等推动了新时期粮食产量的持续增长。2004年，中共中央、国务院发布《关于促进农民增加收入若干政策的意见》，强调要集中力量支持粮食主产区发展粮食产业，深化农村税费改革减少农业税和推行粮农直接补贴政策。在此基础上，2005年中共中央、国务院发布《关于进一步加强农村工作提高农业综合生产能力若干政策的意见》，重申推进农业税减免，并进一步提出加强耕地建设和农业基础设施建设。2007年，为深入推进社会主义新农村建设，中央提出发展现代农业，强调鼓励社会力量投资现代农业生产，加强农业信息化建设，鼓励涉农工业发展和建立农业风险防范体系。2008年中央一号文件提出要重点加强粮食生产，在稳定稻谷与玉米生产的基础上，扩大专用小麦生产。2009~2010年，中央再次强调粮农补贴和农业基础设施建设，其中，提高现代农业装备水平成为期间重点之一。在系列政策支持下，2004~2012年，中国粮食产量由46947.0万吨增长至61222.6万吨，实现了多年持续增长。

粮食产量的持续增长推动了粮食流通体制改革全面向市场化方向迈进。2004年5月，国务院下发《关于进一步深化粮食流通体制改革的意见》，提出粮食流通体制在国家宏观调控下，充分发挥市场机制对粮食购销和价格形成作用的改革总目标。随后，《粮食流通管理条例》出台，明确规定粮食价格主要由市场供求形成。在此基础上，2006年5月，国务院印发《关于完善粮食流通体制改革政策措施的意见》，提出要加快国有粮食购销企业改革、妥善解决企业历史包袱、建立开放和竞争有序的粮食市场体系、加强粮食产销衔接、改善粮食宏观调控、确保国家粮食安全等。政策支持有力推动了粮食流通的全面市场化改革，市场在粮食价格形成中的作用显著增强。

党的十八大以来，粮食生产流通政策在经济社会不断发展背景下进一步完善。一方面，2014年12月，中共中央办公厅、国务院办公厅联合发布《关于农村土地征收、集体经营性建设用地入市、宅基地制度改革试点工作的意见》，提出坚持土地集体所有权、稳定承包权、放活经营权的要求，"三权分置"改革有利于粮食适度规模化生产。另一方面，在稳定粮食生产的基础上，中国着力推进农业供给侧结构性改革，优化粮食生产结构。此外，在粮食流通问题上，改革价格形成机制、加强流通设施和市场建设、健全粮食收储制度、提高粮食流通效率等持续深入推进，进一步完善了新时期中国粮食流通体系。2017年10月，党的十九大指出，要巩固和完善农村基本经营制度，确保国家粮食安全，把中国人的饭碗牢牢端在自己手中，为新时代中国粮食生产流通工作定下了基调。

第二节 粮食国际贸易

粮食国际贸易是促进粮食在全球范围内有序流动、实现更高水平粮食安全的有力保障。新中国成立后，面对持续转变的国际贸易环境，以实现社会发展、满足人民需求为出发点和落脚点，中国适时调整粮食国际贸易战略。70年来，伴随着社会主义市场经济体制的逐步建立，在经济全球化背景下，中国粮食贸易积极融入国际市场。

新中国成立初期，"耕者有其田"的普遍实现促进了粮食产量的恢复性增长。此后，在"优先发展重工业"的指导理念下，随着粮食统购统销制度的实施，中国粮食国际贸易以满足自身需求紧平衡下的出口为主，以此换取先进技术和设备，进而促进工业化发展；20世纪六七十年代，受粮食高指标征购、自然灾害和浮夸风等影响，国内粮食供应出现严重短缺，由此，粮食净进口成为该时期中国粮食国际贸易的主要特点。改革开放后，为进一步弥补国家粮食不足，同时支持农业结构调整，中国粮食进口进一步扩大。20 世纪 90 年代中后期以来，随着社会主义市场经济体制改革的逐步深入，中国粮食生产流通向市场化迈进，粮食进出口量受国内生产和国际市场影响，波动较大。

一、"以粮创收"下粮食净出口

为促进社会主义工业发展，新中国成立初期，中国采取了"以粮创收"的战略，即通过出口粮食获取外汇，继而为进口先进机器设备和技术积累资金。1953 年，陈云在做统购统销政策说明时曾指出："国家粮食供给紧张，但不能打减少出口粮食的主意，因为 1953 年总计出口粮食 32 亿斤，其中 20 亿斤大豆出口到苏联，主要是用来跟苏联等国家交换机器的；5.4 亿斤则是跟锡兰交换橡胶的，还有一些是向其他国家出口的。所有这些出口，都是必要的"（瞿商，2006）。在此基础上，1956 年，中国粮油食品进出口总公司成立，其职能主要是根据国家指令统一经营粮食进出口业务。在为工业发展服务的"以粮创汇"的粮食外贸指导理念下，20 世纪 50 年代，中国粮食国际贸易呈现显著的净出口特征。1953～1959 年，中国粮食累计出口 1755.5 万吨，进口 76.8 万吨，累计净出口 1678.6 万吨。[①]

总体而言，在生产力水平普遍落后的情况下，20 世纪 50 年代"以粮创收"的发展思路较好地满足了国家建设的需要，为早期社会主义工业化发展奠定了坚实的基础，但它也在很大程度上牺牲了农民利益。

二、满足国内基本生存需求的粮食净进口

进入 20 世纪 50 年代末，"大跃进"和人民公社化运动的开展使得粮食生产上高指标、浮夸风现象较为严重。受此影响，粮食征购指标大幅提升，

---

① 根据《中国对外经济贸易年鉴》编辑委员会编：《中国对外经济贸易年鉴（1984）》，中国对外经济贸易出版社 1984 年版数据整理而得。

粮食净出口量亦急剧增长。1958年，中国粮食净出口65亿斤，同比增长73.1%；1959年粮食净出口达94.8亿斤，比1958年增长45.8%，相当于1957年的2.5倍；1960年，尽管国内粮食供不应求已较为突出，当年仍净出口粮食20亿斤。① 一连三年超越国家承受能力的大批粮食出口加剧了国内粮食供应矛盾，部分大城市和工矿区库存空虚，粮食脱销风险增大。

为缓解国内粮食供应紧张局面，满足人民基本生存需求，从1961年开始，中央决定进口粮食。1961年3月，在中央广州会议上，李先念曾指出："今年已经决定进口粮食500万吨，明年还需要进口350万～400万吨，看来后年还要进口些。这样做，主要是缓和城乡关系，鼓舞农民生产积极性。暂时减缓一些工业建设的速度，但从长远来看，把农业发展起来，将会更有利于工业建设的发展，这是符合中央'调整、巩固、充实、提高'方针的。"1961年5月，在外贸专业会议上，陈云也指出："稳定市场，关键是进口一些粮食。把粮食拿进来这是一个事关全局的重大问题，进来粮食，就可以少拿粮食，稳定农民的生产情绪，提高农民的生产积极性，用两、三年的时间把农业生产发展起来，国内市场问题也就可以得到解决。"显然，中央进口大量粮食的决定一方面是为了满足需求，另一方面则是为了促进发展。

自1961年开小麦进口先河以来，20世纪六七十年代，中国先后同加拿大、澳大利亚和阿根廷等国家订立了粮食贸易协定，并在此基础上实现了粮食净进口量的大幅增长。1961～1979年，随着中国粮食外贸战略的调整，十余年间平均实现粮食进口570.4万吨，其中小麦年均进口量507.1万吨，相较于20世纪50年代增幅巨大。② 但另一方面，20世纪六七十年代，尽管粮食进口不断增长，中国仍维持100万～400万吨的粮食出口数量，主要是为了换取资本支持国家工业化建设和支援广大发展中国家建设。

三、农业结构调整下粮食净进口的进一步增加

20世纪80年代初，中国下定决心调整农业生产结构，通过鼓励适宜

---

① 《当代中国》丛书编辑部编：《当代中国的粮食工作》，中国社会科学出版社1988年版。
② 根据《中国对外经济贸易年鉴》编辑委员会编：《中国对外经济贸易年鉴（1984）》，中国对外经济贸易出版社1984年版数据整理而得。

地区种植经济作物和减免贫困地区粮食征购扩大经济作物种植和促进农民休养生息。为了把农业搞活,中央作出了一系列重要决策,其中一项就是每年进口1000万~1500万吨粮食,这可以使国内有些地方休养生息,有些地方贯彻因地制宜的方针,这是农业经济搞活的一项重要方针。① 在此基础上,1981年3月,中共中央、国务院在转发国家农委《关于积极发展农村多种经营的报告》的通知中强调要保持一定数量的粮食进口,以有计划地把农业内部比例失调的状况调整过来。1980年,中国粮食进口达1343万吨,净进口1181万吨。此后,受国内粮食生产徘徊的影响,中国粮食净进口量也有所波动,但相比之前,总体呈现较高水平。值得注意的是,与前期相类似,20世纪80年代至90年代中后期中国粮食进口仍以小麦为主,在历年进口结构中占比普遍超过80%(瞿商,2006)。

与粮食进口进一步增长相类似,改革开放后,随着农业生产力水平的提高,中国粮食出口也呈现波动增长的趋势。但与进口结构单一不同,20世纪80年代以来,中国粮食出口结构发生了较大变化。80年代以前,大米始终占粮食出口的主要部分,为粮食出口的45%~75%;80年代以后,大米出口所占比重急剧下降,从1980年的70%下降至1989年的不足6%(邰若素、马国南,1993)。1989年,中国首次成为大米净进口国。到20世纪80年代中期,玉米成为中国主要出口粮食品种。

四、全面市场化改革下粮食国际贸易波动

20世纪90年代末,社会主义市场经济体制改革的深入推进使得中国粮食生产流通全面向市场化迈进。值此背景下,中国粮食国际贸易在总量波动上升的同时,充分着眼于市场价值,更加注重比较优势的发挥。

首先,粮食国际贸易总量波动增长。经济社会的持续发展使得人民生活水平大幅提高,居民消费需求日益呈现出多样化、优质化特征。在粮食消费领域,人们逐渐由吃得饱向吃得好转变,由此,粮食进口数量呈现较为明显的波动增长态势。与此同时,进入21世纪后尤其是农村税费改革

---

① 《当代中国》丛书编辑部编:《当代中国的粮食工作》,中国社会科学出版社1988年版。

以来，在统筹城乡发展、农民减负增收等指导理念下，农业生产流通环境持续优化，中国粮食产量亦实现持续稳步增长。在国内粮食需求基本得到满足的情况下，粮食出口总量也在一段时期里出现了一定程度的增长。由此，中国粮食国际贸易总量呈现增长态势。

其次，市场化原则下更加注重比较优势的发挥，中国粮食进出口结构发生了显著变化。在粮食进口结构中，20世纪90年代中后期以来，大豆进口量呈现爆发式增长。1997~2017年，大豆进口量从280.1万吨急剧增长至9553.0万吨，20年增长约33倍。相比之下，稻米及小麦进口量变化较小。出现这些变化的主要原因是，在市场化条件下，中国农民更加偏好于蔬菜、水果等单位面积产值较高的作物，使本国大豆产量减少，但同时居民油脂、肉类消费需求增加，大豆需求大幅增长。党的十八大以后，充分利用国际市场保障粮食安全继续受到高度重视，政府粮食工作强调既要加强粮食综合生产能力建设，集中国内资源保重点，又要充分利用国际国内两个市场、两种资源，提高国家粮食安全保障水平。

第三节 粮食竞争力

粮食竞争力[①]是衡量一国农业发展水平及综合国力的重要指标，它的提高有利于保障国家粮食安全，进而为经济建设打下坚实基础。新中国成立后，为适应持续转变的国内外粮食供求形势，中国粮食生产战略因时而异，适时调整。几十年来，中国居民粮食需求得到较好满足，在此基础上，粮食竞争力亦有较大幅度提升。

新中国成立后集体经济时期，在生产力普遍落后的情况下，中国粮食生产呈现低成本下的低产量特征，粮食购销的自给自足使得该时期中国粮食竞争力较弱。20世纪70年代末80年代初，体制改革极大地推动了中国粮食生产发展，尽管期间生产成本也有所增加，但粮食竞争力仍有显著提

---

① 当前，学界对粮食竞争力的评价体系内容十分丰富。在综阅相关文献的基础上，考虑到资料来源的有限性，本节对粮食竞争力的评价主要着眼于粮食产量、粮食生产成本和粮食出口市场占有率。

高；80年代中期以后，随着经济体制改革的逐步深入，粮食生产成本再度上升，但总体来看，生产流通体制不断完善，进一步提高了中国粮食竞争力。进入20世纪90年代末21世纪初，经济全球化背景下生产要素的优化配置和国家支农惠农政策有利于提高中国粮食竞争力，但同时，农机、化肥投入的增加以及土地、人工和种子等成本的上扬亦在很大程度上削弱了粮食竞争优势。

一、自产自销下粮食竞争力的低位徘徊

在集体经济时期高度集中的计划经济体制下，中国粮食生产以自产自销为主，呈现出低成本和低价格的特征。一方面，人民公社制度下土地、劳动力和农业生产工具等的集中统一调度使得该时期传统农业生产要素投入成本较低；与此同时，粮食生产过程中机械、化肥和农药等现代要素投入十分稀少。在这双重因素影响下，该时期中国粮食生产成本较低。另一方面，粮食生产的低成本加之统购统销制度的实行，中国粮食价格普遍偏低（肖淑平，1983），农民生产积极性受到较大影响。投入不足以及激励不高使得中国粮食产量低位徘徊。1961~1978年，中国小麦每公顷产量由0.56吨增长至1.84吨，年均增长7.2%；稻谷每公顷产量由2.04吨增长至3.98吨，年均增长4.0%；玉米每公顷产量由1.14吨增长至2.80吨，年均增长5.4%。在人民基本生活需求无法得到较好满足的情况下，集体经济时期中国粮食生产主要以满足自身消费需求为主，尽管20世纪50年代中国粮食国际贸易以净出口为主，但市场份额微乎其微。50年代末60年代初，国民经济出现困难，粮食外贸随即转为净进口，且进口数量逐年增大，这也在另一层面反映出期间中国粮食生产的脆弱性。

二、粮食产量快速增长下竞争力的稳步提升

在体制变革推动下，农民生产积极性的充分调动使得中国粮食产量快速增长。1979~1986年，在中国主要粮食作物中，小麦产量由6273万吨增长至9004万吨，年均增长5.3%；稻谷产量由14375万吨增长至

17222.4万吨，年均增长2.6%；玉米产量由6003.5万吨增长至7085.6万吨，年均增长2.4%；大豆产量由746.0万吨增长至1161.4万吨，年均增长6.5%。粮食作物产量的普遍快速增长形成了新中国成立以后中国粮食增产的一个高峰。值得注意的是，在农业生产结构调整快速推进的情况下，该时期中国粮食播种面积迅速减少，粮食单位面积产量则迅速增加。以小麦、稻谷和玉米为例，期间三者年均增长率分别达5.2%、3.3%和3.2%。从产量视角出发，中国粮食竞争力在该时期有一定程度的提升。

改革开放初期粮食产量的迅速增长使得居民人均粮食消费水平也快速提高。1979~1986年，中国居民人均年稻米及其制品消费量由115.13千克增长至125.23千克，小麦及其制品消费量由53.46千克增长至75.32千克，玉米及其制品消费量则变化不大。[①] 此后，居民粮食消费水平基本稳定，并且随着经济社会进一步发展粮食消费有所下降。在满足自身需求的基础上，20世纪80年代中期以后，中国粮食出口数量开始快速上升，粮食出口市场份额在波动中迅速提高。1985~2003年，中国小麦、稻谷和玉米三种粮食出口量分别由0.61万吨、105.96万吨和635.01万吨增长至223.75万吨、259.08万吨和1639.95万吨，[②] 18年间分别增长了365.8倍、1.45倍和1.58倍。以小麦、稻谷和玉米三者为代表，伴随着其出口数量的快速增加，中国主要粮食出口市场份额亦迅速扩大。至2003年，三种粮食出口量占世界出口总量的比重达到9.3%，为新中国成立以来的最高峰。[③] 由此可见，改革开放后至20世纪90年代末21世纪初，中国粮食竞争力稳步提升。

在粮食产销快速增长的同时，20世纪80年代中期以来，为减轻农民负担、发展粮食生产，中国多次上调粮食价格。在工业品农用生产资料所支撑的粮食总产量大幅上升的背景下，粮食价格的上涨使农民增加化肥、农药和农机投入，进而导致粮食成本的上升（吴志华，2001）。但应该说，随着社会主义经济体制改革的不断深入，中国粮食生产流通体制逐步向市场化方向迈进，由政府提价所引起的粮食成本上升而产生的影响逐渐式微。

---

①②③ 联合国粮食与农业组织数据库。

三、粮食生产成本上扬和竞争力下降

进入 20 世纪末,尤其是 21 世纪以来,中国粮食竞争力在复杂的国内外经济发展形势下有所徘徊。一方面,经济全球化深入发展背景下粮食生产要素的优化配置,加之 21 世纪以来统筹城乡发展理念下中国支农惠农力度不断增强,有利于促进中国粮食竞争力的提高;另一方面,为追求粮食产量增加,农用生产资料投入的快速增长以及新型城镇化背景下土地成本、人工成本的提高,在一定程度上削弱了粮食竞争优势。由此,中国粮食生产陷入高成本困境之中。

首先,经济全球化和统筹城乡发展为中国粮食竞争力的提高提供了有利条件。长期以来,中国沿用的是一种自给自足的粮食安全模式,这在取得成绩的同时也面临着成本剧增和环境破坏加重等挑战。在经济全球化深入发展的背景下,参与国际市场竞争有利于达到粮食供给保障与成本合理的双重效果(吴志华,2001)。一方面,对良种、农用机械引进的放宽促进了廉价农用生产资料的进口,从而降低了中国粮食生产成本;另一方面,由于中国人多地少,参与全球市场竞争有利于发挥比较优势,进口土地密集型农产品而出口劳动密集型农产品,为成本优化提供了有效保障,进而提高了中国粮食竞争力。

与此同时,21 世纪以来,统筹城乡发展的提出与推进减轻了农民负担,优化了粮食生产流通环境,继而有利于中国粮食竞争力的提高。2002 年 11 月,党的十六大首次提出"统筹城乡发展"的理念,在此基础上,增加农民收入、减轻农民负担成为中国"三农"工作的重点。由此,2004 年中央一号文件《中共中央 国务院关于促进农民增加收入若干政策的意见》就农民增收作了专门部署;2005 年底,中央决定全面取消农业税,以此减轻农民税费负担;2006 年起,中国大力促进公共资源向农村地区倾斜,推动农村基础设施建设,优化农业生产发展环境进而促进农民增收。在财政支农力度空前加大的背景下,中国粮食竞争力有了一定提高,突出体现于粮食产量的快速稳定增长。2003 年以来,中国小麦、稻谷、玉米和大豆实现了持续增收,粮食生产快速发展。

其次，自20世纪90年代中期以后，尤其是21世纪初中央大力支持发展农业生产以来，土地、劳动力等传统生产要素价格的快速上涨和化肥、农药、农机等现代农业生产资料投入的大幅增加提高了粮食生产成本，而粮食生产成本的迅速上升在严重削弱中国粮食竞争优势的同时，也侵蚀了惠农政策给农民带来的好处（蓝海涛、姜长云，2009）。在此背景下，2002~2016年，中国小麦、稻谷和玉米生产者价格分别由每吨127.6美元、140.9美元和146.2美元上涨至385.1美元、559.9美元和264.3美元，不考虑物价因素，三种粮食生产者价格分别年均增长8.2%、10.4%和4.3%；与同时期主要农业大国相比，中国主要粮食生产者价格增长幅度较大，竞争力有所下滑。[1] 由此，从成本角度看，中国粮食竞争力仍有较大幅度的提升空间。

党的十八大以来，保障粮食安全、提高粮食竞争力作为中国"三农"工作的重点之一，继续受到高度关注。在强调毫不放松粮食生产、稳抓粮食产量的同时，更加注重粮食品质与安全、推动农村土地三权分置、培育新型农业经营主体、推进农业供给侧结构性改革等新理念、新举措开始进入政府视野。除此之外，为提高农业生产竞争力，改革完善粮食价格补贴机制和收储吞吐调节机制、提高粮食生产科技支撑等仍是中国的重要举措，在历年中央一号文件中被反复提及。

第四节 粮食发展战略

"五谷者，万民之命，国之重宝。"作为经济建设之基础，粮食产业是安天下、稳民心的战略产业，只有国家粮食安全得以保障，全方位经济建设才能开展。新中国成立后，粮食安全一直是中国国家治理的头等大事。70年来，中国粮食发展战略在不同时代背景下做出了相应变革与调整，适应了经济社会发展需要，满足了人民生活需求。

---

[1] 如与巴西相比，2007年，中巴两国水稻生产者价格分别为227.0美元/吨和256.4美元/吨；2016年，两国水稻生产者价格则分别增长至559.0美元/吨和258.0美元/吨。相比之下，中国水稻生产成本增长迅速，竞争力有所下降。

第五章
国家粮食安全保障

新中国成立后至改革开放前,由于粮食供给十分紧张,中国在稳定粮食局势、促进国民经济恢复的基础上确立了集体生产制度下"以粮为纲"的粮食发展战略,有针对性地满足了人民基本生存需求。改革开放之初,以体制变革为契机,中国开始注重农业结构调整,并确立了"决不动摇粮食生产,积极推进多种经营"的指导方针;20 世纪 80 年代中期以后,在经济体制改革逐步深入的背景下,市场在粮食供求中的调节作用开始受到重视。21 世纪以来,经济全球化的快速推进加之粮食生产约束趋紧,在强调立足国内的同时,积极融入国际市场、充分发挥比较优势成为中国粮食发展新战略。

一、粮食供给短缺背景下的"以粮为纲"发展战略

新中国成立初期,粮食市场多种经济成分并存,资本主义粮食商业占据优势。在国内粮食产需、供求矛盾尖锐的情况下,市场粮价的剧烈波动给人民生活造成极大影响。由此,稳定市场、稳定粮价成为当时中国粮食工作的当务之急。1949 年 11 月,中央人民政府政务院财政经济委员会发布《关于对全国物价猛涨应当采取的方针的指示》,提出了稳定粮价的十二项措施,拉开了新中国成立初期社会主义国营经济增强市场领导权的序幕。[①] 此后,中央接连密集出台了《关于统一国家财政经济工作的决定》《关于抛售物资、催收公债、回笼货币、稳定物价的指示》《关于建立全国粮食管理系统将粮食处改为粮食管理总局的命令》等一系列政策文件,用以指导稳定粮食价格和恢复粮食生产工作。至 1952 年底,粮食产量逐渐增加、粮食价格逐步稳定,中国粮食市场状况初步好转。

进入大规模经济建设时期,随着人民粮食需求的日益增长,中国粮食发展战略开始从稳定粮价、恢复生产向"以粮为纲"转变。1956 年 4 月,毛泽东在《论十大关系》的讲话中指出:"重工业是中国建设的重点。必须优先发展生产资料的生产,这是已经定了的。但是决不能因此忽视生活资料尤其是粮食的生产。如果没有足够的粮食和其他生活必需品,首先就

---

① 《当代中国》丛书编辑部编:《当代中国的粮食工作》,中国社会科学出版社 1988 年版。

不能养活工人，还谈什么发展重工业？"① 以此为指导，1958年6月，"以粮为纲，全面发展"的农业工作指导方针正式确立，粮食生产取得了高于其他作物生产的地位，由此，劳动力、土地等生产要素也更加倾向于粮食生产。

20世纪50年代末60年代初，受"大跃进"的影响，加之1959年出现的春旱，中国粮食供给再次陷入困境。1960年3月，中共中央转发农业部党组《关于全国农业工作会议的报告》，其中明确指出要以粮为纲，粮、棉、油、菜、糖、果、烟、茶、丝、麻、药、杂统一安排，全面发展多种经营，"以粮为纲，全面发展"被正式写入中央文件。1960年8月，针对国内粮食供应日趋紧张的局面，中共中央下发《关于全党动手，大办农业，大办粮食的指示》，再次重申以粮为纲，全面发展多种经营的重要性。"文化大革命"时期，尽管全国形势十分混乱，但中央对粮食问题仍密切关注。1969年，毛泽东在湖北调研考察时曾指出："农业是国民经济的基础，粮食是基础的基础。我们经济形势的好坏，依农业形势的好坏而转移。"由此，"以粮为纲"的农业工作指导方针仍然得到了较好贯彻。

总体而言，新中国成立后至改革开放前，在生产力普遍落后、粮食供给较为紧张的短缺型经济形势下，"以粮为纲，全面发展"的粮食发展战略比较有针对性地抓住了当时社会的主要矛盾，期间，粮食生产得到一定程度发展。但另一方面，在过度强调粮食生产为工业化建设服务的背景下，农民生产积极性受到较大抑制；同时，集体经济时期，尤其是"文革"时期"政治挂帅"的社会环境下，农村家庭副业和多种经营发展受到压制，"全面发展"并未得到有效贯彻，造成了集体经济时期农业生产结构尤为单一的局面，不利于粮食产业长远发展。

二、体制改革背景下的结构调整与市场化发展战略

为摆脱农业生产尤其是粮食生产落后的局面，改革开放初期，以家庭

---

① 邹华斌：《毛泽东与"以粮为纲"方针的提出及其作用》，载于《党史研究与教学》2010年第6期。

联产承包责任制为核心的农村经济体制改革迅速推进。1979年9月通过的《中共中央关于加快农业发展若干问题的决定》肯定了农村包工到组和包产到组的生产形式。1980年9月，中共中央印发的《关于进一步加强和完善农业生产责任制的几个问题》明确指出，群众对集体丧失信心因而要求包产到户的，可以包产到户。1983年1月，以《中共中央关于〈印发当前农村经济政策的若干问题〉的通知》的出台为标志，家庭联产承包责任制度最终形成。以此为契机，为进一步提高农民粮食生产积极性，推进农业结构调整也在改革开放初期开始进入政策议程。党的十一届三中全会以前，土地和劳动力等农业生产要素高度集中于粮食生产，其结果是粮食产量虽然在短期内有所增长，但经济作物长年依靠进口致使农民生活得不到改善，进而影响农民种粮积极性。有鉴于此，改革开放初期，中国在多次上调粮食统购价格的同时，也着力推动农业生产结构调整。1981年3月，中共中央、国务院在转发国家农委《关于积极发展农村多种经营的报告》的通知时指出，"决不放松粮食生产，积极开展多种经营，这就是我们的方针"。这一方针的提出，在强调粮食生产"决不放松"的同时，也肯定了经济作物种植在农业生产经营中的地位。在此基础上，1982年5月，时任农业部副部长何康在《关于粮食生产的几个问题》中提出，应充分利用农业区划的成果，继续因地制宜进行地区间和作物间的调整，使农业生产结构和作物布局更加趋向合理；但另一方面，要处理好粮食与经济作物的关系，稳定粮食作物播种面积，发挥各地优势，积极发展各种经济作物（何康，1991）。此后，1983年和1984年，稳定粮食生产基础上的农业结构调整在中央文件中多次出现并反复强调落实。改革开放初期，尽管中国粮食播种面积有所下降，但其产量却快速增长；与此同时，其他经济作物播种面积有所上升，产量增加，发展粮食生产基础上的农业结构调整取得较大成效。

20世纪80年代中期以后，社会主义市场经济体制改革全面展开与深入，中国粮食供求逐步向市场化迈进，政府职能更加偏向宏观调控而减少直接干预。1984年5月，建立农副产品贸易中心和批发市场得到支持，传统米市和粮行得以恢复，粮食商品流通大为活跃。在此基础上，1985年1月，中共中央、国务院发布《关于进一步活跃农村经济的十项政策》，正式取消粮食统购而改为合同定购,粮食生产在满足定购情况下可以自由交易的同时,粮食价格逐步放开,市场调节作用显著增强。为进一步增强政府宏观调控能力,1986年7月,中央书记处农村政策研究室提出应逐年逐项设置农产品市场干预和储备基金,以此缓和农产品供求市场波动;1990年9月,兼具商业周转与国家粮食安全性质的国家粮食储备工作开始启动;1993年,"保量放价""购销同价"在前期试点基础上广泛实施。1993年底,全国98%的县放开粮食价格和购销,粮票制度随之消失(郑有贵,1998)。20世纪90年代中后期,伴随着粮食增产导致"卖粮难"问题的出现,进一步深化市场改革,推进粮食生产流通政企分开、储备与经营分开等举措开始施行,以市场化原则指导粮食生产成为这一时期粮食发展战略的指导方针。

改革开放后至20世纪末,在体制改革逐步深入背景下,伴随着"决不放松粮食生产,积极推进多种经营"发展战略的贯彻实施,农民种粮积极性显著提高,粮食产量快速增长。基于此,粮食生产流通市场化程度逐步提高,政府职能由微观干预积极向宏观调控转变。

三、经济全球化背景下粮食安全国际化战略

20世纪90年代中后期,尤其是21世纪以来,随着经济全球化的深入发展,立足国内,充分利用国内、国际两个市场、两种资源成为中国粮食安全新战略。

首先,立足国内,大力推动国内粮食产业发展。21世纪初,中国粮食供给基本告别长期短缺的局面,进入总量平衡、丰年有余的新阶段(梁言,2004)。但另一方面,在市场化改革背景下,粮食连年丰收造成粮食价格下降,加之农业生产要素投入增加,粮食生产成本快速上升,农民生产积极性不高。此外,由于粮食生产发展过程中化肥、农药的过度投入以及城镇化快速推进等,粮食生产环境恶化,突出表现在耕地数量和质量下降、水资源短缺等方面。为此,以21世纪初农村税费改革为起点,中国出台了一系列政策措施,旨在减轻农民负担、增加农民收入,提高农民粮食生产积极性。在此过程中,科技兴粮、粮食绿色生产等得到倡导和践

行。立足国内发展粮食生产，确保国家粮食安全是新时期中国粮食安全战略的基础所在。

其次，以经济全球化为契机，充分利用国际市场改善粮食安全环境。由于人多地少的基本国情，进入21世纪后中国在粮食生产过程中更加注重耕地和环境保护，并通过粮食国际贸易平衡国内粮食需求。与此同时，中国在粮食国际贸易上并不具备生产优势，但相对而言，在蔬菜、花卉等劳动密集型经济作物种植上存在一定的比较优势。为此，在确保国内粮食安全基础上，基于国际视野下的粮食和经济作物种植结构调整是21世纪以来中国粮食发展战略的重要特点之一，它在充分利用农业生产资源、合理减轻耕地等资源使用强度的同时，也有利于促进农民增收。

党的十八大以来，随着中国经济实力的日益提升，粮食发展在强调立足国内的同时，加快实施"走出去"战略。2016年11月，《粮食行业"十三五"发展规划纲要》明确提出，"十三五"时期是全面促进国内与国际粮食市场融合的机遇期，要加快形成互利共赢的国际合作关系，更好地利用国际国内两个市场、两种资源，切实保障国家粮食安全。2017年10月，党的十九大再次明确粮食安全保障的重要性，并突出强调"饭碗要端在自己手里"。在进入中国特色社会主义新时代的背景下，如何与时俱进制定适合中国国情的粮食发展战略仍是一个值得研究的重大课题。

第六章

城镇化道路

城镇化是指人口向城镇集聚、城镇规模扩大以及由此引起一系列经济社会变化的过程。它是人类社会发展的必然趋势,也是现代化的重要标志。新中国成立以来,中国城镇化历经了从波浪起伏到稳步推进再到快速推进的转变,城镇化水平和质量稳步提升,目前正在向新型城镇化道路迈进。伴随着城镇化的推进,中国农业劳动力转移和城乡关系格局也发生了巨大的变化。尤其是在改革开放初期,乡镇企业的崛起有力地推动了农业劳动力转移。70年的经验表明,新型城镇化是促进农业农村发展和农民增收的重要途径。

第一节 中国城镇化的历程

城镇化的演进大致呈一条"S"形曲线[①],并且可以相应地分为初期起步发展阶段、中期快速发展阶段和后期稳定发展阶段三个阶段。一般认为,城镇化率30%和70%是三阶段划分的分界点(焦秀琦,1987)。其中,城镇化率50%是加速减速的分界点(王远飞、张超,1997),即城镇化率30%~50%为加速期,50%~70%为减速期。根据城镇化演进的阶段特征和中国

---

① 城镇化演进的"S"形曲线由美国学者诺瑟姆(Ray M. Northam)提出,因而被称为诺瑟姆曲线。参见 Ray M. Northam, *Urban Geography*, 2nd edn, New York: John Wiley & Sons, 1979: 65-67。

实际，大体可以把新中国成立以来中国城镇化的历程分为波浪起伏时期（1949~1977年）、稳步推进时期（1978~1995年）、加速推进时期（1996~2011年）、减速推进时期（2011年以来）四个时期（见图6-1）。

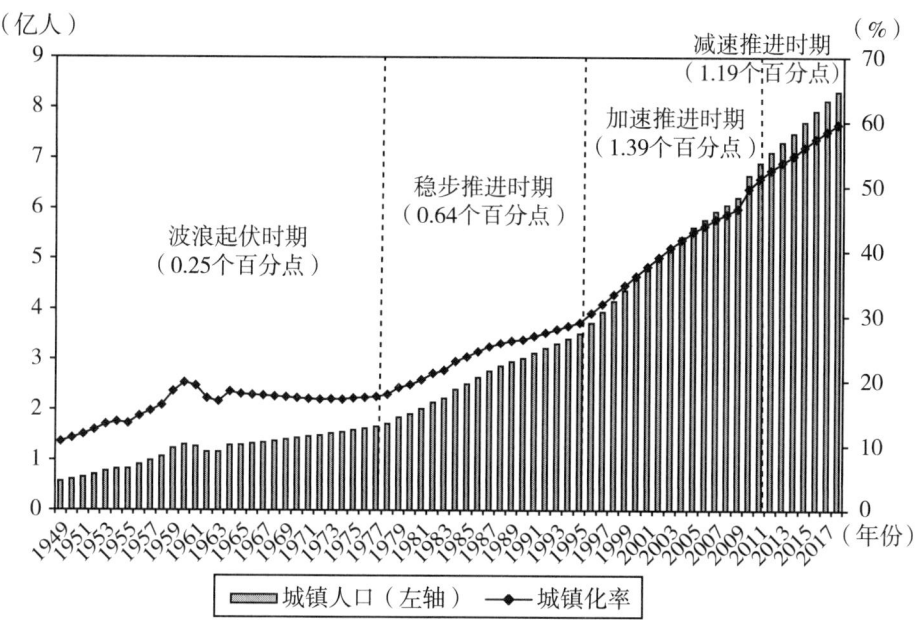

图6-1 中国城镇化的阶段划分

资料来源：根据历年《中国统计年鉴》和《2018年国民经济和社会发展统计公报》绘制。

一、波浪起伏时期（1949~1977年）

在改革开放之前，由于经济发展落后和国家政策的变化，中国的城镇化水平低、速度慢，且呈波浪状推进。1949年3月，党的七届二中全会明确提出将党的工作重心由乡村转移到城市，城市工作必须以生产建设为中心。随着工作重心的转移和国民经济的恢复，新中国成立初期，中国的城镇化进程稳步推进，全国城镇人口由1949年的5765万人增加到1953年的7826万人，共新增城镇人口2061万人，年均增加515万人；城镇化率由10.64%增加到13.31%，年均提高0.67个百分点。在这期间，农村人口进城处于自由流动状态，城乡人口迁移主要依靠市场调节。全国设市城市数量由1949年的132个增加到1952年的153个，各地建制镇的设置因缺乏统一标准较为混乱，到1953年全国共有建制镇5402个。

城镇化的较快推进特别是农村剩余劳动力"无组织无计划地盲目地向城市流动"，增加了城市中的失业半失业现象，带来了粮食供应紧张问题。为此，从1953年起，中央实行了统购统销政策，并采取措施限制农民自发向城市流动。1953年4月，中共中央下发《关于停止农民盲目流向城市的指示》，中央人民政府政务院也发布了《关于劝止农民盲目流入城市的指示》，劝止农民无计划无组织地盲目进城。1955年6月，国务院发布了《关于建立经常户口登记制度的指示》，开始从户籍制度入手来限制农民自发地盲目进城；同月，国务院还通过了《关于设置市、镇建制的决定》，明确了设置市、市辖区和镇的标准。各地根据标准对建制镇进行了审查、清理，撤销和合并了一批建制镇，全国建制镇总数出现下降，其中，1955年减少913个。受上述政策的影响，1954~1955年中国的城镇化处于停滞状态，城镇化率在13.5%左右徘徊，1955年甚至下降了0.21个百分点。

1955年11月，国务院发布了《关于城乡划分标准的规定》，仿照苏联将全国城乡划分为城镇、城镇型居民区和乡村，并将"城市近郊"划入"城镇型居民区"，大大扩展了城镇户口的范围，导致城镇人口大幅增加。1956年，全国城镇人口增加了900万，城镇化率提高1.14个百分点。同时，为了限制农民盲目入城，1956年以来中共中央、国务院密集发布了一系列文件，采取从早期的"劝止"到"防止"再到"制止"的政策。[①]1958年1月9日，第一届全国人大常委会通过的《中华人民共和国户口登记条例》，首次从法律层面限制农村人口入城。这些措施达到了限制农民自发地盲目入城的效果。但是，1958年兴起的"大跃进"带来了城镇化的"大冒进"，大批农村人口通过"招工途径"涌入城市。到1960年，全国城镇人口达到1.31亿人，比1957年增加3124万人，这期间全国城镇化

---

① 1956年12月30日国务院发出《关于防止农村人口盲目外流的指示》；1957年3月2日国务院发布《关于防止农村人口盲目外流的补充指示》，9月14日国务院又发布《关于防止农民盲目流入城市的通知》，12月18日中共中央、国务院联合发出《关于制止农村人口盲目外流的指示》；1959年2月4日和3月11日，中央再次发出《关于制止农村劳动力流动的指示》和《关于制止农村劳动力盲目外流的紧急通知》（谯珊，2017）。

率年均提高1.45个百分点,超过了当时农业生产的负担能力和国民经济的承受能力。

城镇人口过快增长,不仅加重了城市粮食供应的困难,而且导致农业生产劳动力匮乏。为了减轻粮食供给压力,增加农业生产,国家采取了一系列减少城镇人口的措施。1961年中共中央多次下发紧急文件,动员城市人口下乡,精减下放城市职工,要求在3年内减少城镇人口2000万以上。1961年全国共精减职工约873万人,减少城镇人口1000万左右(洪松,2013)。1962年5月,中央工作会议又决定在2年内再减少城镇人口2000万人,精减职工1000万人以上。1961~1963年,全国共精减职工1833万人,压缩下放2500万城镇人口(李若建,2001)。压缩城镇人口主要是通过精减职工来实现的。同时,1963年12月,中共中央、国务院还联合发布《关于调整市镇建制、缩小城市郊区的指示》,提高了建制镇的设置标准,缩小了城市的郊区范围,要求撤销不够设市条件的市。受上述政策的影响,全国城镇化率从1960年的19.75%下降到1963年的16.84%,3年内城镇人口净减少1427万人,城镇化率下降了2.91个百分点,平均每年减少0.97个百分点。1964年,全国城镇人口出现了恢复性增长,当年城镇人口增加1304万人,城镇化率急剧增加1.53个百分点,达到18.37%。

1965年之后,"文化大革命"导致中国的城镇化进程趋于停滞,城市建设也处于无政府状态。这期间,成千上万的城镇知识青年、干部和知识分子下放到农村去接受贫下中农的再教育,由此在全国范围内再次出现了"反城镇化"现象。1968年12月,毛泽东下达了"知识青年到农村去,接受贫下中农的再教育,很有必要"的指示,① 由此在全国范围内掀起了上山下乡的热潮,当年在校的初中生和高中生即"老三届"(指1966年、1967年、1968年三届学生)全部前往农村。1968~1977年,全国上山下乡的城镇知识青年人数达到1500万左右,其中,1968~1969年为466.68万人,1974~1977年为769万人(张曙,2001)。受上山下乡运动的影响,1965~1977年,中国城镇化水平一直在17.5%左右徘徊,并呈

---

① 1968年12月22日,《人民日报》在一篇报道的编者按语中传达了毛泽东的这一指示。

现微弱下降的趋势。其中，1965~1972年，全国城镇化率下降了1.24个百分点。

总体来看，在改革开放之前，中国的城镇化进程较为缓慢，严重滞后于工业化进程。到1977年，中国工业增加值比重达到42.6%，而城镇化率仅有17.55%，远低于1975年世界37.7%的平均水平（United Nations，2015）。1949~1977年28年间，全国城镇化率平均每年仅提高0.25个百分点，平均每年新增城镇人口389万人。这期间，有15年城镇化率不断提高，有13年出现下降。其中，城镇化速度最快的1959年，全国城镇化率提高了2.16个百分点；而1962年则下降了1.96个百分点。这种大起大落既是改革开放之前中国城镇化的基本特征，也是其主要教训。

二、稳步推进时期（1978~1995年）

党的十一届三中全会决定把全党工作重点转移到社会主义现代化建设上来，并作出了实行改革开放的决策。随着改革开放的推进和发展战略的转轨，中国的城镇化重新走上了正常的轨道。

首先，国家在政策层面明确了城市发展的基本方针。1978年3月，国务院在北京召开第三次全国城市工作会议。4月，党中央批转了这次会议制定的《关于加强城市建设工作的意见》，明确提出了控制大城市规模、发展中小城镇的城市工作基本思路（王黎锋，2016）。1980年10月，国家建委在北京召开了全国城市规划工作会议；12月，国务院批转了《全国城市规划工作会议纪要》，明确把"控制大城市规模，合理发展中等城市，积极发展小城市"作为城市发展的基本方针。1985年9月，中共中央在《关于制定国民经济和社会发展第七个五年计划的建议》中明确提出"坚决防止大城市过度膨胀，重点发展中小城市和城镇"。1989年12月26日第七届全国人大常委会通过的《中华人民共和国城市规划法》，则在法律上明确规定"国家实行严格控制大城市规模、合理发展中等城市和小城市的方针"。

其次，为适应城镇发展的需要，国家对建制市、镇的标准进行了调整，实行市领导县的体制。在设镇方面，1984年11月，国务院批转民政部《关于调整建镇标准的报告》，决定适当放宽建镇标准，实行镇管村体制。此后，全国建制镇的数量急剧增加，从1983年的2968个增加到1986年的10718个，增加了7750个。20世纪90年代，全国开展了大规模的撤区并乡建镇工作，建制镇的数量在1992~1995年间增加了5077个。到1995年，全国建制镇达到17532个。在设市方面，1986年4月，国务院批转了民政部《关于调整设市标准和市领导县条件的报告》，放宽了设市撤县的条件，并对设区的市实行市领导县的体制。1993年5月，国务院又批转了民政部《关于调整设市标准的报告》，适当调整了设市标准。随着"县改市"的快速推进，中国建制市尤其是县级市的数量快速增加。1986~1995年，全国建制市的数量增加了316个，其中，地级市增加了48个，县级市增加了268个。

此外，乡镇企业的异军突起促进了小城镇的快速发展。1984年1月出台的《中共中央关于一九八四年农村工作的通知》，开始允许务工、经商、办服务业的农民自理口粮到集镇落户；10月，《国务院关于农民进集镇落户问题的通知》对农民自理口粮落户集镇作出了具体规定。为推动小城镇发展，1993年11月发布的《中共中央关于建立社会主义市场经济体制若干问题的决定》明确提出，要"引导乡镇企业适当集中，充分利用和改造现有小城镇，建设新的小城镇"。根据这一中央精神，1994年9月，建设部等六部委联合发布了《关于加强小城镇建设的若干意见》；1995年4月，国家11部委又联合发布《小城镇综合改革试点指导意见》，决定选择一批小城镇进行综合改革试点。

总体来看，1978~1995年是中国城镇化的稳步推进时期。在这一时期，随着改革开放的不断深入和工业化的快速推进，中国的城镇化水平也在稳步提升，由1977年的17.55%提高到1995年的29.04%，18年内城镇化率提高了11.49个百分点，平均每年提高0.64个百分点。其中，1978~1987年，全国城镇化推进的速度较快，年均提高0.78个百分点；而1988~1995年，由于受1989年治理整顿政策的影响，全国城镇化速度趋于放缓，平均每年提高0.47个百分点。总之，这一时期虽然全国城镇化在稳步推进，但由于乡镇企业"离土不离乡""进厂不进城"，导致城镇化严重滞后于工业化。

三、加速推进时期（1996～2011年）

1996年，中国城镇化率越过30%的关口，达到30.48%。这标志着中国开始进入城镇化加速推进的时期。1997年6月，国务院批转公安部《小城镇户籍管理制度改革试点方案》和《关于完善农村户籍管理制度的意见》，决定选择少量具有一定基础、在当地具有一定代表性的小城镇，先期进行两年的户籍管理制度改革试点，然后分期、分批推开。针对一些地方乱占耕地、违法批地、浪费土地等问题，为严格控制城市建设用地规模，1997年5月中共中央、国务院在《关于进一步加强土地管理切实保护耕地的通知》中，决定"冻结县改市的审批"。此后，民政部对撤县设市进行了严格管理与控制。1997～2011年，尽管中国城镇人口增加了2.96亿人，但由于存在撤市设区的情况，建制市的数量不但没有增加，反而减少了11个，其中，县级市减少了73个。这期间，小城镇的发展受到了高度重视。1998年10月，党的十五届三中全会通过的《中共中央关于农业和农村工作若干重大问题的决定》明确提出，"发展小城镇，是带动农村经济和社会发展的一个大战略"。2000年6月，中共中央、国务院发布《关于促进小城镇健康发展的若干意见》，从十个方面提出了具体措施。

在这一时期，国家明确提出并实施了城镇化战略。2000年10月，党的十五届五中全会通过的《中共中央关于制定国民经济和社会发展第十个五年计划的建议》提出，"中国推进城镇化条件已渐成熟，要不失时机地实施城镇化战略"，在着重发展小城镇的同时，积极发展中小城市，发挥大城市的辐射带动作用，"走出一条符合中国国情、大中小城市和小城镇协调发展的城镇化道路"。2001年3月通过的《中华人民共和国国民经济和社会发展第十个五年计划纲要》，明确提出"实施城镇化战略""走符合中国国情、大中小城市和小城镇协调发展的多样化城镇化道路"。2002年11月8日，江泽民在党的十六大报告中进一步指出，"坚持大中小城市和小城镇协调发展，走中国特色的城镇化道路"[①]。2007年10月15日，

---

① 江泽民：《全面建设小康社会开创中国特色社会主义事业新局面——在中国共产党第十六次全国代表大会上的报告》，载于《人民日报》2002年11月18日。

胡锦涛在党的十七大报告中则将"中国特色城镇化道路"作为"中国特色社会主义道路"的五个基本内容之一。[①] 2011年3月通过的《中华人民共和国国民经济和社会发展第十二个五年规划纲要》又提出了构建以陆桥通道、沿长江通道为两条横轴，以沿海、京哈京广、包昆通道为三条纵轴，以轴线上若干城市群为依托、其他城市化地区和城市为重要组成部分的"两横三纵"城市化战略格局构想。

在国家城镇化战略的推动下，自1996年以来，中国城镇化步入了加速推进时期，17年间城镇化率平均每年提高1.39个百分点，远高于1950～1977年和1978～1995年的平均速度。到2011年，全国城镇人口已达到6.91亿人，城镇化率越过了50%的转折点，达到51.27%。在"九五"至"十一五"时期，全国平均每年新增城镇人口都超过了2000万人，城镇化率的平均增速都在1.30个百分点以上，远高于"六五"至"八五"时期的平均增速（见表6-1）。在这期间，城镇化增速最快的是2010年，全国城镇人口比上年增加2466万人，城镇化率比上年提高1.61个百分点。这种大规模的快速城镇化，在世界上也是史无前例的。

表6-1　　　　各时期中国城镇化速度比较

时期	年份	平均每年新增城镇人口（万人）	城镇化年均提高幅度（百分点）
"六五"时期	1981～1985	1191	0.86
"七五"时期	1986～1990	1020	0.54
"八五"时期	1991～1995	996	0.53
"九五"时期	1996～2000	2146	1.44
"十五"时期	2001～2005	2061	1.35
"十一五"时期	2006～2010	2153	1.39
"十二五"时期	2011～2015	2028	1.23
"十三五"时期	2016～2018	2007	1.16

资料来源：根据历年《中国统计年鉴》和国家统计局网站数据计算。

---

① 胡锦涛：《高举中国特色社会主义伟大旗帜 为夺取全面建设小康社会新胜利而奋斗——在中国共产党第十七次全国代表大会上的报告》，载于《人民日报》2007年10月25日。

四、减速推进时期（2011年以来）

2011年以来，中国城镇化速度已呈现逐步减缓的趋势，提高城镇化质量成为核心任务。2012年11月8日，胡锦涛在党的十八大报告中把提高城镇化质量作为全面建成小康社会的重要目标之一，明确提出到2020年城镇化质量明显提高。① 2012年12月召开的中央经济工作会议提出要着力提高城镇化质量，走集约、智能、绿色、低碳的新型城镇化道路。2013年11月，党的十八届三中全会通过《中共中央关于全面深化改革若干重大问题的决定》，明确提出"坚持走中国特色新型城镇化道路，推进以人为核心的城镇化"。2013年12月召开的中央城镇化工作会议把提高城镇化质量作为推进中国特色新型城镇化的关键。会议指出，走中国特色、科学发展的新型城镇化道路，核心是以人为本，关键是提升质量。2014年3月发布的《国家新型城镇化规划（2014—2020年）》进一步指出，走以人为本、四化同步、优化布局、生态文明、文化传承的中国特色新型城镇化道路，到2020年常住人口城镇化率达到60%左右，户籍人口城镇化率达到45%左右。2015年12月，中央城市工作会议则提出要建设和谐宜居、富有活力、各具特色的现代化城市，提高新型城镇化水平，走出一条中国特色城市发展道路。2016年2月，国务院发布了《关于深入推进新型城镇化建设的若干意见》，从十个方面明确了推进新型城镇化的总体要求、重点任务和保障措施。

在这一阶段，随着城镇化速度的减缓，中国城镇化正在由速度型向质量型转变。2012年，中国城镇常住人口超过7亿人，城镇化率达到52.57%，接近世界平均水平。2017年，中国城镇常住人口又突破了8亿人。2018年，全国城镇常住人口已达到83137万人，城镇化率达到59.58%。2012~2018年，中国平均每年新增城镇人口2008万人，城镇化率年均提高1.19个百分点，其增速比1996~2011年下降了0.20个百分

---

① 胡锦涛：《坚定不移沿着中国特色社会主义道路前进 为全面建成小康社会而奋斗——在中国共产党第十八次全国代表大会上的报告》，载于《人民日报》2012年11月18日。

点。尤其是 2015 年以来,城镇化增速下降的趋势更为明显。2015 年全国城镇化增速为 1.33 个百分点,2016 年下降到 1.25 个百分点,2017 年为 1.17 个百分点,2018 年为 1.06 个百分点。但相比较而言,目前中国的城镇化速度仍远高于世界平均水平。按照联合国经济和社会事务部提供的数据,2011~2015 年,中国城镇化率年均提高 1.25 个百分点,而同期世界平均增速仅有 0.45 个百分点,中等偏上收入国家也只有 0.87 个百分点(United Nations, 2018)。

第二节 乡镇企业的崛起

乡镇企业是中国农民的伟大创举。自 20 世纪 70 年代以来,乡镇企业异军突起,成为国民经济的重要组成部分,对促进农业劳动力转移、农村经济发展和农民增收都发挥了重要的作用。然而,自 20 世纪 90 年代以来,随着乡镇企业的改革和转型升级,传统的乡镇企业正逐渐退出历史舞台。2013 年以后,国家统计局不再发布乡镇企业的统计数据。

一、1984 年前社队企业的发展

乡镇企业的前身是人民公社时期公社、生产大队或生产队创办的社队企业。1958 年 10 月,轻工业部党组向中央提交了《关于人民公社大办工业问题的报告》,12 月中共中央批转了这个报告,强调人民公社要"在切实抓紧农业的同时,还要大力举办工业";并明确"人民公社办工业,可以先从小土群入手,逐步向半土半洋和小洋群发展"。1958 年 12 月,党的八届六中全会通过的《关于人民公社若干问题的决定》进一步强调,为实现"公社工业化","人民公社必须大办工业"。在这一思想指导下,全国农村掀起了大办工业的热潮,各地因陋就简、土法上马,建立了一大批"小土群"工业企业。同时,中央还将农村手工业合作社全部划归人民公社,并将部分原属国家管理的工业企业下放给公社管理,成为公社工业的一部分。到 1958 年底,全国公社工业的职工达到 1800 万人,产值有 60 亿

元左右（马洪，1982）。1959年，公社工业企业发展到约70万个，产值100多亿元（王胜，2010）。这些社办企业基本上是在无资金、无设备、无技术、无人员的情况下，主要靠"一平二调"办起来的，并没有什么实际效益，很多企业没有多长时间就自生自灭了（颜公平，2007）。

"大跃进"运动严重影响了农业生产，造成粮食供应高度紧张。1960年8月，中共中央发出《关于全党动手，大办农业，大办粮食的指示》，要求"挤出一切可能挤出的劳动力，加强田间生产的力量。切实整顿县社工业、精简人员"。按照这个要求，社办企业人员被大量精简。1960年11月，为了纠正工作中的"左"倾错误，中共中央又发出《关于农村人民公社当前政策问题的紧急指示信》，明确"三级所有、队为基础"是人民公社的根本制度，并规定公社派出机关的管理区（生产大队）"不要直接经营生产企业"。1962年11月，中共中央、国务院在《关于发展农村副业生产的决定》中，进一步明确"公社和生产大队一般地不办企业，不设专业的副业生产队。原来公社、大队把生产队的副业集中起来办的企业，都应该下放给生产队经营"。在这种情况下，社队企业的发展进入了低谷。1961年全国社办工业产值下降到19.8亿元，1962年降为7.9亿元，1963年降为4.1亿元（林青松、威廉·伯德，1994）。

1965年9月，中共中央、国务院发布《关于大力发展农村副业生产的指示》，提出了"以农为主，以副养农，综合经营"的方针，明确"首先要大力发展集体副业"，社队企业又很快发展起来。1966年5月，毛泽东在《五七指示》中提出，"农民以农为主""在有条件的时候也要由集体办些小工厂"。1970年8~10月，国务院召开了北方地区农业会议。会议号召要大力发展小钢铁厂、小煤矿、小农机厂、小化肥厂、小水泥厂等，以促进农业机械化。此后，社队企业获得了较快的发展。1971年社队企业总收入为92.6亿元，到1976年，社队企业总收入达到272.3亿元，占人民公社三级总收入的23.3%（王凤林，1983）。1977年，农林部专门成立人民公社企业局，农村手工业企业划归人民公社领导管理，社队企业名正言顺地获得了快速发展。到1978年，全国社队企业总数达到152.4万个、就业人数达到2826.5万人、总收入达到431.4亿元，分别比1976年增长36.7%、59.7%、58.4%（王凤林，1983）。

改革开放初期,随着家庭联产承包责任制的实施,大量农村劳动力逐步释放出来,在农民进城和发展个体私营经济受到限制的情况下,社队企业获得了迅速发展。1978年12月,党的十一届三中全会通过了《中共中央关于加快农业发展若干问题的决定(草案)》,提出"社队企业要有一个大发展",明确国家对社队企业"实行低税或免税政策"。1979年7月,国务院发布《关于发展社队企业若干问题的规定(试行草案)》,充分肯定社队企业的作用,明确社队企业是社会主义集体所有制经济,是国民经济越来越重要的一个组成部分,并制定了一系列扶持政策。1980年8月,中共中央转发了全国劳动就业会议议定的文件《进一步做好城镇劳动就业工作》,要求"对农业剩余劳动力,要采取发展社队企业和城乡联办企业等办法加以吸收"。1981年5月,国务院发布《关于社队企业贯彻国民经济调整方针的若干规定》,针对社队企业的特点和存在的问题,对社队企业提出了具体的调整整顿措施。到1983年,全国社队企业就业人数达到3234.64万人、实现总产值1019.31亿元、增加值408.42亿元,分别比1978年增长14.4%、98.2%、96.0%。

二、乡镇企业的迅速崛起

1984年以来,中国乡镇企业进入了迅猛发展的时期。随着人民公社体制的解体和撤社改乡工作的完成,"社队企业"中的"社"已经不复存在。1984年3月,中共中央、国务院转发农牧渔业部和部党组《关于开创社队企业新局面的报告》,同意将社队企业更名为乡镇企业,其范围包括社(乡)队(村)举办的企业、部分社员联营的合作企业、其他形式的合作工业和个体企业,并明确了乡镇企业的相关政策问题。1985年1月,中共中央、国务院发布《关于进一步活跃农村经济的十项政策》,明确对乡镇企业实行信贷、税收优惠,鼓励农民发展采矿和其他开发性事业,严禁平调乡镇企业的财产。1985年9月,《中共中央关于制定国民经济和社会发展第七个五年计划的建议》进一步指出,"发展乡镇企业是振兴中国农村经济的必由之路",要"鼓励农民兴办乡镇企业",并提出了"积极扶持,合理规划,正确引导,加强管理"的十六字方针。这一系列政策措施促进了乡镇企业的全面高速发展。1984~1988年，全国乡镇企业数、就业人数、总产值和增加值分别增长了211.3%、83.3%、428.0%和175.1%，乡镇企业就业人数占全国就业人数的比重由10.8%提高到17.6%，占乡村就业人数的比重由14.5%提高到23.8%，乡镇企业增加值占全国GDP的比重由8.7%提高到11.5%（见图6-2）。

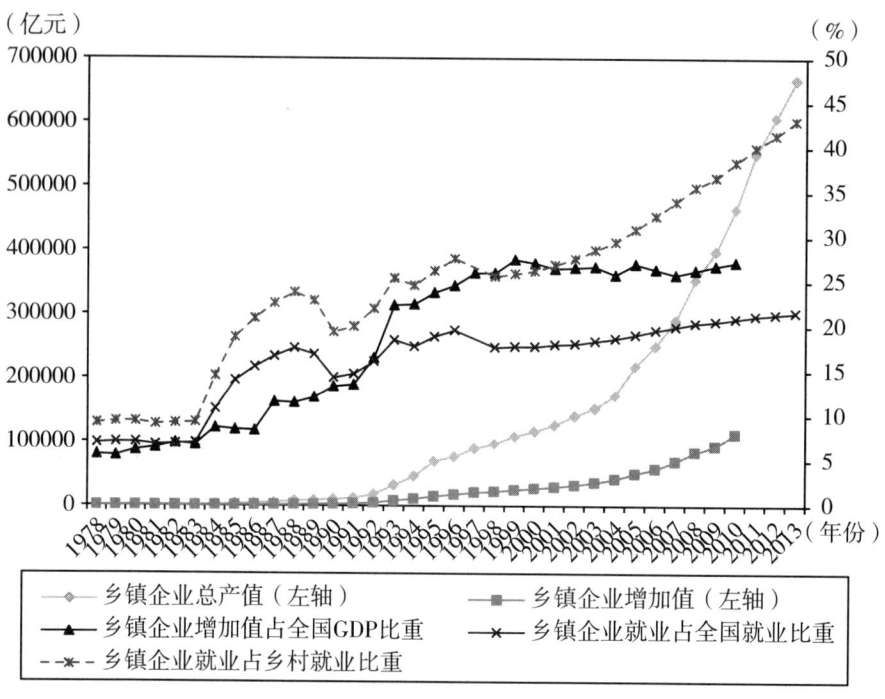

图6-2　1978年以来中国乡镇企业的发展

注：1978~1983年为乡村两级数，1984年以后为乡镇企业全部数。
资料来源：根据《中国统计年鉴（2018）》、《中国劳动统计年鉴》（2013年、2018年）、《新中国60年统计资料汇编》、《中国农业年鉴》（2004~2014年）数据绘制。

治理整顿期间，在紧缩的财政和货币政策下，国家控制了乡镇企业贷款，压缩了基建规模，对部分生产资料实行专营，税收和信贷扶持也明显减少，乡镇企业的生存环境趋于恶化，企业普遍开工不足，亏损上升，大批乡镇企业被迫关停并转。1988年11月，中共中央、国务院在《关于夺取明年农业丰收的决定》中，明确提出乡镇企业要"在治理经济环境、整顿经济秩序中稳步发展"，其"发展所需的资金，应主要靠向农民集资筹措"。1990年2月，农业部颁布了《农民股份合作制企业暂行规定》。受宏观经济环境的影响，乡镇企业数和就业人数连续两年出现下降。1989～1990年，全国乡镇企业数减少了37.76万个，就业人数减少了280.7万人。乡镇企业就业人数占全国就业人数的比重由1988年的17.6%下降到1990年的14.3%，占乡村就业人数的比重也由23.8%下降到19.4%。

1992～1996年，乡镇企业发展进入了第二个高峰期。1992年3月，国务院转发《农业部关于促进乡镇企业持续健康发展的报告》，明确要把发展乡镇企业作为一项战略任务，坚持不懈地抓下去。1992年10月，党的十四大报告明确提出："继续大力发展乡镇企业，特别要扶持和加快中西部地区和少数民族地区乡镇企业的发展"。根据这一精神，1993年2月国务院发布了《关于加快中西部地区乡镇企业发展的决定》，提出要把加快发展乡镇企业作为中西部地区经济工作的一个战略重点，强调地县一级要一手抓农业、一手抓乡镇企业。中国人民银行1993～2000年每年在国家信贷计划中单独安排50亿元贷款，支持中西部地区乡镇企业发展。1995年2月，国务院同意农业部提出的《乡镇企业东西合作示范工程方案》，计划用5年时间组织实施1000个东西合作示范项目，组建100对对口双边合作市、县，为中西部地区培养1万名技术骨干和厂长。1992年3月，中共中央、国务院在《关于做好1995年农业和农村工作的意见》中明确规定：从1995年起，国家不再对乡镇企业征收"交通能源重点建设基金"和"预算调节基金"；继续执行国务院关于对中西部地区乡镇企业免征固定资产方向调节税的政策；允许乡镇企业从成本中据实列支用于技术改革改造和新产品开发的费用。这些政策为乡镇企业发展创造了良好的环境，乡镇企业获得了迅猛发展。1992～1996年，乡镇企业就业人数年均增长7.0%，总产值年均增长45.4%，增加值年均增长42.8%。

三、乡镇企业的困境与改革

中国的乡镇企业是在特殊的环境下发展起来的，随着发展环境的变化，乡镇企业发展日益面临诸多困境。首先，随着市场竞争加剧，乡镇企业技术设备落后、管理水平低、产业结构不合理、产品质量不高等问题日益突出，亟待加快结构调整和技术升级，全面提高发展质量和竞争力。其次，乡镇集体企业存在明显的制度缺陷，如政企不分、产权不明晰、经营者权责不对称、对经营者的机会主义行为缺乏有效监督、农民作为资产所有者的权利不能得到保障等。还有一些乡镇集体企业实际上是由农民私人投资创办的"红帽子"企业。这些企业需要通过改革摘掉"红帽子"，明晰产权关系。最后，乡镇企业"离土不离乡、进厂不进城"的发展模式，不仅造成工业布局高度分散，严重浪费土地资源，加剧农村环境污染，缺乏集聚经济效益，而且也影响了城镇化和市民化的进程（魏后凯，1994）。1995年，乡镇企业中有污染的企业高达121.6万个，是1989年污染企业数的2.13倍，是1984年污染企业数的6.70倍；污染企业数占乡镇工业企业数的16.9%，污染企业工业总产值占乡镇工业总产值的37.6%（李周、尹晓青、包晓斌，1999）。

在这种情况下，自1997年以来，中国乡镇企业进入了加快改革和转型升级的新时期。1997年1月1日，《中华人民共和国乡镇企业法》正式实施，为乡镇企业发展提供了行为规范和法律保障；2月，中共中央、国务院发布了《关于1997年农业和农村工作的意见》，明确提出"乡镇企业已进入一个新的发展阶段，要把重点放在转变增长方式、推进技术进步、提高整体素质和经济效益上来"；3月，中共中央、国务院转发农业部《关于中国乡镇企业情况和今后改革与发展意见的报告》，进一步明确新时期对乡镇企业实行"积极扶持，合理规划，分类指导，依法管理"的新十六字方针，强调要"采取多种形式，积极支持和正确引导乡镇企业深化改革，明晰产权关系"。特别是，1997年爆发的亚洲金融危机导致全国乡镇企业大规模关停并转，1998年乡镇企业数比上年减少4.6%，就业人数减少了4.0%，由此推动乡镇企业加快改革和转型升级的步伐。

随后，1998~2010年，中共中央、国务院在关于农业和农村工作的相关文件中再三强调要加快乡镇企业改革和转型升级的步伐。其实施路径主要是沿着三个方向展开：一是采取股份合作制、股份制等多种不同形式，大力推进乡镇企业的改革；二是根据市场需求和国家战略任务，加快乡镇企业的结构调整、技术升级和水平提升；三是把乡镇企业发展与小城镇建设结合起来，引导乡镇企业向小城镇集中。1998年以及2000~2003年中共中央、国务院发布的关于当年农业和农村工作的意见,都对乡镇企业改革和转型升级做出了具体安排和部署。2004~2006年、2008~2010年中央一号文件也均对乡镇企业改革和转型升级提出了相应的要求。在国家政策的引导下,大量乡镇企业以推行股份合作制为主要形式,以实现政企分开,兼顾所有者、经营者、劳动者利益为目标,开展了多种形式的产权制度改革。随着产权制度改革步伐的加快,传统的乡镇企业逐步转变为股份制和个体私营经济。虽然"乡镇企业"这一称谓已逐渐退出历史舞台,但其对中国经济发展的推动作用无疑是巨大的。2013年,乡镇企业就业人数为16642.5万人,占全国就业人数的21.6%,占乡村就业人数的43.0%。乡镇企业实现增加值占全国GDP的比重2010年曾高达27.0%。

第三节 农业劳动力转移

城镇化的核心是人的城镇化。由于非农产业在空间上的集聚性,农村人口向城镇的迁移通常是与农业劳动力向非农产业的转移紧密联系在一起的。因此,农业劳动力转移是推动城镇化的重要前提。新中国成立以来,中国农业劳动力转移大体可分为改革开放前的大起大落和改革开放以来的快速转移两大阶段,这两个阶段的体制背景和变动特征迥然有异。

一、改革开放前的大起大落

改革开放前,中国农业劳动力转移随着政策的变动经历了大起大落。新中国成立之初,中国农业生产几乎处于崩溃的边缘,农村凋敝,破产的农民有几千万人,城市失业人员达400多万人(宋玉军,2010)。1950年,中央人民政府颁布《中华人民共和国土地改革法》,并开展了大规模的土地改革运动。土地改革极大地调动了农民积极性,激发了农业生产力。与1949年相比,1952年全国农业总产值增长了48.4%,粮食、棉花、糖料、茶叶、水果、水产品等主要农产品产量均获得了快速增长。在这一时期,尽管城乡人口迁移是自由、双向的,但由于城市失业相当严重,农业劳动力转移呈现自发和相对稳定的特征。到1952年，全国乡村就业人数为18243万人，占全部就业人数的88.0%，其中，农业就业人数为17317万人，占全部就业人数的83.5%（见图6-3）。这表明，当时乡村就业人员的近95%集中在农业部门。

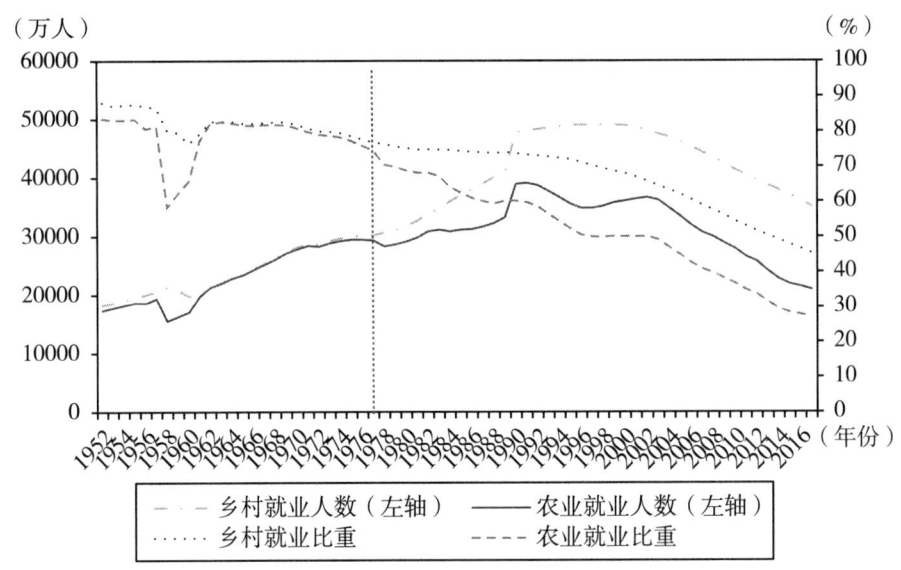

图6-3　中国农业劳动力转移的变化趋势

资料来源：根据《中国统计年鉴（2018）》《新中国60年统计资料汇编》《中国劳动统计年鉴（2011）》绘制。

农产品特别是粮食供应是农业劳动力转移的重要前提。改革开放前，中国始终没有解决粮食短缺问题，人均粮食占有量一直没有突破350公斤的温饱线，由此导致多次出现粮食供应紧张问题。由于粮食供应紧张，从1952年起中央开始采取措施限制农民自发向城市流动。1952年8月，中央人民政府政务院发布《关于劳动就业问题的决定》，提出要"克服农民盲目地向城市流动的情绪"。1953年10月，中共中央发布《关于实行粮食的计划收购与计划供应的决议》，开始对粮食实行"统购统销"，随后又扩大到棉花、纱布和食油，由此取消了原有的农产品自由市场。从1953年起，中央密集下发一系列文件，采取计划招工、登记落户、粮食票证等措施，从"劝止"到"防止"再到"制止"，限制农民自发地盲目进城。1955年3月，内务部和公安部发出《关于办理户口迁移的注意事项的联合通知》，开始从户口登记入手限制农民盲目流入城市。同时，1952年确立的重工业优先发展战略将主要资源投向了重工业和国防工业，从而降低了大规模工业建设对农业剩余劳动力的吸纳能力。1953~1957年间，全国农业就业比重都维持在80%以上，并在80.5%~83.5%之间波动。

1958年，在"大跃进"和"以钢为纲"的口号下，全国掀起了全民大炼钢铁和人民公社化的高潮。为确保钢产量翻番，广大农民不下田耕作，纷纷加入全民炼钢的行列。当年全国农业就业人数急剧下降到15490万人，比上年减少3819万人；农业就业比重大幅下降到58.2%，比上年下降22.97个百分点，而当时乡村就业比重仍高达80.1%。这种牺牲农业发展工业的政策，加上随后的三年困难时期，导致农业生产严重萎缩，出现了全国性的粮食短缺和饥荒。1958~1961年，全国粮食产量从19765万吨下降到13650万吨，3年内下降了30.9%；人均粮食占有量从1957年的302公斤下降到207公斤，远低于250公斤的生存标准。[①] 1959年之后，随着工业项目的大量下马，加上国家制止农村劳动力盲目外流，并从1961年起精简城镇人口，劳动力就业又开始向农业回流。1959~1963年，全国农业就业比重提高了24.2个百分点，到1963年已达到82.5%，又回到了新中国成立初期的水平。特别是1961年，随着国民经济调整工作的全面推进，全国农业就业人数增加了2731万人，农业就业比重提高了11.42个百分点。

"文化大革命"期间，国民经济遭受严重破坏，城市就业压力巨大，农村剩余劳动力不但得不到转移，城市的就业压力也转向农村。鉴于城市食品供应非常困难，国家不得不动员城市人口到农村支援农业生产。1966~1976年，约1700多万人到农村安家落户（陈锡文、赵阳、罗丹，2008）。特别是1966~1970年，全国农业就业比重一直保持在80%以上。自20世纪70年代以来，随着地方工业的发展，中国农业就业比重开始出现稳步下降的趋势。1970年，在"四五"计划中，中央要求各地区发展小煤矿、小钢铁、小化肥、小水泥和小机械"五小工业"，并拨出专项资金支持

---

① 联合国粮农组织把人均粮食产量达到400公斤作为国际安全标准之一，也有人把人均粮食产量或占有量250公斤作为生存标准，把350公斤作为温饱标准。

"五小工业"发展。1975年,在整顿城市企业的过程中,国家提出了城市工业需要向农村扩散。这些政策促进了农业劳动力的就地转移。1970~1977年,全国农业就业比重从80.8%下降到74.5%,平均每年下降0.90个百分点。

总之,在改革开放前,中国农业劳动力转移速度慢、波动大。1952~1977年,尽管全国农业增加值比重从51.0%下降到29.5%,但农业就业比重仅从83.5%下降到74.5%,平均每年仅下降0.36个百分点,不到农业增加值比重下降速度的一半。这种情况的出现是当时的观念、战略、制度和政策综合作用的结果。在观念上,政府长期把农村看作能够容纳更多就业的"蓄水池",一旦城镇面临就业压力就限制农民进城,并动员大批城镇待业青年"上山下乡"。在战略上,通过产业压制和资本替代劳动力,重工业优先发展战略降低了城镇就业需求,严重制约了农业劳动力的转移。在制度上,农产品统购统销、人民公社和户籍管理制度将大量农村剩余劳动力堵塞在效益低下的农业部门,并阻碍其进行产业转移和地域流动(张晓山、李周,2013)。在政策上,限制"盲流"和精简城镇人口政策也阻碍了农业劳动力的转移。

二、改革开放以来的快速转移

改革开放以来,随着乡镇企业的兴起和人口流动各种限制的取消,中国农业劳动力持续向非农产业转移,农业就业比重呈现快速下降的趋势。家庭联产承包责任制的实施,极大地激发了农民的积极性,提高了农业劳动生产率,使农村大量剩余劳动力逐渐由隐性转变为显性。据估计,在20世纪80年代,全国农村剩余劳动力大约为1亿~1.5亿,占农村劳动力的1/3左右(陈吉元、庾德昌,1993)。改革开放初期,由于农民进城仍然受到各种严格限制,这些农村剩余劳动力主要是依靠发展多种经营和乡镇企业来吸纳。针对企事业单位大量使用农村劳动力的情况,1981年12月国务院下发《关于严格控制农村劳动力进城做工和农业人口转为非农业人口的通知》,要求"严格控制从农村招工""认真清理企业、事业单位使用的农村劳动力"。1983年,国家开始允许农民进行农副产品的长途贩运。

当年，全国外出农民工达到200多万人。① 1984年，国家又允许务工、经商、办服务业的农民自理口粮到集镇落户，从而为农民转移就业开了一个新的口子。1984年，乡镇企业就业人数占乡村就业的比重由上年的9.30%迅速提高到14.5%，农业就业比重则由67.1%大幅下降到64.0%，下降了3.1个百分点。

自20世纪80年代中期以来，国家进一步放宽了农民进城务工的限制。1985年，中央允许农民进城开店设坊，兴办服务业，提供各种劳务。这一政策促使农民转移就业从早期的"离土不离乡"转变为"离土又离乡"，外出农民工规模迅猛增长。到1989年，全国外出农民工规模已达到3000万人，② 比1983年增长了14倍，由此在全国范围内形成了"民工潮"。在治理整顿时期（1988~1990年），随着投资规模的压缩和产业结构的调整，一批在建工程下马，一些企业关停并转。面对就业压力加大，政府开始加强对农村劳动力外出的管理，并采取措施限制农民工盲目外出。1989年3月，国务院办公厅发出《关于严格控制民工盲目外出的紧急通知》，要求"对农村劳动力进城务工，要实行有效控制，严格管理"。1990年，全国乡镇企业从业人数比1988年减少280.7万人，而农业就业人员则增加了6665万人。1991年2月，国务院办公厅再次发出《关于劝阻民工盲目去广东的通知》。

党的十四大确定了社会主义市场经济体制的改革目标。随着市场化改革的不断推进，各种限制人口流动的制度障碍逐步破解。特别是，随着1992年粮票制度的取消，农民进城居住和就业已不再有实际性障碍，由此形成农民大规模迁徙和跨地区流动的浪潮。1993年，全国外出农民工达到6200万人，比1989年增长1倍以上（熊艳喜、杨云彦，2010）。1994年11月，劳动部颁布了《农村劳动力跨省流动就业暂行规定》。外出农民工规模的快速增长，有力地促进了农业劳动力转移。1992~1996年，全国农业就业人数减少了4278万人，农业就业比重下降了9.2个百分点，平均每年下降1.84个百分点。

然而，1997年以来，在亚洲金融危机和国有企业下岗分流的双重影响

---

①② 国务院研究室课题组：《中国农民工调研报告》，中国言实出版社2006年版。

下,城镇就业压力增大,农民工转移就业进入紧张期。一些地方相继出台了有关规定和政策,对外出农民工就业实行岗位限制和次序限制(张晓山、李周,2013)。这种理念也反映在中央有关文件中。1998年发布的《中共中央关于农业和农村工作若干重大问题的决定》,就提出要"引导农村劳动力合理有序流动";1999年发布的《中共中央国务院关于做好1999年农业和农村工作的意见》,进一步提出要"继续引导农村劳动力有序流动",这里所指的"有序"实际上是控制(陈锡文、赵阳、罗丹,2008)。2001年以来,国家计划委员会、财政部等部门对涉及农民工的收费进行了全面清理和规范。尽管如此,受国际国内经济形势的影响,1997~2002年全国农业就业比重一直在50%左右徘徊。

2003年以来,中国农业劳动力转移进入了重要的转折期,农业就业规模和就业比重均出现持续下降的趋势。尤其是,在一些外来务工人员集中的沿海地区,出现了不同程度的农民工供不应求现象,被新闻媒体称为"民工荒"。有关部门采取多方面措施,如继续清理不合理收费、治理工资拖欠、取消歧视性政策、加快市民化等,不断优化农民工转移就业环境。2006年1月发布《国务院关于解决农民工问题的若干意见》,进一步取消限制农村劳动力流动的歧视性政策,保障农民工合法权益。2006年5月,劳动和社会保障部、国家发展和改革委员会、财政部、农业部四部委联合启动了统筹城乡就业试点工作。为更好地解决农民工面临的突出问题,有序推进农民工市民化,2014年9月国务院颁布了《关于进一步做好为农民工服务工作的意见》,2016年1月国务院办公厅又发布了《关于全面治理拖欠农民工工资问题的意见》。2003~2017年,全国农业就业人数从3.62亿人下降到2.09亿人,平均每年减少1090万人;农业就业比重从49.1%下降到27.0%,平均每年下降1.6个百分点。

总体上看,改革开放以来,中国农业劳动力呈现持续快速转移的趋势。1978~2017年,中国农业就业比重平均每年下降1.19个百分点,是1953~1977年平均增速的3.31倍。然而,随着发展阶段的转变,近年来中国农业劳动力转移速度已逐步减缓,农业就业比重由过去的加速下降转变为减速下降。更重要的是,外出农民工总量规模日益接近"天花板",2018年为17266万人,仅比上年增加81万人。尽管外出农民工占总就业的比重仍在逐年提升，但外出农民工中跨省转移的比重和外出农民工占农民工总量的比重均在下降（见图6-4）。这说明，在国家政策的刺激下，农民工就地就近就业日益成为主流。很明显，改革开放以来农业劳动力的持续快速转移有力地促进了中国经济增长。据研究，农业劳动力转移是1970年以来中国经济增长的重要源泉，对1971~1978年、1984~1988年、1991~1997年、2003~2008年和2009~2015年经济增长的贡献率均在17%以上（郝大明，2016）。

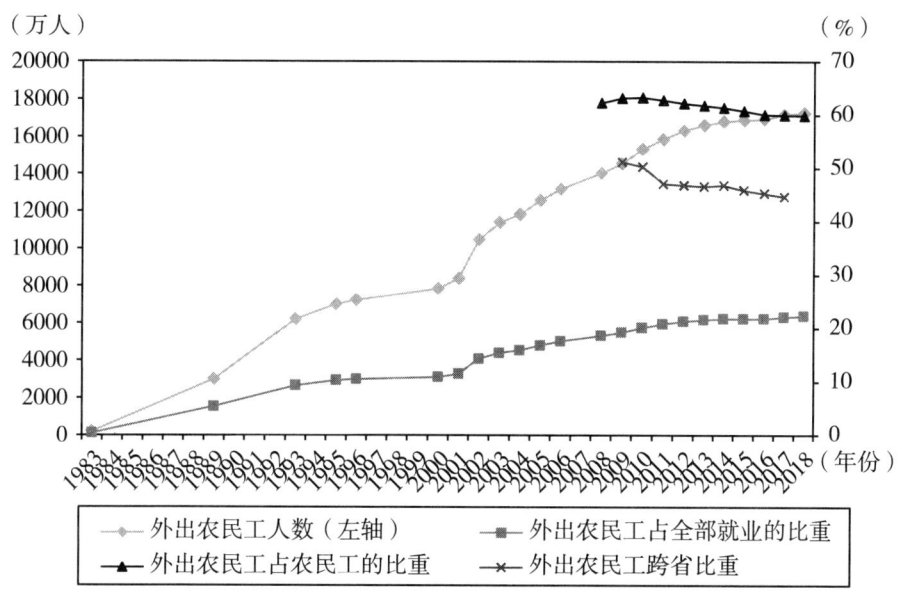

图6-4 1983~2018年中国外出农民工的增长

资料来源：根据魏后凯、苏红键，《中国农业转移人口市民化进程研究》，载于《中国人口科学》2013年第5期；历年《中国统计年鉴》和国家统计局发布的数据绘制。

第四节 新型城镇化与城乡关系

推进以人为核心的新型城镇化是新时期党中央做出的重大战略决策。不同于传统的城镇化理念，新型城镇化突出以人为核心，并非单纯推进农业转移人口向城镇的集聚，更重要的是强调让进入城镇的新移民拥有充分的就业机会，能够享受平等的权益、更好的服务和更高的福祉，并逐步和谐地融入城镇社会（魏后凯，2016）。这就要求在新型城乡关系的框架下推进新型城镇化，实现农业转移人口市民化与城镇化同步，全面促进城乡共同繁荣。

一、推进新型城镇化建设

早在 2012 年 12 月，中央经济工作会议就明确提出"走集约、智能、绿色、低碳的新型城镇化道路"，这是中央首次提出"新型城镇化"概念。2013 年 11 月，党的十八届三中全会通过的《中共中央关于全面深化改革若干重大问题的决定》明确指出："坚持走中国特色新型城镇化道路，推进以人为核心的城镇化。"2014 年政府工作报告进一步明确提出，"推进以人为核心的新型城镇化""走以人为本、四化同步、优化布局、生态文明、传承文化的新型城镇化道路"。为深入推进以人为核心的新型城镇化，2014 年 3 月，中共中央、国务院印发《国家新型城镇化规划（2014—2020 年）》，对推进新型城镇化的指导思想、发展目标、重点任务和保障措施进行了全面安排和部署，再次提出要"走以人为本、四化同步、优化布局、生态文明、文化传承的中国特色新型城镇化道路"。2016 年 2 月，国务院又发布《关于深入推进新型城镇化建设的若干意见》，从十个方面提出了具体要求、任务和措施。

为深入推进以人为核心的新型城镇化，中央、国务院及有关部门相继制定实施了一系列政策措施。

一是稳步推进城镇化改革试点。2014 年，国家发展改革委等十一部委联合发布《关于开展国家新型城镇化综合试点工作的通知》，制定实施了《国家新型城镇化综合试点方案》，并分 3 批将 2 个省和 246 个城市（镇）列为国家新型城镇化综合试点，率先探索城镇化关键制度改革。目前，该项试点工作有序推进，已经形成了一批可复制、可推广的经验。同时，经全国人大常委会授权，国务院还开展了农村土地征收、集体经营性建设用地入市、宅基地制度改革试点以及农村承包土地经营权和农民住房财产权抵押贷款试点，稳步推进城乡建设用地增减挂钩、城镇低效用地再开发等改革，赋予镇区人口 10 万人以上的特大镇部分县级管理权限，新型城镇化体制机制创新取得重要进展。

二是不断优化城镇化布局和形态。2015年以来，国家先后制定实施了长江中游、哈长、成渝、长三角、中原、北部湾、关中平原、兰州—西宁、呼包鄂榆等城市群规划，基本建成"19+2城市群"格局①，城市群的主体形态进一步巩固。同时，国家还启动了撤县设市工作；支持成都、武汉、郑州、西安建设国家中心城市，完善了国家中心城市布局；分两批公布了403个特色小镇名单，积极推进特色小（城）镇建设；加快城镇棚户区和城乡危房改造，城市功能和宜居性稳步提升。随着中西部城镇化的快速推进，中西部与东部地区间城镇化率差距逐步缩小，其中，中部与东部地区间差距由2012年的14.67个百分点下降到2017年的12.66个百分点，西部与东部地区间差距由17.12个百分点下降到15.30个百分点。

三是加快农业转移人口市民化。早在2012年11月，党的十八大报告就明确提出：要"加快改革户籍制度，有序推进农业转移人口市民化，努力实现城镇基本公共服务常住人口全覆盖"。2014年7月，国务院发布《关于进一步推进户籍制度改革的意见》，进一步提出全面实施居住证制度，到2020年基本建立与全面建成小康社会相适应，有效支撑社会管理和公共服务，依法保障公民权利，以人为本、科学高效、规范有序的新型户籍制度。近年来，国家加快了户籍制度改革和农业转移人口市民化步伐，出台了推动1亿非户籍人口在城市落户的总体方案以及财政、土地、住房等配套政策，2017年实现1300多万人进城落户，2018年又实现近1400万人进城落户。全国户籍人口城镇化率由2012年的35.3%提高到2018年的43.37%（魏后凯，2019），户籍人口城镇化率与常住人口城镇化率的差距由2014年最高时的18.87个百分点缩小到2018年的16.21个百分点。同时，居住证制度全覆盖的加快实施，有力保障了国家规定的基本公共服务和便利全覆盖，使进城农民工的权益得到进一步保护。

但是，应该看到，推进农业转移人口市民化依然任重道远。由于对市民化的重要性认识不足，加上多元化成本分担机制不完善，人地挂钩、人钱挂钩等政策尚未完全落地，市、区级地方政府承担了绝大多数市民化成

---

① 国家"十三五"规划纲要明确提出建设19个城市群以及拉萨和喀什两个城市圈。其中，19个城市群包括京津冀、长三角、珠三角、山东半岛、海峡西岸、辽中南、哈长、中原、长江中游、成渝、关中平原、北部湾、晋中、呼包鄂榆、黔中、滇中、兰州—西宁、宁夏沿黄和天山北坡城市群。

本，其推进市民化的积极性不高。尤其是在一些农民工集中的大城市，户籍制度改革严重滞后，所采取的积分落户办法条件苛刻，带有明显的人才指向，对广大农民工进城落户十分不利。在参加职工养老保险、医疗保险、子女上学、住房等方面，进城农民工与城镇职工仍有较大差距。2016年，跨乡镇外出就业的1.69亿农民工中尚有1亿多人受雇就业未依法参加职工基本养老和医疗保险，还约有100多万随迁子女在输入地未能平等接受义务教育，外出农民工在城镇购房的比例仅有17.8%（沈水生，2018）。2015年以来，中国户籍人口城镇化率与常住人口城镇化率的差距连续4年维持在16.2个百分点左右（魏后凯，2019），全面实现农业转移人口市民化依然任重道远。

二、构建新型城乡关系

新中国成立以来，为了应对恶劣的国际环境，尽快建立完整的工业体系，根据苏联的做法，中国实行了重工业优先发展战略。在农业生产能力有限、粮食供应紧张的情况下，为确保城市和工业发展，中国采取了限制农民盲目进城的政策，实行城乡二元的户籍制度。1958年全国人大常委会通过的《中华人民共和国户口登记条例》，正式确立了户口迁移审批制度和凭证落户制度，以法规的形式限制农村户口迁往城镇，这标志着中国以严格限制农村人口向城市流动为核心的户口迁移制度的形成。以"农业户口"与"非农业户口"区分为基础，国家对城乡居民在身份待遇如就业、教育、住房、医疗、社会保障等方面，实行城乡有别的二元体制和福利政策。同时，为了加快工业化建设，国家通过工农产品价格"剪刀差"强制将农业剩余转化为工业积累。1953~1978年，国家以工农产品价格"剪刀差"形式从农业中提取的经济剩余在6000亿~8000亿元之间（温铁军，2000）。在这种城乡二元体制下，中国城乡收入差距自20世纪60年代中期以来趋于不断扩大。1957年，中国城镇居民家庭人均生活费收入与农民家庭人均纯收入之比为3.23倍，1965年曾下降到2.12倍，但之后呈现不断扩大的趋势，到1978年已扩大到2.37倍。改革开放初期，随着农村家庭联产承包责任制的实施，农民收入获得了较快增长，城乡居民收入差距曾一度缩小，但自1985年经济体制改革的重心由农村转移到城市之后，城乡居民收入差距又开始急剧扩大。1984~2003年，中国城乡居民人均可支配收入之比由1.84倍迅速扩大到3.12倍（见图6-5）。

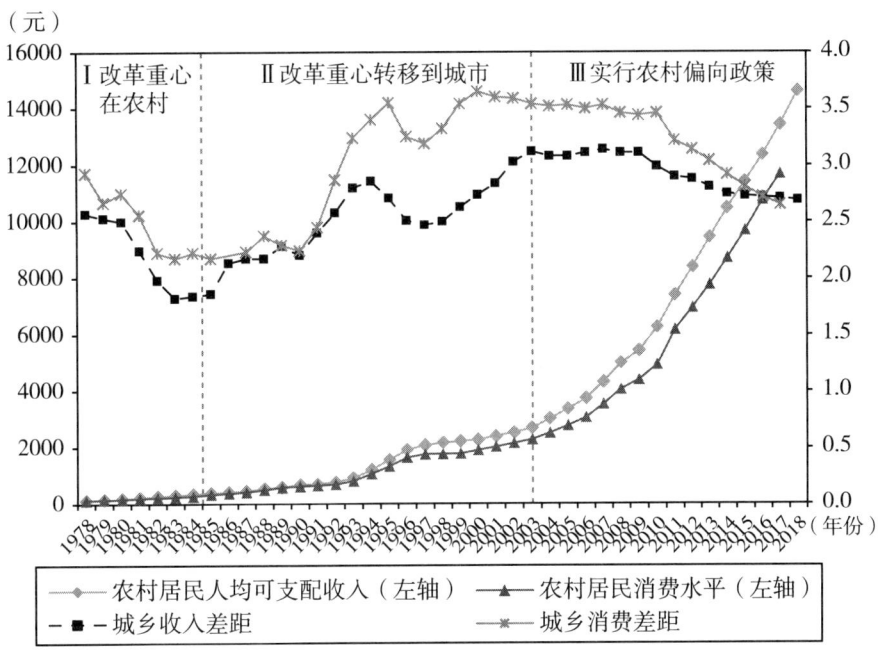

图6-5 农村改革、政策偏向与中国城乡差距的变迁

资料来源：根据《中国统计年鉴（2018）》《中国农村统计年鉴（2018）》《中国统计摘要（2018）》《2018年国民经济和社会发展统计公报》数据绘制。

城乡分割的二元体制机制严重损害了广大农民的权益，阻碍了城乡要素合理流动，抑制了城镇化进程，扩大了城乡贫富差距，成为制约农业农村发展和农民增收的桎梏。为彻底打破这种二元体制机制，2003年10月，党的十六届三中全会通过的《中共中央关于完善社会主义市场经济体制若干问题的决定》，明确提出要"统筹城乡发展"，并把其列为"五个统筹"之首。2009年12月，中共中央、国务院发布《关于加大统筹城乡发展力度进一步夯实农业农村发展基础的若干意见》，提出"协调推进工业化、城镇化和农业现代化，努力形成城乡经济社会发展一体化新格局"。2012年11月，党的十八大报告进一步提出"推动城乡发展一体化""形成以工促农、以城带乡、工农互惠、城乡一体的新型工农、城乡关系"。以城带乡、城乡一体是当时中央对新型城乡关系的表述。2016年7月，国务院发布了《关于统筹推进县域内城乡义务教育一体化改革发展的若干意见》，明确到2020年基本实现县域义务教育均衡发展和城乡基本公共教育服务均等化目标。2017年10月，党的十九大报告又强调要"建立健全城乡融合发展体制机制和政策体系"，这是中央文件首次提出"城乡融合发展"的概念。2019年1月，中共中央、国务院在《关于实施乡村振兴战略的意见》中明确指出，"坚持城乡融合发展""加快形成工农互促、城乡互补、全面融合、共同繁荣的新型工农城乡关系"。城乡互补、全面融合、共同繁荣成为新型城乡关系的最新表述。很明显，从城乡统筹到城乡发展一体化再到城乡融合发展，表明中国政府对城乡关系认识的不断深化。

在上述思想指导下，近年来稳步推进的一系列改革和相关政策措施，正在逐步破除导致二元结构的制度性因素，城乡融合发展的步伐不断加快，城乡居民收入和消费水平差距趋于逐步缩小。按人均可支配收入计算，中国城乡居民收入比从2007年的峰值3.14倍下降到2018年的2.69倍；而城乡居民消费水平比也从2000年的峰值3.65倍下降到2017年的2.65倍。这表明，中国城乡差距已越过倒"U"型变化的顶点，进入持续稳定缩小的新时期。特别是，随着户籍制度和要素市场化改革逐步深化，农业转移人口市民化以及城市资本、技术、人才下乡的进程不断加快，城乡要素市场一体化水平大幅提升，日益呈现城乡要素双向流动的趋势。同时，随着公共财政逐步向农村倾斜，近年来城市公共资源和公共服务向农村延伸的步伐加快，有力地促进了城乡基本公共服务与社会事业发展的均等化进程。但是，也应该看到，目前中国城乡收入差距仍然较大，2018年城乡居民人均可支配收入之比仍比1983年高48%。特别是，由于城乡一体化的土地市场尚未形成，农村资源变资本、变财富的渠道不畅，城乡居民财富差距悬殊，2018年城乡居民人均财产净收入之比高达11.8倍（魏后凯、杜志雄，2019）。同时，城乡社会保障制度尚未完全并轨，实现城乡基本公共服务均等化任务还十分艰巨。

第七章

农村环境治理与生态建设

中国从20世纪70年代开始注重环境保护工作,但由于长期"重工业轻农业、重城市轻农村",农村地区的环境问题成为中国环保工作的短板。在某些农村地区,过去曾出现"垃圾围村""臭水河"等现象,环境污染和生态破坏日益威胁到农村居民的身心健康和社会经济发展的可持续性。到20世纪90年代后期,农村地区生态建设开始受到高度重视;2005年,中国启动社会主义新农村建设,农村环境被政府纳入治理范围;2007年,党的十七大提出了生态文明建设,农村生态文明和美丽乡村建设成为重点。从污染治理、退耕还林到生态文明和美丽乡村建设,农村环境治理与生态修复和保护正成为中国一项重要发展战略。

第一节 垃圾和水污染治理

党的十六届五中全会提出建设社会主义新农村后,中国环境治理由只重城市转向城乡并重的格局。国家出台了系列保护农村环境、治理农村垃圾和水污染的政策,增加了整治农村环境的投资,农村垃圾污染和水污染现象得到遏制,部分地区治理效果非常明显。但是,农村垃圾污染问题还远未解决,水污染仍是今后治理的重点。

一、治理农村垃圾和水污染的政策

中国对环境保护的关注可以追溯到 20 世纪 70 年代初期。1972 年 6 月,"联合国人类环境会议"在瑞典斯德哥尔摩召开,中国派代表团参加了会议。1973 年 8 月,中国召开第一次全国环境保护会议,标志着中国环境保护工作的序幕正式拉开。但是,当时的环境保护工作多集中在城市和工业领域,对农村的关注较少。中国环境治理的转折点是,2005 年党的十六届五中全会提出社会主义新农村建设的目标后,中国环境治理格局开始由只重城市转向城乡并重。2008 年,李克强在全国农村环境保护工作电视电话会议上指出了农村环境保护工作的目标和任务,提出要实施"以奖促治"政策,激励和促进地方人民政府及社会各界加大农村环境保护投入,稳步推进农村环境综合整治。2011 年全国人大通过的《国民经济和社会发展第十二个五年规划纲要》提出,要推进农村环境的综合治理,加强农村饮用水水源地保护、农村河道综合整治和水污染综合治理;强化土壤污染防治监督管理;实施农村清洁工程,加快推动农村垃圾集中处理,开展农村环境集中连片整治;严格禁止城市和工业污染向农村扩散。2013 年开始,农村环境治理工作加速推进。为保障地方政府治理环境问题的收入来源,2017 年 12 月,李克强总理签发国务院令,公布《中华人民共和国环境保护税法实施条例》,将环境保护税全部作为地方收入,有效提高了地方政府治理环境问题的积极性。截至 2017 年,中央财政累计投入 435 亿元,支持 13.8 万个建制村开展环境整治,近 2 亿农民受益,推进范围目前还在不断扩大。

新中国成立以来,在开展农村爱国卫生运动、创建文明村镇和新农村建设中,农村垃圾治理都是其中的内容之一。然而,中国对农村垃圾的全面治理是从 2010 年开始的,当时环境保护部和财政部开展了包括农村生活垃圾治理在内的农村环境整治工作。为表示治理农村垃圾问题的决心,2015 年 11 月,住房和城乡建设部等十部委联合发布《关于全面推进农村垃圾治理的指导意见》,提出到 2020 年全面建成小康社会时,全国 90% 以上村庄的生活垃圾得到有效治理,实现"有齐全的设施设备、有成熟的治理技术、有稳定的保洁队伍、有长效的资金保障、有完善的监管制度";农村畜禽粪便基本实现资源化利用,农作物秸秆综合利用率达到85%以上,农膜回收率达到80%以上;农村地区工业危险废物无害化利用处置率达到95%。该意见提出各地可因地制宜建立"村收集、镇转运、县处理"的模式,并明确了农村垃圾治理的六大任务,即建立村庄保洁制度,推行垃圾源头减量,全面治理生活垃圾,推进农业生产废弃物资源化利用,规范处置农村工业固体废物,清理陈年垃圾。目前,全国100个县正在推行农村生活垃圾分类和资源化利用示范试点。2017年中央一号文件则提出推进农村生活垃圾治理专项行动,促进垃圾分类和资源化利用,开展城乡垃圾乱排乱放集中排查整治行动。

在水污染治理方面,2015年国务院印发《水污染防治行动计划》,该计划又称"水十条",标志着政府铁腕治理水污染开始。2016年8月,中共中央办公厅、国务院办公厅印发的《关于设立统一规范的国家生态文明试验区的意见》明确提出,2016年起,开展农村生活污水三年提升专项行动,因地制宜推进农村污水治理。2017年2月,环境保护部、财政部联合印发《全国农村环境综合整治"十三五"规划》,提出到2020年新增完成13万个建制村环境综合整治的目标任务,整治重点为"好水"和"差水"周边的村庄,重点抓好农村饮用水水源地保护、生活垃圾和污水治理。

二、农村垃圾和水污染问题

自改革开放以来,中国充分利用后发优势,通过引进和学习国外先进技术,积极参与国际市场分工,经济快速发展,在较短的时间内实现了工业化、城镇化转型。自2010年以来,中国国内生产总值已位居世界第二位,仅次于美国成为世界第二大经济体。随着经济发展和居民生活水平的提高,生产活动和消费物品种类增加,环境问题亦日益凸显,垃圾和水污染成为农村环境最重要的两类污染。

据研究,2010年中国农村人均年生活垃圾产量390公斤,总排放量达到了2.34亿吨,超过城市,成为垃圾的主要制造地(黄开兴等,2012)。除了自产的垃圾,农村还是城市垃圾的主要转移地,90%以上的城市垃圾在郊外或农村堆放或填埋，截至2011年累计堆放或填埋量超过60亿吨（李佐军、盛三化，2014）。大量未能有效处理的垃圾堆在房屋前后、道路两旁和田边地头，"室内现代化、室外脏乱差"成为一些农村地区的真实写照。大量堆放的垃圾得不到有效处理，不仅影响村容整洁、危害村民健康，而且造成土壤、水、大气污染及生态系统的破坏。目前，不少农村地区处理垃圾仍旧是采取风刮或就地焚烧等传统方式，即使是进行填埋的地区，由于渗透、难降解等因素，也造成了土壤、地下水污染。近年来，中央多次颁发文件反复强调农村环境治理问题，但农村地区"垃圾围村"的局面仍未得到根本改变。2016年，中国仅有65%的行政村对生活垃圾进行处理。垃圾问题成为农村人居环境和美丽宜居乡村建设的一个主要难题。农村垃圾得不到有效处理，一方面是因为农村垃圾收集处理设施发展不足。有些村庄虽然设有垃圾固定收集点，但由于设置的收集点少、位置安排不合理，利用率很低，未能发挥相应作用。不少地区实施的"村收集、镇转运、县处理"垃圾处理方式，由于财政能力有限、垃圾处理能力不足等原因难以为继。另一方面是因为村民长期的卫生习惯难以改变，环境卫生观念、保护环境的素养尚未养成，加重了垃圾处理的难度。

除了"垃圾围村"，工业化和城镇化的快速推进导致农村水体污染严重。最直观的表现为地表水的变化：一些地方昔日河水清澈、鱼虾成群、岸边植物茂盛，如今水体恶臭、垃圾横生、个别河流两岸寸草不生。地下水的情况也不容乐观，2015年，水利部对分布于松辽平原、黄淮海平原、山西及西北地区盆地和平原、江汉平原的2103眼地下水水井进行了监测，Ⅰ、Ⅱ、Ⅲ类水占比仅为19.9%，Ⅳ类水占32.9%，Ⅴ类水占47.2%。[①]水污染的产生主要来源于两部分：生活污水和工业废水。生活污水是农村居民日常生活中产生的各种污水混合物，如各种洗涤水和粪便等。由于农村生活污水处理系统建设滞后，大部分生活污水直接进入河流、湖泊，造成水体污染。此外，随着中国经济发展和工业化推进，工业废水已成为农村水污染的重要来源。特别是，20世纪80年代乡镇企业异军突起，1990年乡镇企业以占农村2%的劳动力创造了占农村58%的产值，支付的工资

---

① 水利部水资源司、水文司：《地下水动态月报》，2016年1月。

总额达1130亿元，使全国农民人均增收135元（陈兰洲，1992）。但是，乡镇企业产业结构以资源加工型为主，技术设备落后、布局分散、环境管理滞后，这些特征决定了乡镇企业从一开始就伴随着工业污染（姜百臣、李周，1994）。而中国的环境治理一向是"重城市，轻农村"，导致农村环保监管薄弱，农村基层环保管理几乎是空白（李玉红，2017）。随着城市环保监管的强化，部分高能耗、高污染的企业逐步向农村转移，农村成为城市污染企业的"避难所"。而一些地方政府片面追求经济增长，长期以来对企业污染采取放任自流的态度，对农村工业污染起着推波助澜的作用。

三、农村垃圾和水污染治理效果

虽然中国农村地区垃圾和水污染的治理任重道远，但在中央一系列政策法规保障和社会各方共同努力下，全国治理工作快速推进，部分农村地区垃圾、污水问题得到有效控制，改变了"垃圾围村，污水乱排"的局面，农村正变得越来越美。从全国看，2006年，对垃圾和污水进行处理的村庄比例分别只有5.5%和1%；到2016年，对生活垃圾和生活污水进行处理的行政村比例分别达到65%和20%；从地区看，2016年，上海、江苏、浙江、天津、北京、海南对生活垃圾进行处理的行政村比例已经达到90%及以上，浙江、上海对生活污水进行处理的行政村比例分别达到84%和64%，江苏、北京、福建也在40%及以上。[①] 其中，浙江省被称为"垃圾革命"和污水治理的典范，2003年启动"千村示范、万村整治"工程，开始全面治理农村垃圾、污水问题；2010年继续加大环境整治力度，开展"农村环境连片整治"行动；2013年开展"五水共治"工程；2015年开展"全省覆盖拉网式农村环境综合整治"试点。截至2017年，农村生活垃圾集中收集，有效处理基本实现全覆盖，全部乡镇（街道）和96%的村庄生活垃圾得到有效治理，在2.27万个行政村中，有4500个村已经实现生活垃圾分类处理；500万户农户实现生活污水截污纳管，2.1万个村完成

[①] 建设部综合财务司编：《中国城乡建设统计年鉴（2006）》，中国建筑工业出版社2007年版；中华人民共和国住房和城乡建设部编：《中国城乡建设统计年鉴（2016）》，中国统计出版社2017年版。

污水治理，人居环境大为改善。

总体来说，农村垃圾污染还远未解决，水污染也是今后的治理重点，但是，部分地区的超前探索和成功实践，为其他地区提供了解决问题的路径，同时坚定了政府解决农村环境问题的信心。2018年中央一号文件《中共中央 国务院关于实施乡村振兴战略的意见》明确提出，实施农村人居环境整治三年行动计划，以农村垃圾、污水治理和村容村貌提升为主攻方向，稳步有序推进农村人居环境突出问题治理。此后，中共中央办公厅、国务院办公厅联合发布了《农村人居环境整治三年行动方案》，强调农村生活垃圾和污水的治理，重点将整治垃圾山、垃圾围村、垃圾围坝、工业污染"上山下乡"等问题，同时梯次推进农村生活污水治理。该方案提出，到2020年，东部地区、中西部城市近郊区等有基础、有条件的地区，人居环境质量全面提升，基本实现农村生活垃圾处置体系全覆盖，基本完成农村户用厕所无害化改造，厕所粪污基本得到处理或资源化利用，农村生活污水治理率明显提高；中西部有较好基础、具备基本条件的地区，人居环境质量较大提升，力争实现90%左右的村庄生活垃圾得到治理，卫生厕所普及率达到85%左右，生活污水乱排乱放得到管控。

第二节 农业面源污染治理

中国从20世纪90年代开始重视农业面源污染防治工作。2015年开始，国家将农业面源污染防治作为实现农业可持续发展的主要任务来抓，出台了到2020年主要农作物化肥使用量和农药使用量实现零增长的方案。农业面源污染主要是因为过于追求高产量以及化肥、农药施用方式不当而引起的。目前的治理已取得一定成效，如主要农作物的化肥和农药使用量开始下降、畜禽粪污处理和资源化利用工作初见成效、秸秆利用率显著提高等。

一、面源污染治理的法律和政策

中国的污染治理体系主要是针对城市和工业，农村污染治理起步较晚。农业面源污染治理从农药开始，1983年，中国开始禁止高残留有机氯杀虫剂滴滴涕、六六六的生产。20世纪90年代，系列农业环境保护办法，如《秸秆焚烧管理办法》《畜禽养殖业污染防治管理办法》《畜禽养殖污染物排放标准》等开始出台。1999年，国家环保总局在《加强农村生态环境保护工作的若干意见》中提出，要积极探索防治农药、化肥、农膜污染的有效途径，促进农用化学品的合理使用。2002年新修订的《中华人民共和国农业法》明确规定，应加强对种植业、畜牧业、水产养殖业废弃物的管理，防止造成环境污染和生态破坏。2006年中国政府将"加大农村面源污染治理力度，提高化肥、农药利用效率"列入了《国民经济和社会发展第十一个五年规划纲要》。2011年3月，全国人大审议通过的《国民经济和社会发展第十二个五年规划纲要》再次提出治理农药、化肥和农膜等面源污染，全面推进畜禽养殖污染防治。但是，由于污染源分散、不易治理，这些政策的可操作性不强，并没有发挥多大作用。

加强农业面源污染治理，是转变农业发展方式、推进农业现代化建设、实现农业可持续发展的重要任务。2015年开始，中国加速推进农业面源污染治理工作，农业部等有关部门先后出台了《农业环境突出问题治理总体规划（2014—2018年）》《全国农业可持续发展规划（2015—2030年）》《关于打好农业面源污染防治攻坚战的实施意见》《到2020年化肥使用量零增长行动方案》《到2020年农药使用量零增长行动方案》等政策文件。其中，《到2020年化肥使用量零增长行动方案》明确规定：2015年到2019年，逐步将化肥使用量年增长率控制在1%以内；力争到2020年，主要农作物化肥使用量实现零增长；从2015年起，主要农作物肥料利用率平均每年提升1个百分点以上，力争到2020年，主要农作物肥料利用率达到40%以上。《到2020年农药使用量零增长行动方案》明确规定：到2020年，单位防治面积农药使用量控制在近三年平均水平以下，力争实现农药使用总量零增长。2016年中央一号文件《中共中央 国务院关于落实发展新理念加快农业现代化实现全面小康目标的若干意见》提出要加大农业面源污染防治力度，实施化肥农药零增长行动和种养业废弃物资源化利用、无害化处理区域示范工程，积极推广高效生态循环农业模式。2018年召开的第八次全国生态环境保护大会又对打好农业面源污染攻坚战做出新的部署,提出要扎实推进化肥农药使用量负增长、生猪养殖布局调整和畜禽粪污资源化利用、渔业减量提质增效、农膜回收和秸秆综合利用等行动。

二、农业面源污染产生及问题

中国用不到世界10%的耕地养活了世界20%的人口,这是农业发展的一项巨大成就。全国人口规模从新中国成立初期的5亿增加到目前的近14亿,人均粮食产量从1949年的208.9公斤增加到2016年的445.7公斤,粮食及主要农产品供应增加主要在于化肥、农药和良种的使用以及水利灌溉条件的改善。联合国粮农组织指出,化肥对世界粮食的贡献率为40%~60%(Roberts,2009),因此被形象地称为"化解人类饥饿的利器"。中国也有农谚"庄稼一枝花,全靠肥当家",充分说明化肥在农业生产中的重要性及农民对化肥的重视程度。

中国大规模使用化肥始于1963年,当时主要依赖于日本和欧洲的进口,但是进口量远不能满足基本需求。1970年,人口达到8.3亿,比新中国成立初期增长了2.9亿,在人口急增而耕地有限的情况下,增加粮食单位面积产量成了当时解决中国吃饭问题的主要出路,而施用足量的优质化肥可以完成这一目标。因此,20世纪70年代中国第二次大规模引进成套技术设备浪潮中,化肥技术设备自然被作为引进的重点。13套不同类型、适合不同地区,以天然气或轻油为原料的年产30万吨合成氨和48万吨尿素的大型化肥成套设备装置分别落地河北、辽宁等省,到1974年就陆续建成投产。这批先进设备生产的尿素,有效养分高达46.3%,比国内原有的小化肥厂产出的氮肥高出近3倍(胡新民,2015),农作物增产效果明显,成功地解决了中国人的吃饭问题。虽然使用和生产起步较晚,但今天全球最大的化肥生产国和消费国却是中国。农药在中国的使用具有悠久的历史,早在公元前就有用莽草、蜃炭灰、牧鞠等灭杀害虫的记载。到20世纪70年代,中国农药的生产初步满足自给自足,虫灾得到有效控制。

家庭联产承包责任制实施后,农民的生产积极性空前高涨,化肥、农药的使用迅速增加。据国家统计局数据，2014年全国化肥使用量达5995.94万吨，与1954年相比60年间增长了100倍。农药使用量达180.69万吨。但是，无论化肥还是农药均存在使用量偏高、使用效率偏低问题。2014年，中国谷物产量占世界的20%，化肥使用量却占31%。根据农业部2015年2月发布的《关于印发〈到2020年化肥使用量零增长行动方案〉和〈到2020年农药使用量零增长行动方案〉的通知》的统计数据，2014年中国农作物亩均化肥用量达21.9公斤，远高于亩均8公斤的世界平均水平，是美国的2.6倍、欧盟的2.5倍；而2015年中国主要粮食作物（水稻、玉米、小麦）农药利用率仅为36.6%，欧美发达国家的这一指标则是50%~60%。

化肥农药的不合理利用，是造成农业面源污染的重要因素。过量使用化肥导致土壤有机质和腐殖质缺乏，土壤团粒结构遭到破坏，土壤板结，肥力下降。未被植物吸收的肥料滞留在土壤中，造成土壤污染，据2014年发布的《全国土壤污染状况调查公报》，耕地土壤点位超标率为19.4%，主要污染物为镉、镍、铜、砷、汞、铅、滴滴涕和多环芳烃，其中，镉污染最严重，超标率为7.0%。土壤滞留的氮在微生物的作用下变成氧化亚氮，破坏大气臭氧层。另外一部分未被利用的化肥通过地表或地下水系流进江河湖海，造成水体富营养化，导致鱼虾等生物大面积死亡。农药引起的污染越来越受到人们的广泛关注。中国农药主要采用大容量喷雾法，不仅会增加农药使用者接触中毒的风险，而且飘浮在空气中的有机溶剂和部分农药会污染大气。残留在土壤中的农药除了造成土壤污染、杀灭土壤有益微生物，还可以通过渗透作用到达地层深处，污染地下水。含有农药残留的作物和农田被雨水冲刷后，农药进入江河海洋，随着水循环扩散，所以，农药是一种世界范围内的污染源。除了造成严重的环境污染，农药还破坏生态系统的稳定性。例如，过量农药的使用增加了害虫、病菌的抗药性，"超级害虫""超级病菌"又逼迫人们不断加大药量及加速研制效力更高的农药。除杀灭目标害虫，农药也会殃及其他生物，破坏食物网。人类作为食物链的最顶端，不仅通过瓜果蔬菜的农药残留直接汲取农药污染，还通过食物链的富集作用间接从其他生物体内获得农药，所以，相对于自然界其他生物而言，人体内农药含量最高，即人类成为农药污染的最大受害者，因农药而导致的各种奇病、怪病相继出现，是农药对人体危害最直接的证据。除农药外，农药的包装物特别是农药瓶的随意丢弃造成土壤和水体的二次污染。

农业面源污染的另一种主要成分是农业废弃物，主要包括畜禽粪便、秸秆、农膜。随着养殖总量的大规模增加，畜禽粪便的有效和无害化处理率不足，畜禽粪便已成为农业面源污染的最大来源，并且对环境污染有日趋加重的趋势（黄季焜、刘莹，2010）。据农业部等六部委2016年8月发布的《关于印发〈关于推进农业废弃物资源化利用试点的方案〉的通知》统计，全国有24个省份的畜禽养殖化学需氧量排放量占到本地农业面源排放总量的90%以上，畜禽粪便年产量38亿吨，有效处理率不到60%。未处理的粪便随意堆放，腐败分解出有机酸、氨气、甲烷和硫化氢等有毒物质恶化周围空气，粪便污水中含有大量细菌等有害物质，排入水体造成水体黑臭。中国秸秆年产量近9亿吨，未利用的约2亿吨，未被利用的秸秆大多就地焚烧，不但破坏土壤结构，也造成空气污染。中国地膜年均使用量约200多万吨，超过其他国家的总和，当季回收率不足2/3，"白色革命"变成"白色污染"。

目前，农业面源污染已成为水体污染的重要来源之一。据《2014中国环境状况公报》，2014年全国废水中主要污染物排放量中农业源化学需氧量为1102.4万吨，占总排放量的48%；农业氨氮排放量为75.5万吨，占总排放量的31.7%。内源性污染的加大、外源性污染的扩散使中国农业资源环境遭受双重压力，农业可持续发展遭遇"瓶颈"，总体状况不容乐观。

三、农业面源污染治理成效

虽然中国农业面源污染形势严峻，任重道远，但在各方努力下，近几年治理效果明显。主要表现在以下几个方面：

（1）主要粮食作物化肥用量开始下降。虽然化肥使用总量仍旧较大，但增长率逐年下降。2016年，全国农用化肥使用量自改革开放以来首次接近零增长，2017年成功实现负增长，主要粮食作物氮肥平均使用量约为212公斤/公顷，已经低于国际标准225公斤/公顷（王衍亮，2015）。2017

年，针对果菜茶化肥使用量大的问题，农业农村部选择100个果菜茶生产大县实施有机肥替代化肥试点。

（2）农药使用量有所降低。2015~2017年全国农药使用量已连续3年负增长，虽然单位面积使用量仍高于世界平均水平，但已低于美国、日本等发达国家；高效低毒低残留及生物农药相继推广，陆续淘汰了一批高毒农药；目前，150个县正在开展果菜茶病虫全程绿色防控试点。

（3）畜禽粪污处理和资源化利用工作初见成效。综合利用率从2012年的50%提高到2015年的近60%，2015年畜禽养殖化学需氧量、氨氮排放量比2010年分别降低132万吨和10万吨，降幅达11.5%和15.4%，超额完成"十二五"减排目标（王浩，2017）。在200个生猪、奶牛、肉牛养殖大县推进畜禽粪污资源化利用。

（4）秸秆利用率显著提高。在东北、华北地区150个县开展秸秆综合利用试点，通过秸秆还田、养畜、秸秆沼气、秸秆代木、秸秆炭化等技术，2015年全国主要农作物秸秆利用量为7.2亿吨，综合利用率达80.1%。

（5）农膜回收率提高。通过新疆、甘肃等6个省（区）及新疆生产建设兵团的49个示范县实施地膜回收利用示范，新增残膜加工能力约4.6万吨，回收地膜面积约1212万亩。[①] 西北、西南地区100个县正在开展农膜回收试点。

第三节 退耕还林与生态修复

退耕还林工程在1999年开始试点，2002年在全国25个省份开始实施，涉及3200多万农户、1.24亿农民。实施该工程的目的是修复及改善"以粮为纲"时代被破坏的生态环境。退耕还林工程提高了森林植被覆盖率，改变了过去荒山秃岭、水土流失、风沙肆虐的面貌，显著改善了生态环境，增加了生物多样性。退耕还林自实施以来，被认为是"最合民意的

---

① 《农业面源污染防治攻坚战2015年工作进展及2016年工作重点》，载于《农业面源污染治理攻坚战专报》2016年第5期（总第25期）。

德政工程"。

一、退耕还林政策

1998年长江流域发生特大洪水，江西、湖南、湖北等省受灾严重。这次洪水泛滥除气候反常外，一个重要的原因是长江流域森林乱砍滥伐造成水土流失，中下游围湖造田、乱占河道影响了蓄洪和排涝。长江特大洪水说明，无限制地向自然界索取，必将遭到自然界严厉的报复。[1] 1999年8月，时任国家总理朱镕基到延安考察，提出"退耕还林、封山绿化、以粮代赈、个体承包"的"十六字"措施，要求延安人民"变兄妹开荒为兄妹植树"，实施退耕还林，建设美好家园。1999年秋季，迄今为止中国政策性最强、投资量最大、涉及面最广、群众参与程度最高的生态建设工程——退耕还林工程[2]，率先在陕西、四川、甘肃开始试点。自1995年开始，中国粮食连续5年获得丰收，粮食供给不足的矛盾已基本解决。在试点工作取得成功和粮食短缺问题基本解决的背景下，2002年1月10日，国务院西部地区开发领导小组办公室召开退耕还林工作电视电话会议，确定全面启动退耕还林工程，工程包括25个省（自治区、直辖市）和新疆生产建设兵团，共1897个县（市、区、旗），涉及3200多万农户、1.24亿农民。2002年4月11日，国务院发出《关于进一步完善退耕还林政策措施的若干意见》，明文规定要认真落实"退耕还林、封山绿化、以粮代赈、个体承包"的政策措施。国家无偿向退耕户提供粮食、现金补助。粮食和现金补助标准为：长江流域及南方地区，每亩退耕地每年补助粮食（原粮）150公斤；黄河流域及北方地区，每亩退耕地每年补助粮食（原粮）100公斤。每亩退耕地每年补助现金20元。粮食和现金补助年限，还草补助按2年计算；还经济林补助按5年计算；还生态林补助暂按8年计算。补助粮食（原粮）的价款按每公斤1.4元折价计算。补助粮食（原

---

[1] 恩格斯早在100多年前就讲到：我们不要过分陶醉于我们对自然界的胜利，每一次这样的胜利，自然界都报复了我们。每一次胜利，在第一步都确实取得了预期的结果，但是在第二步和第三步却有了完全不同的、出乎意料的影响，常常把第一个结果又取消了。

[2] 退耕还林工程主要包括退耕还林、还草、还湖、还湿地和退牧还草。

粮）的价款和现金由中央财政承担。为了进一步规范退耕还林活动、巩固退耕还林成果、改善生态环境，2002年12月6日国务院第66次常务会议通过《退耕还林条例》。到2006年底，全国累计完成退耕还林1.39亿亩，荒山荒地造林12.05亿亩，封山育林2000万亩，工程区森林覆盖率平均提高2个百分点。① 为完善退耕还林政策、巩固退耕还林成果，2007年8月9日《国务院关于完善退耕还林政策的通知》（以下简称《通知》）出台，明确规定延长退耕农户的补助时间，其中，还生态林补助8年，还经济林补助5年，还草补助2年。《通知》也宣告退耕还林政策的重点已经从扩面转移到成果巩固上来，同时也意味着退耕还林工程的暂时终结。

党的十八大把生态文明建设作为中国特色社会主义现代化事业"五位一体"总布局的一个重要组成部分。在此政策背景下，中央政府有关部门和地方政府②开始积极推动退耕还林工程的续接。2013年7月24日，全国林业厅局长座谈会在安徽合肥召开，会上提出，退耕还林工程要尽快重启。2014年，国务院批准实施《新一轮退耕还林还草总体方案》，标志着暂停7年的退耕还林工程再启征程。该方案规划，到2020年，将全国具备条件的坡耕地和严重沙化耕地约4240万亩退耕还林还草。其中，包括25度以上坡耕地2173万亩，严重沙化耕地1700万亩，丹江口库区和三峡库区15~25度坡耕地370万亩。新一轮退耕还林工程启动以来，2014~2017年国家共安排退耕还林还草任务4240万亩，其中还林3868万亩，提前3年达到方案确定的任务。2017年5月，国务院批准国家发展改革委、国家林业局等部门上报的扩大退耕还林还草规模的请示，同意调减云南等18个省（区）3700万亩陡坡耕地基本农田用于退耕还林还草，从而使新一轮退耕还林还草总规模扩大了近1倍。

二、自然资源的过度利用

新中国成立之初，因多年战争，人口骤减，国力孱弱，国家当时实行

---

① 《到2006年底全国累计完成退耕地还林1.39亿亩》，中国政府门户网站，2007年9月19日。
② 甘肃、内蒙古、贵州、湖南、湖北、四川、重庆、云南等省份都向国务院递交了重启退耕还林工作的报告。

鼓励生育的政策。仅8年时间,人口增加了1亿。人口增加需要更多的粮食,而当时生产力落后,农业以传统生产方式为主,加之自然灾害频发,粮食供不应求,居民温饱成为问题。毛泽东在1956年召开的党的八大上提出了"向自然界开战,全民建设社会主义"的经济发展战略口号,激发起全国上下斗志昂扬搞生产的热情。1957年9月,党的八届三中全会通过了《农业发展纲要四十条(修正草案)》,提出从1956年开始,在12年内,粮食每亩平均年产量,在黄河、秦岭、白龙江、黄河(青海境内)以北地区,由1955年的150多斤增加到400斤;黄河以南、淮河以北地区,由1955年的208斤增加到500斤;淮河、秦岭、白龙江以南地区,由1955年的400斤增加到800斤。以当时的生产力水平衡量,这些指标无疑定得偏高,为接下来的农业"大跃进"埋下了伏笔。1960年3月,中共中央转发农业部党组《关于全国农业工作会议的报告》,指出中国的社会主义建设已经进入一个新的阶段,在这个新阶段中,中国的农业应当是:以粮为纲,"粮、棉、油、菜、糖、果、烟、茶、丝、麻、药、杂"12个字统一安排,全面发展多种经营。"以粮为纲,全面发展"成为指导农业工作的重要方针。1960年8月,中共中央通过的《关于全党动手,大办农业,大办粮食的指示》强调,农业是国民经济的基础,粮食是基础的基础。粮食生产是比工业生产还要费力的事情,粮食问题的解决,不仅直接关系到人民的生活,而且直接影响到工业的发展。因此,加强农业战线是全党的长期的首要任务。同时还强调,保证粮食生产,不只是农业部门单独的责任,而是各部门共同的责任,全党、全民共同的责任。

农业集体化后,在农村建立了"三级所有、队为基础"的人民公社体制。人民公社社员共同劳动、平均分配,由于社员激励不足,生产效率极为低下,粮食等主要农产品长期供应短缺。在这样的背景下,整个农村地区的发展变成了片面追求粮食产量。"以粮为纲,全面发展"在急于求成思想下变成了"以粮为纲,其余砍光",加之"向自然界开战"口号的激励,全国各地以一切能用之地,集中精力搞粮食生产。

水源面积大的地区,为争取更多土地生产粮食,向水面要粮,通过"填湖造田""填河造田"等方式造成水源大面积减少。如湖南省在洞庭湖上建立了许多大坝,围堵洞庭湖湖水,历史上"八百里洞庭"变成现在的"三百里洞庭";湖北省的洪湖,1964年尚有83.2万亩,经多次围湖行动,现存水面仅为53万亩;水系发达的江苏省自1957年以来,因围湖造田所削减的湖泊达1500多平方千米,消亡的湖泊已有40多个。

在林区,为保障粮食生产,防止林木与粮食争地,大面积森林被乱砍滥伐。以湖北省为例,20世纪六七十年代,全省产林县由46个下降到了32个,成林、过熟林蓄积量比新中国成立初期下降了50%。[1] 再如,东北林区受破坏严重,从1977~1981年第2次全国森林资源清查到1984~1988年第3次全国森林资源清查之间,东北林区成材林年均过度采伐1亿立方米;而1989~1993年第4次全国森林资源清查与第3次全国森林资源清查相比,在清查间隔期内,东北林区成材林年均减少1.1亿立方米。[2]

农牧交错地带则成了生态破坏的重灾区,很多地方不顾当地实际情况,将大面积草地开垦成粮田。如内蒙古伊金霍洛旗,经过1959~1962年三年的大开荒,耕地面积达到了历史尖峰,耕地发展超越了生态承载力,耕地刚开垦出来就面临撂荒的结局,撂荒的土地因没有植被保护迅速沙漠化(张凤荣、宋乃平,2006)。

由于农业生产技术和管理理念落后,耕地被过度利用,土地质量恶化,产量降低。与此同时,快速增加的人口带来的粮食需求压力,使人们不得不掠夺式地开发土地,增加粮食生产。湖泊河流被围堵,加快了水面沼泽化的进程,水面不断缩小,地表径流调蓄出现困难,导致旱涝灾害频繁发生;大面积森林被砍伐,水土流失严重,调节气候能力减弱;草地被破坏,导致土地沙化加速,大面积绿洲变荒漠。结果,为追求粮食生产过度开发自然资源,导致生态环境破坏,破坏后的生态环境对粮食生产又形成负面影响,迫使农民进一步过度开发土地,最后形成一种恶性循环。由于无限制的掠夺式开发,导致中国水土流失、沙漠化、荒漠化严重。《全国第一次水利普查公报》显示,中国水土流失面积为294.91万平方公里,占国土总面积的30.72%。《第五次全国荒漠化和沙化土地监测结果》显示,截至2014年,全国荒漠化土地面积为261.16万平方公里,占国土面

---

[1] 杨朝霞:《践行"生态兴则文明兴"的铁律》,中国网,2015年1月23日。
[2] 殷耀、丁铭:《东北林区长时期过度砍伐 可采森林资源几近枯竭》,新华网,2003年8月12日。

积的 27.20%；沙化土地面积 172.12 万平方公里，占国土面积的 17.93%。

三、退耕还林政策效果

为期 18 年的退耕还林工程被认为是"最合民意的德政工程"。自 1999 年开始，中国累计投入退耕还林工程的资金达 4500 多亿元。据国家林业局的数据，退耕还林工程实施以来，中国累计完成退耕还林任务 4.47 亿亩，工程区森林覆盖率平均提高了 3 个多百分点，工程建设取得十分显著的生态成果（袁雪莲，2016）。监测显示，长江、黄河中上游流经的 13 个省（自治区、直辖市），经退耕还林工程改善生态环境后，每年产生的生态系统服务功能总价值超过 1 万亿元。

退耕还林工程提高了森林植被覆盖率，改变了过去荒山秃岭、水土流失、风沙肆虐的面貌，很多地区消失多年的动物再次重现，工程区一片生机盎然。工程的生态效果在曾经水土流失严重的黄土高原表现得更为明显。如率先实施退耕还林工程的革命老区延安，植被覆盖率由 2000 年的 46% 提高到 2016 年的 67.7%；退耕还林后，风沙和扬尘天气明显减少，空气优良率由 2000 年的 238 天增加到 2015 年的 282 天。[①]

退耕还林工程不仅收获了良好的生态效益，还通过耕地养护、休耕、轮作等方式实现"藏粮于地、藏粮于技"，稳定了工程区的粮食产量。另外，通过国家直补、发展经济林木、开展生态旅游、鼓励富余劳动力外出务工等方式，农民收入水平也有较大的提高。2011 年，退耕农户人均纯收入 5247 元，比 2007 年增加 2275 元，年均实际增长 11%，比全国平均水平高 1.4 个百分点（胡利娟，2013）。

第四节 农村生态文明建设

生态文明是对传统农业文明和现代工业文明的扬弃，强调人与自然和

[①] 《退耕还林 17 年国家投入 4500 亿绿水青山换来金山银山》，央视新闻客户端，2017 年 1 月 11 日。

第七章
农村环境治理与生态建设

谐相处。建设生态文明既是对过去发展方式的反思，同时也反映了社会对清洁的空气、优质的水源、优美的环境的需求。农村生态文明建设目前主要反映在美丽乡村建设和人居环境改善等方面。

一、生态文明建设的提出

自工业革命开始，人类通过对自然的征服、改造，创造了无数辉煌。当人类在为取得的成就欢呼雀跃时，自然界正在悄悄对人类进行惩罚。全球变暖、臭氧空洞、污染加剧、物种灭绝、生物多样性消失，这一系列事件使人类逐渐意识到造就辉煌的同时也给环境和生态系统带来了灾难。伦敦烟雾事件、美国洛杉矶光化学烟雾事件、日本水俣病事件等，这些人类亲手制造的灾难时刻警醒着人们，盲目追求物质财富可能带来毁灭性后果。片面追求经济发展，忽视环境承载能力或"先污染，后治理"被实践证明是一种错误的发展模式。

新中国成立之初，由于人口多、底子薄，发展经济成了第一要义。改革开放后，中国经济建设的步伐加快，以丰富的资源和廉价的劳动力换来了经济的高速增长。短短40年，中国迅速从来料加工的"车间"一跃成为世界第二大经济体，这充分说明了中国人民的吃苦耐劳和智慧。但是，中国高速发展的同时也产生了大气污染、水污染、土壤污染、水土流失、生物多样性遭到破坏等系列问题，生态环境越来越成为发展的短板。随着世界范围内可持续发展的推进，国人重新思考发展的目的、经济发展与生态环境的关系以及人与自然的关系。

二、生态文明制度设计

2007年，党的十七大报告首次提出"建设生态文明"并将其作为全面建设小康社会的新要求。不同学者对生态文明的内涵给予了不同的解读。沈国舫认为，生态文明是人类继原始文明、农业文明、工业文明之后的第四次文明，其实质是人与自然和谐共存，是人类社会实现可持续发展的必然要求（彭科峰，2013）。陈瑞清（2007）认为生态文明是一个高度复杂的系统，它包含生态环境层面、物质层面、技术层面、机制和制度层面以及思想观念层面等的重大变革。综合而言，生态文明是对传统农业文明和现代工业文明的扬弃，强调人与自然和谐相处（严耕、杨志华，2009）。2011年召开的第七次全国环境保护大会确定了发展与环境保护的关系，即在发展中保护、在保护中发展。这一理念开创了中国环境保护工作的新局面。2012年11月，党的十八大从新的历史起点出发，综合考虑中国资源约束趋紧、环境污染严重、生态系统退化的严峻形势，作出"大力推进生态文明建设"的战略决策，首次将生态文明建设作为中国特色社会主义现代化事业"五位一体"总体布局的一个重要部分。

此后召开的党的十八届三中、四中全会分别就生态文明建设作出了重要部署，强调要"建立系统完整的生态文明制度体系""用严格的法律制度保护生态环境"，生态文明建设被提升到制度层面。为进一步突出生态文明建设的重要性和紧迫性，2015年4月，中共中央、国务院发布了《关于加快推进生态文明建设的意见》，提出到2020年，资源节约型和环境友好型社会建设取得重大进展，主体功能区布局基本形成，经济发展质量和效益显著提高，生态文明主流价值观在全社会得到推行，生态文明建设水平与全面建成小康社会目标相适应。该意见尤其提出要确立生态文明重大制度，如基本形成源头预防、过程控制、损害赔偿、责任追究的生态文明制度体系，在自然资源资产产权和用途管制、生态保护红线、生态保护补偿、生态环境保护管理体制等关键制度建设方面须取得决定性成果。2015年9月，中共中央、国务院印发《生态文明体制改革总体方案》，该方案作为中国生态文明建设的顶层设计，阐明了中国生态文明体制改革的指导思想、理念、原则、目标等重要内容。党的十八届五中全会进一步强调"必须牢固树立并切实贯彻创新、协调、绿色、开放、共享的发展理念"，再次强调生态文明建设的重要性。2017年，党的十九大报告提出"加快生态文明体制改革，建设美丽中国"，将生态文明建设提高到美丽中国的高度。2018年3月，十三届全国人大一次会议通过的《中华人民共和国宪法修正案》，将国务院行使的职权由"领导和管理经济工作和城乡建设"扩展为"领导和管理经济工作和城乡建设、生态文明建设"，坚定了中国未来生态文明建设与经济社会发展并重的发展模式。2017年召开的第八次全国生态环境保护大会提出要加大力度推进生态文明建设,坚决打好污染防治攻坚战,推动中国生态文明建设迈上新台阶。

三、农村生态文明建设

生态文明建设是一个系统而伟大的工程,主要包括两大部分,即城市生态文明建设和农村生态文明建设。由于农村的发展落后于城市,又由于农村、农业发展对生态系统的依赖性更高,因此,相较于城市,农村生态文明建设更紧迫,也更困难。只有农村生态文明建设取得实际效果,中国的生态文明建设才会有根本性的改变和质的突破。

党的十八大报告指明了推进生态文明建设的具体途径,即"着力推进绿色发展、循环发展、低碳发展"。根据党的十八大精神,中共中央、国务院在《关于加快推进生态文明建设的意见》中,从美丽乡村建设、农业面源污染防治、城乡环境综合整治等方面,对加强农村生态文明建设进行了总体安排。《中共中央 国务院关于实施乡村振兴战略的意见》则明确提出了推动乡村绿色发展和生态振兴的重点任务,即统筹山水林田湖草系统治理、加强农村突出环境问题综合治理、建立市场化多元化生态补偿机制、增加农业生态产品和服务供给。中共中央办公厅、国务院办公厅发布了《农村人居环境整治三年行动方案》。国务院各部门也就农村生态文明建设提出了各自的努力方向。例如,农业农村部强调农村经济发展、农业技术推广、可再生能源开发利用、生态环境保护、乡村文化建设;水利部强调农业节水灌溉和农村沟塘治理;国家林业和草原局强调林业建设。在各方的共同努力下,农村生态文明建设取得一定的效果。

农村生态文明建设取得的进步首先表现为森林覆盖率提高。2015年,西起大兴安岭、东到长白山脉、北至小兴安岭,绵延数千公里的原始大森林里实施禁伐(侯雪静、高敬,2017)。党的十八大以来,2013~2017年5年间全国共造林5.08亿亩,森林覆盖率达到21.66%,成为全球森林资源增长最多的国家(张兴国、刘倩玮,2018)。其次表现在地表水水质改善。与2012年相比,2017年全国地表水好于三类水质所占比例提高了6.3个百分点,总比例达到67.9%,劣五类水体比例下降了4.1个百分点。第三表现为治沙成绩显著。2012~2016年，全国治理沙化土地共计1.26亿亩，沙化土地面积缩减了1485万亩。据《中国荒漠化和沙化状况公报》，2009~2014年，中国荒漠化土地面积年均减少2424平方公里，沙化土地面积年均减少1980平方公里。第四表现为生活质量明显提高。截至2014年，全国农村改水累计受益人口9.15亿，受益率为95.8%。2000~2017年，农村累计使用卫生厕所户数从0.96亿户增加到2.17亿户，卫生厕所普及率由44.8%提高到81.7%。第五表现为农村休闲农业和乡村旅游发展迅速，这是直接得益于生态文明建设的。截至2015年底，全国休闲农业专业村达9万个，休闲农业园超过10万家，年接待人数达11亿人次，经营收入达3500亿元，带动3300万农民受益。[①]

农村生态文明建设的主要形式之一是美丽乡村建设。自浙江省安吉县首次提出"中国美丽乡村"以来，浙江省已有70%左右的县（市、区）完成美丽乡村建设。2014年，农业部开展了中国最美休闲乡村和中国美丽田园推介活动。在农业部和其他部门的推动下，美丽乡村建设迅速在全国铺开。美丽乡村建设以生态文明建设为抓手，是新农村建设的具体化和升级版。近年来，各地通过加快推进美丽乡村建设，农村生态环境和人居环境大为改善。在推进美丽乡村建设的过程中，各地形成了一批各具特色的具体模式，如安吉模式、临安模式、湖州模式、宁国模式等。浙江安吉2008年在全国首先提出建设美丽乡村，通过以建设生态文明为前提，依托现代特色优势农业，大力发展以农产品加工业为主的第二产业和以休闲农业、乡村旅游为龙头的第三产业，提高农民素质，改善农村环境和村容村貌，走上了农业强、农村美、农民富、人与自然和谐相处的生态文明之路。2009年安吉县获得"中国人居环境奖"，2012年获得"联合国人居奖"。临安的农村污水治理最具特色，采用"因户而异""一户一策"实现农村污水治理全覆盖，连年被评为浙江省农村生活污水治理优胜县。

[①] 中华人民共和国农业部：《2016中国农业发展报告》，中国农业出版社2016年版。

第八章

宜居乡村建设

建设生态宜居的美丽乡村是实施乡村振兴战略，加快推进农业农村现代化的重要内容。新中国成立以来，中国从提升村容村貌和村庄规划水平、加强信息化建设、塑造乡村文化内涵等方面积极推进乡村建设，努力将中国乡村建设成内外兼修、美丽宜居的新乡村。

第一节 村容村貌与村庄规划

村容村貌和村庄规划最直接地展现了农村经济和社会的发展水平，是农村的"面子"，也是整个国家的"面子"。新中国成立以来，农村基础设施不断完善，村容村貌显著提升，村庄规划的重要性逐渐凸显。

一、村庄规划与村容村貌建设的起步

新中国成立初期，百废待兴，这一时期的农村工作以恢复农业生产为主，但同时也开展了旨在改善农村人居环境的村容村貌建设工作，主要包括开展新村和居民点建设，修建农房、道路、学校、医院等生活基础设施等。此外，政府还领导农村进行了爱国卫生运动，使农村的卫生环境得到很大改善。

农村基础设施建设主要靠集体投工投劳,由政府通过行政命令组织农民完成。这一时期国家财政非常困难,且为了保障城市和工业优先发展,在乡村建设方面的财政投入非常有限。不仅如此,政府还以工农业产品"剪刀差"等形式,从农村吸取了大量资金支援国家建设。但由于党在人民群众中具有极高威信,依靠意识形态和政治动员的强大力量,农村基础设施建设和爱国卫生运动取得了很大成绩。到1978年底,全国县乡公路达58.61万公里,比1959年增长94.7%,其中达到等级标准的道路约26万公里;不通公路乡(镇)比重为9.5%,比1959年下降16.5个百分点;不通公路村(队)比重下降到34.2%。① 在饮水方面,国家采取人畜分塘饮水,增设大口井井台和井口加盖,建造手压机井,建设简易引泉工程等方式,积极解决农村居民饮水困难。到20世纪70年代末,随着以管水、管粪为中心的"两管五改"(指管水、管粪、改水井、改厕所、改畜圈、改炉灶、改造环境)大规模发展,全国农村居民中已有约50%的人口能够饮用比较清洁卫生的水(苗艳青、陈文晶,2016)。

为配合农业生产的恢复以及农村生产生活基础设施的建设,政府重新设置并调整了村镇行政区划范围、对农村土地用途和基础设施建设进行了规划,而且要求规划与当时的农业集体化运动、知识青年下乡运动等紧密结合。但总的来看,这一时期的村庄规划还较为简单、零散,而且由于农业集体化运动充满波折,村庄规划的内容和要求没能得到很好的实施。

二、城镇化推进中的村容村貌建设与村庄规划

改革开放后,农村经济也得到快速发展,长期以来财政投入以改善农业生产条件为主、兼顾改善农民生活条件的局面得以改变,农村生活基础设施建设快速发展。

乡村道路建设取得了巨大成就。1984~1994年,国家先后实施了7批以工代赈计划来解决乡村地区尤其是贫困地区的行路难问题。1994年国务院制

---

① 《依靠群众农村公路火线扩容》,http://www.chinahighway.com/news/2003/41662.php,2003年5月16日。

第八章
宜居乡村建设

定了"八七"扶贫计划，要求用7年左右时间（1994~2000年），使绝大多数贫困乡镇以及商品产地的地方通公路。据全国爱国卫生运动委员会办公室统计，1980~1995年，中国公路里程增长了27.4万公里，其中，县乡道路占80%以上，但乡村道路投资不到全国公路建设投资的10%。"十五"期间农村公路建设实现了历史性突破，五年完成农村公路建设投资4178亿元，是"九五"时期的3倍。截至2005年底，全国县道、乡道里程达到147.57万公里，比1978年增长1.52倍。2006年，交通部将村道纳入公路里程统计。截至2006年底，全国农村公路（含县道、乡道、村道）里程达302.61万公里，全国98.3%的乡镇通了公路，86.4%的建制村通了公路。[①]

农村饮水卫生条件也得到显著改善。改革开放初期，全国农村仍有5亿农民饮用不符合卫生标准的水，其中，约有1.5亿人长期饮用被严重污染了的地面水，4500多万人仍饮用高氟水，600多万人长期饮用苦咸水，另外，全国仍有5600多万边远和山区农民过着严重缺水的生活（牛文臣，2001）。面对这一形势，1983年卫生部颁布了《改水防治地方性氟中毒暂行办法》，1984年国务院办公厅转发了水利电力部《关于加速解决农村人畜饮水问题的报告》和《关于农村人畜饮水工作的暂行规定》，1991年国家制定了《全国农村人畜饮水、乡镇供水10年规划和"八五"计划》，1994年又把解决农村人畜饮水困难纳入《国家八七扶贫攻坚计划》，2000年编制了《全国解决农村饮水困难"十五"规划》，2004年水利部、卫生部颁布了《农村饮用水安全卫生评价指标体系》。政府财政投入也继续加大，农村饮水条件改善工作取得显著成效。截至2002年底，全国农村改水累计总投资达705.75亿元，受益人口9.47亿人，占农村人口的91.67%（苗艳青、陈文晶，2016）。另据全国爱国卫生运动委员会办公室统计，1987~2004年，全国农村自来水厂（站）由20.4万座累计发展到64.67万座，集中式供水受益人口由1.74亿累计发展到5.67亿。到2005年末，全国建制镇、集镇、村庄用水普及率分别达84.7%、67.2%、45.1%。

在此期间，中国初步完成了村镇规划法规体系的构建和政府职能机构的

---

① 中华人民共和国交通部：《2005年公路水路交通行业发展统计公报》，http://www.mot.gov.cn/fenxigongbao/hangyegongbao/201510/t20151013_1894750.html。

设立。1982年国家建设委员会、国家农业委员会联合颁布了《村镇规划原则》。1993年6月国务院发布了《村庄和集镇规划建设管理条例》。1993年9月建设部发布了《村镇规划标准》，1995年又发布了《建制镇规划管理办法》，2000年出台了《村镇规划编制办法》。同时，全国大部分省（自治区、直辖市）也制定了相应的地方性法规和标准。截至1995年底，全国约78%的镇、59%的集镇、18%的村庄对初步规划进行了修编或调整完善。1996年底，全国所有的省（自治区、直辖市）、98%的县（市）和67%的镇（乡）设立了村镇建设管理机构（赵虎、郑敏、戎一翎，2011）。

但总的来看，这一时期，国家仍然实行工业和城市优先政策，经济的整体发展使农村获得的财政投入虽有所增加，农村基础设施条件也有了较大改善，但与城市的差距也日益明显扩大。而且，农村基础设施建设资金投入主要依靠乡镇政府财政资金、村民自筹和投工投劳，且乡镇政府的财政资金也主要来源于农民缴纳的农业税及其他收费，农村基础设施建设的实际出资人仍然是农民，国家与农村农民的关系整体仍呈现出多取少予的状态。财政分权和农业税费改革后，农民负担得以减轻的同时，基层政府收入也明显减少，农村基础设施供给能力更加不足。这一时期的村镇规划或者村庄规划，更多也是"城市取向"，是为了更好地满足城镇化的需要，更多体现为城乡规划中的附属部分，虽强调要避免城市大规模扩张对农村基本农田和环境的破坏，但执行效果并不理想，部分农村地区在城镇化快速推进的过程中甚至逐渐呈现空心化、脏乱差等衰败落后的局面。

三、城乡统筹发展的社会主义新农村建设

随着经济的发展和国家财力的增强，面对城乡差距的扩大和农村的相对落后，2005年，党的十六届五中全会提出了建设"生产发展、生活宽裕、乡风文明、村容整洁、管理民主"的社会主义新农村的目标，确立了统筹城乡发展，工业反哺农业、城市支持农村的新思路，国家对农村多取少予的状况得到根本转变。开展村庄整治，提升村容村貌成为这一时期的主要任务，村庄规划也从"城市取向"转变为"农村取向"。

中央出台了一系列文件来推进村庄整治和村容村貌的提升。2005年，

建设部出台《关于村庄整治工作的指导意见》,此后多个中央一号文件也对相关工作进行了部署。各地都根据中央要求开展了村庄整治工作,其中,浙江省开展的"千村示范、万村整治工程"是最典型代表。需要指出的是,这一时期,村庄"空心化"现象日益严重,顺应这一趋势,部分地区将调整乡镇建制、迁居并村、引导农民集中建房等措施纳入村庄整治工作之中。

乡村道路建设是新农村建设和村庄整治的工作重点。2006年,国家开始实施"村村通公路"工程,中国农村公路建设实现了突飞猛进的发展。"十一五"期间,全国农村公路建设累计完成投资9540.58亿元,新改建农村公路187.12万公里。到2010年,全国农村公路(含县道、乡道、村道)里程达350.66万公里,全国通公路的乡(镇)占全国乡(镇)总数的99.97%,通公路的建制村占全国建制村总数的99.21%,通硬化路面的乡(镇)占全国乡(镇)总数的96.64%,通硬化路面的建制村占全国建制村总数的81.70%。[1]

这一时期,经济发展带来的水污染问题也越来越严重,中央提出农村饮水工作重点从饮水解困向保障饮水安全转变。2005年国家正式启动农村饮水安全工程,2006年通过《全国农村饮水安全工程"十一五"规划》,此后饮水安全工程加快实施。"十一五"期间,国家累计安排农村饮水安全工程建设中央投资590亿元,解决了2.15亿农村居民及农村学校师生的饮水安全问题,占"十一五"规划任务的134%,提前1年完成"十一五"规划目标,提前6年实现了《联合国千年宣言》提出的到2015年将饮水不安全人口比例降低一半的目标。[2] 农村供水设施也进一步完善。据第一次全国水利普查公布数据显示,2011年底全国共有农村供水工程5887.46万处,其中,集中式供水工程92.25万处,分散式供水工程5795.21万处。农村供水工程总受益人口8.12亿,其中,集中式供水工程受益人口5.49亿,分散式供水工程受益人口2.63亿。

伴随着新农村建设的开展,政府也更加重视村庄规划,并形成了城乡

---

[1] 中华人民共和国交通运输部:《2010年公路水路交通运输行业发展统计公报》,http://www.mot.gov.cn/fenxigongbao/hangyegongbao/201510/t20151013_1894757.html。

[2] 根据国家发展和改革委员会:《农村基础设施建设发展报告(2011)》,国家发展改革委官方网站,2011年10月18日相关数据整理。

统一规划管理的思路。2006年中央一号文件要求科学制定社会主义新农村建设规划，各级政府安排资金支持编制村庄规划试点；同年，建设部出台《县域村镇体系规划编制暂行办法》。自2008年1月1日起实施的《中华人民共和国城乡规划法》，将城乡规划分解为城镇体系规划、城市规划、镇规划、乡规划和村庄规划，并明确规定了村庄规划的内容；同年1月，建设部出台《关于贯彻实施〈城乡规划法〉的指导意见》，要求各地在制定城乡规划的过程中应统筹考虑城市、镇、乡和村庄发展，强化对乡村规划建设的管理，完善乡村规划许可制度。2010年，住房和城乡建设部出台《镇（乡）域规划导则（试行）》《城市、镇控制性详细规划编制审批办法》，对《中华人民共和国城乡规划法》进行配套。由于村庄整治是这一时期的工作重点，2013年住房和城乡建设部还专门出台了《村庄整治规划编制办法》，以引导各地更科学的开展村庄整治。

四、村庄规划主导的美丽宜居乡村建设

在地方实践的基础上，2013年中央一号文件提出了"努力建设美丽乡村"的总体要求，2016年中央一号文件进一步提升为开展"美丽宜居乡村建设"，此后，中国的乡村建设进入美丽宜居乡村建设时期。

村庄整治与村容村貌提升面临更高更全面的要求。2013年，中央投入30亿元在7个省130个县（市、区）、295个乡镇、1146个行政村创建"美丽乡村"试点。2014年2月，农业部发布美丽乡村建设十大模式，为全国的美丽乡村建设提供范本和借鉴。2014年5月，国务院办公厅印发《关于改善农村人居环境的指导意见》，同年开展了农村人居环境调查，启动全国农村人居环境信息系统的建设。2017年，环保部、财政部联合印发《全国农村环境综合整治"十三五"规划》，明确到2020年，新增完成环境综合整治的建制村13万个，累计达到全国建制村总数的1/3以上。2018年，中共中央办公厅、国务院办公厅印发《农村人居环境整治三年行动方案》，进一步明确了到2020年的具体任务和工作目标。2019年，中央要求在全国范围内深入学习浙江"千村示范、万村整治"工程经验，扎实推进农村人居环境整治工作。这一系列政策措施有力推动了农村人居环境的改善。

第八章
宜居乡村建设

农村基础设施的完善被纳入美丽宜居乡村建设工作之中。农村道路在公里数继续提升的同时，更注重公路建设质量。截至2017年底，全国农村公路里程达400.93万公里，其中，乡道115.77万公里，村道230.08万公里，通硬化路面的建制村占全国建制村总数的98.35%。[①] 农村饮水安全工程圆满完成。"十二五"期间不仅全面解决了规划内2.98亿农村居民和11.4万所农村学校的饮水安全问题，还解决了特殊困难地区规划外新出现的567万农村居民的饮水安全问题，建成区域水质检测中心2300多处，全国农村集中供水人口比例达到82%，饮水安全问题基本得到解决。[②] 到2017年，全国建制镇供水普及率已达到88.1%，乡达到78.78%，村庄也达到75.51%。[③]

村庄规划得到了前所未有的重视，主导性地位得以确立。2015年11月，中共中央办公厅、国务院办公厅印发《深化农村改革综合性实施方案》，要求尽快修订完善县域乡村建设规划和镇、乡、村庄规划。随后住建部出台《关于改革创新、全面有效推进乡村规划工作的指导意见》，确立了县（市）域乡村建设规划的先行及主导地位，提出到2020年，全国所有县（市）要完成县（市）域乡村建设规划编制或修编，实现农房建设都有规划管理，行政村有基本的村庄整治安排。2016年住房和城乡建设部开展县（市）域乡村建设规划和村庄规划试点工作。2017年中央一号文件要求加快修订村庄和集镇规划建设管理条例。2019年1月，中央农村工作领导小组办公室、农业农村部等部门联合发布《关于统筹推进村庄规划工作的意见》，要求统筹谋划村庄发展定位、主导产业选择、用地布局、人居环境整治、生态保护、建设项目安排，坚持县域一盘棋，推动各类规划在村域层面"多规合一"；以多样化为美，防止"千村一面"。2019年中央一号文件《中共中央国务院关于坚持农业农村优先发展做好"三农"工作的若干意见》也对村庄规划进行了强调。

应该说，当前中国已经进入建设"宜居宜业的美丽乡村"的新阶段，

[①] 中华人民共和国交通运输部：《2017年交通运输行业发展统计公报》，交通运输部官方网站，2018年3月30日。

[②] 中华人民共和国水利部：《2015年度及"十二五"农村饮水安全工程建设超额完成任务》，水利部官方网站，2016年1月26日。

[③] 住房和城乡建设部：《中国城乡建设统计年鉴（2017）》，中国统计出版社2018年版。

2018年中央一号文件明确提出"持续推进宜居宜业的美丽乡村建设"的新要求后,未来乡村建设将在村容村貌美丽、村庄规划主导的基础上,向留住、吸引和发展农村产业的方向努力。

第二节 农村信息化建设

中国农村信息化建设起步较晚,20世纪80年代左右才开始。进入21世纪后,为弥补城乡差距,中央开始高度重视农村信息化工作,让农村发展搭上了信息化直通车。

一、农村信息化起步

20世纪七八十年代是中国农村信息化的起步阶段。随着计算机技术逐渐进入农业领域,1987年农牧渔业部成立信息中心,同年,科技部星火计划开始实施,自此,有政策保障、有组织推动的农村信息化工作在中国开展起来。

总的来看,这一时期,中国农村信息化主要是适应社会主义市场经济建设,以建立农村经济信息系统特别是市场信息体系为突破口,以"金农工程"建设为重点,以农业科技信息化为先导。农村信息化还处于为国家宏观层面农业生产、经营、管理服务的系统或者信息网络研发阶段,主要是农业部和科技部在组织实施。1992年,农业部制定了《电子信息系统推广应用工作"八五"计划及十年设想》《农村经济信息体系建设方案》《农村经济信息系统建设规划》,成立了农村经济信息体系领导小组。1994年,农业部成立主管信息工作的市场信息司,随后各省(自治区、直辖市)农业部门相继成立了对口的信息工作机构;同年12月,国家经济信息化联席会议第三次会议召开,提出要实施"金农工程",建立农业综合管理和服务信息系统。1995年,农业部制定《农村经济信息体系建设"九五"计划和2010年规划》。1996年中国农业信息网建成开通,并为省、地农业部门和600多个农业基点调查县配备了计算机,实现了统计数据的计算机处理。1997年10月,

"中国农业科技信息网"开始运行。1998年11月,科技部出台《关于农业信息化科技工作的若干意见》,决定开发一批农业专家系统和信息咨询服务系统,建成不同层次的综合农业科技信息系统。在国家积极推进农村信息化建设的同时,一部分省(自治区、直辖市)的信息网络建设也开始起步。

二、农村信息化的快速成长

从20世纪末开始,政府开始推动农村信息化基础设施的建设工作,重点是农村经济和市场信息基础设施的建设,对农村信息化更加重视,农村信息化被写入众多的"十五"规划中。

在中央的推动下,农村信息化设施和网络全面向基层延伸。1998年,"广播电视村村通"工程开始实施,截至2005年底,国家共投入建设资金34.4亿元,完成了11.7万个行政村、10万个50户以上自然村的"村村通广播电视"任务,解决了近1亿农民群众收听收看广播电视的问题。[①] 1999年国家实施"电波入户"工程,利用县级电台、电视台,向广大农村传播实用技术和农产品产销与价格信息。2004年,开展"电话村村通工程",截至2005年底,全国97.1%的行政村开通了电话。[②] 这一时期,农村信息化管理和服务机构逐渐健全。截至2005年中,全国有29个省级农业行政主管部门设立了信息工作的职能机构,97%的地(市)、80%左右的县级农业部门设置了农业信息管理和服务机构,56%的乡镇成立了信息服务站,发展农村信息员队伍近17万人。[③] 农业信息网站建设也取得了长足发展。截至2005年,农业部初步建成了以中国农业信息网为核心、集20多个专业网站为一体的国家农业门户网站;各省(自治区、直辖市)农业行政主管部门均建立了农业信息网站,有83%的地级和45%的县级农业部门建立了网站;全国乡镇农村信息服务站中有计算机并可以上网的有

---

① 国家发展改革委、财政部、国家广播电视总局:《"十一五"全国广播电视村村通工程建设规划》,国家发展改革委官方网站,2007年10月16日。
② 国家统计局:《中国统计年鉴(2007)》,中国统计出版社2007年版。
③ 梁宝忠:《因地制宜、创新模式,不断丰富农业信息服务内涵》,http://www.moa.gov.cn/ztzl/15jssh/200506/t20050614_392157.htm,2005年6月14日。

1.7万多个,占乡镇总数的41%。一些中介组织、大的涉农企业集团,甚至民营企业结合自己的服务对象和业务,也开设了具有特色的面向农业农村的信息服务网站。据统计,2005年全国涉农网站约有6389个,在中国农业信息网上自愿登记注册的农业网站已达4372家。①

除此之外,农村信息化覆盖的范围明显扩大,开始广泛向医疗、教育、党建、文化等领域延伸。2002年,文化部和财政部开始实施覆盖农村的全国文化信息资源共享工程,通过卫星和互联网等手段,将优质文化信息资源传送到基层。2003年,农业部正式启动"金农工程"一期项目建设;中共中央组织部(以下简称"中组部")开展农村党员干部现代远程教育试点工作;教育部启动农村中小学现代远程教育工程。

可见,20世纪末以来,中国农村信息化得到了快速成长,农村信息基础设施建设取得很大进展,服务范围不断扩展。除农业部、科技部、财政部外,国家计委(国家发展改革委)、商务部、文化部、教育部、中组部等都投入到了农村信息化建设中来,但整体还呈现各自为战的局面。

三、农村信息化的全面深入推进

建设社会主义新农村以来,中央对农村信息化工作更加重视,将之作为加快城乡统筹的重要手段。这一时期,中央开始强调各类涉农信息资源的整合利用,出台了一系列推动农村信息化建设的专门政策文件,大力推动农村信息化设施拓展到村和自然村,打通农村信息化"最后一公里",各项农村信息化专项工程取得了显著成效。

农村信息化设施从行政村层面继续向下延伸。"村通工程"从行政村向自然村拓展,通信设施从广播电视电话为主转为宽带网络建设为主。2004~2013年,"通信村村通"工程累计投入870亿元,20.4万个行政村和自然村开通电话,11.1万个乡镇和行政村通宽带,通电话自然村的比例达到95.6%,通宽带行政村的比例从72%提升到91%。全国乡镇开展信

---

① 《认清形势、协同努力,大力推进农业信息化建设》,http://www.moa.gov.cn/xw/zwdt/200508/t20050824_444832.htm,2005年8月24日。

息下乡活动覆盖率达到85%，建成乡镇、村信息服务站点共计33.8万个。①

"金农工程"服务网络逐渐拓展到村一级。2014年金农工程一期项目通过竣工验收。项目建成了互联互通的国家和省两级农业数据中心、国家农业科技数据分中心、国家和省级粮食购销调存数据中心、国家农业综合门户网站和农业监测预警、农产品和生产资料市场监管、农村市场和科技信息服务三大类应用系统；构建了部省两级信息安全管理体系、技术体系、运维体系和农业电子政务标准规范体系；带动新建和完善了1500多个县级农业信息服务平台，建成了1.1万多个"六有"乡镇信息服务站和"五个一"标准的村级信息服务点，②累计培训农村信息员21万人次。③

农村信息"三电合一"服务平台不断涌现。2005年，农业部开展农业110综合信息服务中心建设试点工作，通过电话、计算机、电视"三电合一"，为农民提供科技、市场等信息服务。截至2010年底，该项目先后搭建了19个省级、78个地级和324个县级农业综合信息服务平台，惠及全国约2/3的农户。④各地政府部门也积极探索农村信息化建设，涌现了一批如浙江农民信箱、吉林12316、甘肃金塔、上海的"农民一点通"等具有本地特色的农业信息服务模式。在此基础上，2006年农业部开通了12316农业公益服务热线，对各地、各系统的公益服务热线进行了统一，服务范围不断延伸。截至2013年底，12316已覆盖全国1/3的农户，年均助农减损增收逾百亿元。⑤

文化资源共享工程建设取得显著成效。截至2011年底，工程已初步建立了国家、省、地市、县区、乡镇（街道）、村（社区）6级数字文化服务网络，建成2840个县级支中心（覆盖率达99%）、28595个乡镇基层

---

① 农业部发展计划司：《金农工程一期项目通过竣工验收》，http://jiuban.moa.gov.cn/zwllm/2wdt/201406/t20140620_3946187.htm，2014年6月20日。

② "六有"指有场所、有人员、有设备、有宽带、有网页、有持续运营能力。"五个一"标准指有1~2名专职或兼职信息服务人员、有一套组织（队伍）网络、有一套管理和服务制度、有一套设备（如计算机、打印机等）、有一条专用电话线，并注册应用农村供求信息全国联播系统（一站通）等信息系统。

③ 农业部发展计划司：《金农工程一期项目通过竣工验收》，http://jiuban.moa.gov.cn/zwllm/2wdt/201406/t20140620_3946187.htm，2014年6月20日。

④ 农业部：《中国农业农村信息化发展报告（2010）》，http://www.moa.gov.cn/ztzl/sewgh/fzbg/，2011年12月7日。

⑤ 《12316公益服务回顾与展望》，http://www.moa.gov.cn/xw/zwdt/201403/t20140316_3815408.htm，2014年3月16日。

服务点（覆盖率达83%）、60.2万个村基层服务点（覆盖率达99%），数字资源建设总量达到136.4TB。①

四、农村信息化的"互联网+"发展

随着新一代信息技术的发展，互联网成为创新最活跃、渗透最广泛、影响最深刻的领域，为此，党的十八大做出了"促进工业化、信息化、城镇化、农业现代化同步发展"的重要战略部署，中国农村信息化进入"互联网+"的崭新发展阶段。以互联网建设为主要内容的信息进村入户工作、农村电商的发展是这一时期农村信息化的重点工作。

中央对农村信息化高度重视，一系列中央文件密集出台。2013年8月，国务院出台《关于促进信息消费扩大内需的若干意见》，明确了"十二五"时期农村信息基础设施建设的目标。2015年7月，国务院下发《关于积极推进"互联网+"行动的指导意见》。2016年4月，农业部等八部门出台了《"互联网+"现代农业三年行动实施方案》。2016年8月，农业部发布《"十三五"全国农业农村信息化发展规划》，要求推动"宽带中国"战略在农村深入实施。2018年1月，中央一号文件明确提出"实施数字乡村战略"，弥合城乡数字鸿沟。2019年5月，中共中央办公厅、国务院办公厅又发布了《数字乡村发展战略纲要》，进一步明确了数字乡村建设的总体要求、战略目标、重点任务和保障措施，并提出了发展农村数字经济、建设智慧绿色乡村的要求。

在上述文件精神和"宽带中国战略"的指引下，信息进村入户和惠民工程深入实施，宽带等农村信息化基础设施不断完善。2017年底，全国行政村通宽带的比例达到了96%，每百户农民手机拥有量超过300部。② 截至2018年6月，中国农村网民占比为26.3%，规模为2.11亿，农村地区互联网普及率为36.5%。③ 截至2018年5月底，全国共建设运营益农信息

---

① 文化部全国文化信息资源建设管理中心主编：《全国文化信息资源共享工程工作简报》，2012年第17期。
② 《益农信息社：铺就"数字农村"网》，载于《经济日报》2018年7月17日。
③ 中国互联网络信息中心：第42次《中国互联网络发展状况统计报告》，http://www.cac.gov.cn/2018-08/20/c_1123296882.htm，2018年8月20日。

社 20.4 万个，累计培训村级信息员 63.3 万人次，为农民提供公益服务 8250 万人次、开展便民服务 2.9 亿人次，实现电子商务交易额 177 亿元。①

农村电商在国家的扶持下得到高速发展。近年来，国务院有关部门出台了一系列文件，如国务院办公厅发布的《关于促进农村电子商务加快发展的指导意见》、农业部、国家发展改革委、商务部印发的《推进农业电子商务发展行动计划》，以及农业部办公厅印发的《农业电子商务试点方案》等，对农村电商的发展进行了专项部署。在国家政策的有力推动下，电子商务进农村综合示范、"互联网＋"现代农业等工作从中央到地方相继启动，农村电商加快发展。阿里巴巴的"千县万村"计划、京东的"星火燎原"、苏宁的"乡村易购"、中国邮政的"邮掌柜"、联想的"云农场"等，各类企业加速进入农村电子商务领域。截至 2019 年初，电子商务进农村示范县已达 1016 个，其中，国家级贫困县 737 个，覆盖全国贫困县总数的 88.6%，累计服务 2.4 万个贫困村的建档立卡贫困户 837.6 万人，户均增收 800 元。② 农村和农产品网络零售规模呈现加速增长态势。据商务大数据监测显示，2018 年全国农村网络零售额达到 1.37 万亿元，同比增长 30.4%；全国农产品网络零售额达到 2305 亿元，同比增长 33.8%。2019 年 1 月 1 日，《中华人民共和国电子商务法》正式实施，明确把农村电商和电商扶贫列为国家电子商务的重点方向，更从法律层面保障了农村电商的发展。

总之，中国的农村信息化建设虽然起步较晚，但由于中央高度重视，近年来快速发展并取得了巨大成就，在推动中国农业与农村现代化、全面建成小康社会，实现乡村振兴战略等方面发挥了重要作用。

第三节　农村文化建设

建设美丽宜居乡村，不仅要实现农村经济的发展、农民生活的富裕、

---

① 《益农信息社：铺就"数字农村"网》，载于《经济日报》2018 年 7 月 17 日。
② 《中华人民共和国电子商务法专题系列解读六：〈电子商务法〉促进重点方向：农村电商与电商扶贫》，http://www.mofcom.gov.cn/article/zt_dzswf/ImportNews/201901/20190102831818.shtml，2019 年 1 月 2 日。

农村环境的整洁，农村文化建设也是社会主义美丽宜居乡村的内在要求。新中国成立以来，中央不断推进乡村文化建设，使美丽乡村内外兼修，发展更有内涵。

一、农村新文化运动和社会主义文化改造

新中国成立后，农村便开展了新文化运动，主张破除旧习、树立新风，用历史唯物主义思想武装群众头脑，实现由新民主主义文化向社会主义文化的转变。农民是这阶段新文化运动的主要对象。

这一时期的主要任务是扫盲。中央要求兴办多种多样的工农速成中学、工农干部文化补习学校（班），各地积极响应。据统计，1950年全国有2500多万农民参加了冬学，常年参加夜校学习的农民1951年达1100多万人。[①]

与此同时，为加强对农民的社会主义文化改造，中央加强了工农读物的出版。1951年5月，全国宣传工作会议通过的《关于加强工农读物出版工作的决定草案》指出，改变过去工农读物很少的情况，用最大的力量来满足工人、农民的要求。这是党在出版工作中的重要政治任务。"各省必须出版以农民为对象的通俗报纸"[②]，"省市的文艺杂志应成为以供给工人业余文娱团体和农村剧团的应用材料与工作指导为目的的期刊"[③]。1956年2月，中央宣传部在《关于加强农民读物的出版和发行工作的报告》中，要求"大力号召作家写作编绘农民通俗读物""扩大向农村发行的数量"。

农村文化设施建设加快推进。1955年，毛泽东提出大力发展农村广播网，组织农村流动电影放映队，要求"在七年内，建立有线广播网，使每个乡和每个合作社都能收听有线广播"[④]。到1956年，全国2/3的县（市）

[①] 中华人民共和国教育部工农教育司：《工农教育文献汇编（农民教育）》，人民教育出版社1979年版。

[②] 《中共中央文件选集（1949.10—1966.5）》（第3册），人民出版社2013年版，第28、193页。

[③] 中央档案馆编：《中华人民共和国出版史料（1951年）》，中国书籍出版社1996年版，第492~494页。

[④] 《毛泽东文集》（第六卷），人民出版社1999年版，第475页。

已经有了有线广播站，装设喇叭51万多只，其中80%装在农村（靳得行，1993）。在此基础上，1956年，文化部、中国新民主主义青年团中央委员会在《关于配合农村合作化运动高潮开展农村文化工作的指示》中，进一步要求"7年内，在全国范围内建立农村文化网，基本上做到每个县都有县报、文化馆、图书馆、书店、影剧院、职业剧团；平均每7个乡有一个电影放映队，每个农业生产合作社都有俱乐部、图书室、业余剧团、收音机（或者喇叭筒），使农民能够经常地和方便地看到电影、幻灯、戏剧，听到广播，买到或者看到通俗书报"。

中央也非常重视农民业余文化生活形式的丰富，大力发展地方戏、故事会、农民文化节、乡村艺术团等当地农民喜闻乐见的文艺形式。此外，在文化艺术必须为工农兵服务的号召下，政府动员大批文化艺术工作者上山、下乡，这些都大大推动了新中国农村文化事业的发展。

当然，这一时期的农村文化建设也受到了文化"大跃进"的影响。比如，很多地方提出了"人人能读书，人人能写会算，人人看电影，人人能唱歌，人人能绘画，人人能舞蹈，人人能表演，人人能创作"[①]的要求。同时，由于受到极"左"思潮的影响，文化建设为政治服务，夜校和识字班以学习毛泽东思想、教唱革命歌曲为主，艺术表演以服务于当时的政治需要为主，黑板报主要用来宣传政治口号。此外，"文化大革命"期间，广大农村产生了一批新的文盲和半文盲。据1982年统计，全国有文盲和半文盲2.3亿人，其中大部分是这一时期新增加的（席宣、金春明，1996）。"文化大革命"期间开展的"破四旧"等活动，也严重破坏了农村传统文化。

二、农村社会主义文化事业的发展和转型

20世纪80年代，国家的重心转移到经济建设上来，农村市场经济的发展也引发了农村文化思想的变化，中央关于农村文化建设的政策思路也

[①] 中共中央党史研究室：《中国共产党历史》（第二卷），中共党史出版社2011年版，第485页。

逐渐作出调整。总的来看，这一时期，农村文化建设以思想教育为主，强调社会主义意识形态性。比如，1982年中央一号文件要求"在广大农村开展深入的思想政治教育和政策教育，并把这种教育经常化，不断对农民灌输社会主义思想"。1983年中共中央下发《关于加强农村思想政治工作的通知》，提出必须加强农村思想政治工作，力争用三五年时间使基层干部和群众面貌一新，每年冬春都要在农村进行一次集中教育。1984年中央一号文件要求在农村"开展'五讲四美三热爱'和文明村、文明企业、五好家庭活动，增强农民对资本主义、封建主义思想侵蚀的抵御能力"。1987年，中共中央在《把农村改革引向深入》中，要求"加强坚持四项基本原则的教育，用社会主义思想占领农村阵地，引导农民逐渐摆脱小农经济思想的束缚，克服封建的、资产阶级的腐朽思想影响"。

进入20世纪90年代后，中国农村文化政策在强调坚持用社会主义价值观占领农村阵地的基础上，开始更加注重农村文化服务和基础设施建设。这一时期开展的"文化下乡"活动成为农村文化建设的重要方式。1995年10月，中宣部、文化部、农业部等八部委联合发起"文化下乡"活动。1996年12月，中宣部、文化部、农业部、卫生部等十部门联合下发《关于开展文化科技卫生"三下乡"活动的通知》，把文化下乡进一步引向深入。

农村文化设施建设也在改革开放后迅速得到恢复和加强。1982年，国务院《关于第六个五年计划的报告》要求："基本上做到市市有博物馆，县县有图书馆和文化馆，乡乡有文化站"。为保证文化站有一定的自我造血功能，1984年3月发布的《国务院办公厅转发文化部关于当前农村文化站问题的请示的通知》提出，乡（镇、公社）办的电影队、影剧院的收入，要用来补助文化站经费的不足，积极发展包括农村电影事业在内的农村文化事业。1985年中国共有乡镇文化站47577个，农村集镇文化中心10172个；到1990年，乡镇文化站增加到49309个，农村集镇文化中心增加到12269个。① 进入20世纪90年代之后，中央更加重视农村文化设施建

---

① 国家统计局农村社会经济统计司编：《中国农村统计年鉴（1986）》，中国统计出版社1986年版；国家统计局农村社会经济统计司编：《中国农村统计年鉴（1991）》，中国统计出版社1991年版。

设。1991年,党的十三届八中全会要求办好农村广播和电视转播工作。1995年,中共中央办公厅、国务院办公厅在《关于转发〈中央宣传部、农业部关于深入开展农村社会主义精神文明建设活动的若干意见〉的通知》中,要求抓好农村广播电视设施和群众文化工作网络建设。1998年,文化部出台《关于进一步加强农村文化建设的意见》,要求加强乡镇文化站建设,加强行政村的文化设施建设,积极筹建科普活动室、村文化室。在中央的要求下,各地逐步建立起了乡镇文化站、农村集镇文化中心等文化活动设施。截至2004年,全国共建立乡镇文化站34879个,农村集镇文化中心31864个。[①] 但总的来看,这一时期,城乡文化事业发展也呈现出显著的不平衡,1995年全国文化事业费中农村占26.8%、城市占73.2%;2000年和2005年农村文化事业费均仅占全国的26.7%。[②]

这一时期,农村文化服务还逐渐开始了市场化转型。基层的文化部门开始转变自身职能,在提供公共文化服务的同时,也开展形式多样的文化有偿服务。一大批文化专业户、民间文化团体开始涌现,1986~2004年,农村文化专业户从17.2万户增加到38.93万户。[③] 农村文化服务呈现多渠道、多元化、多层次的格局。

三、城乡公共文化服务的均等化

21世纪以来,中央越来越认识到农村文化建设的重要性,以及城乡文化发展水平之间的较大差距,城乡公共文化服务的一体化、均衡化、均等化建设成为这一时期的核心任务,农村文化建设迎来前所未有的机遇期。

中央对城乡公共文化服务均等化的认识经历了一个逐渐深入和完善的过程。"十五"时期,中央政策主要强调缩小城乡公共文化服务之间的差

[①] 国家统计局农村社会经济调查司编:《中国农村统计年鉴(2005)》,中国统计出版社2005年版。

[②] 中华人民共和国文化部编:《中华人民共和国文化部2015年文化发展统计公报》,中国统计出版社2016年版。

[③] 国家统计局农村社会经济统计司编:《中国农村统计年鉴(1987)》,中国统计出版社1987年版;国家统计局农村社会经济调查司编:《中国农村统计年鉴(2005)》,中国统计出版社2005年版。

距,要求文化建设资源配置向农村倾斜,并在党的十六届六中全会上提出了"加快建立覆盖全社会的公共文化服务体系"的要求。"十一五"时期,党的十七大报告提出了城乡文化协调发展,构建覆盖全社会的公共文化服务体系的思路。"十二五"时期是中国加快城乡文化一体化发展的关键期。2011年,党的十七届六中全会要求建立以城带乡联动机制,对城乡文化资源进行整合规划、优化配置,以城带乡发展农村文化,把对农村文化建设的帮扶和支持程度作为创建文明城市的基本指标。2012年,《国家"十二五"时期文化改革发展规划纲要》又进一步对"加快城乡文化一体化发展"进行了总体安排。

在中央的重视下,农村文化事业财政资金投入显著增长。据历年《中华人民共和国文化部文化发展统计公报》数据,"十五"期间,农村文化事业经费年均增长42.32%,2005年投入达35.70亿元;"十一五"期间年均增长45.22%,2010年农村文化事业经费投入达116.41亿元;"十二五"期间年均增速为36.71%,2015年农村文化事业费投入达330.13亿元;2016年农村文化事业经费在全国文化事业费投入中的占比更是首次超过了城市,县及县以下文化单位文化事业费达399.68亿元,占全国的51.9%;2017年占比更提高到53.5%。

这一时期,农村文化设施的建设受到了前所未有的重视,开展文化惠民工程是最重要的方式。2007年,中共中央办公厅、国务院办公厅下发《关于加强公共文化服务体系建设的若干意见》,对实施重大公共文化服务工程进行了重点部署,这些工程包括:广播电视村村通工程、全国文化信息资源共享工程、乡镇综合文化站和基层文化阵地建设工程、农村电影放映工程和农家书屋建设工程。2012年,《国家"十二五"时期文化改革发展规划纲要》又将其列入"重点文化惠民工程"。在中央的推动下,农村文化服务设施的建设取得显著成效。据历年《中国文化文物统计年鉴》相关数据计算,2008年,全国乡镇文化站达到33367个,基本实现"村村通"。此后,乡镇文化站的能力建设不断增强。2006~2015年,乡镇文化站藏书量年均增长率为9.91%,计算机覆盖率年均增长率为31.24%,提供公共文化服务总次数从482628次增加到829487次,年均增长率为6.2%。截至2013年,广播电视村村通工程的目标也已基本实现,农村广播节目综合覆盖率达到97%，农村电视节目综合覆盖率达97.86%。截至"十二五"期末，全国文化信息资源共享工程已建成3.55万个乡镇基层服务点，70万个行政村和社区服务点。农家书屋工程自2005年开始试点，至"十二五"期末已建成60.1万家，基本实现了行政村全覆盖，为边远地区建成1.6万家卫星数字农家书屋。行政村（社区）每个农家书屋按照2万元的标准建设和配置，配备图书不少于1500册，品种不少于1200种，报刊不少于20种，电子音像制品不少于100种（张）。"十二五"期间，农村电影放映工程建设数字院线252条、放映队约5万支，年放映800万场，年观众人次约15亿。可见，截至"十二五"期末，覆盖城乡的公共文化服务设施网络已经基本建立。

四、现代公共文化服务体系的构建和乡村文化振兴

"十三五"以来，农村文化建设进入构建现代公共文化服务体系的新阶段，农村公共文化服务体系的建设更加注重现代化、标准化、法制化，更加重视对服务效能的提升。2015年，中共中央办公厅、国务院办公厅印发《关于加快构建现代公共文化服务体系的意见》和《国家基本公共文化服务指导标准（2015—2020年）》，为"十三五"时期农村公共文化服务体系的现代化和标准化建设提出了目标，此后各地陆续出台了适合本地区的农村公共文化服务标准。2017年3月1日《中华人民共和国公共文化服务保障法》的实施，则从法律层面确立了农村公共文化服务的重要性和严肃性。法律明确规定了国家在"重点增加农村地区图书、报刊、戏曲、电影、广播电视节目、网络信息内容、节庆活动、体育健身活动等公共文化产品供给，促进城乡公共文化服务均等化"方面的责任义务。

农村公共文化服务设施建设进入打通"最后一公里"阶段，中央财政投入继续增加。2016年起，中央财政安排送戏下乡专项资金。2016~2017年，中央财政每年安排2.34亿元，按照每个乡镇演出6场、每场补助3000元的标准，对12983个贫困地区乡镇送戏下乡活动予以补助；2018年中央财政将送戏下乡每场演出补助标准从3000元提高至5000元。2017~

2018年，中央财政安排流动舞台车专项资金1.8亿元。① 此外，文化部数据显示，截至2018年8月，中国已建成乡镇综合文化站33997个，近30万个行政村和近5万个社区建成了具有阅读服务功能的基层综合性文化服务中心；同时，形成了浙江文化礼堂、甘肃乡村舞台、广西村级公共服务中心、安徽农民文化乐园等建设模式和先进典型。

在国家"互联网+"和"宽带中国战略"的指导下，农村公共数字文化服务越来越受到重视。《国家"十三五"时期文化发展改革规划纲要》和《文化部"十三五"时期文化发展改革规划》都对此作出要求，文化部还专门出台了《"十三五"时期公共数字文化建设规划》。2019年出台的《数字乡村发展战略纲要》也要求建成一批特色乡村文化数字资源库，并对繁荣发展乡村网络文化进行了重点部署。据文化部数据显示，截至2018年，已建成32179个全国文化信息资源共享工程乡镇服务点，与中组部全国党员干部现代远程教育网联建70万个村（社区）基层服务点。

乡村振兴战略提出以来，农村文化建设的着力点还从公共文化服务设施建设等硬件方面转移到挖掘和提升农村文化的内在价值，构建文明乡风，实现乡村文化振兴的软件层面。2017年中央一号文件提出："培育与社会主义核心价值观相契合、与社会主义新农村建设相适应的优良家风、文明乡风和新乡贤文化。"党的十九大报告提出乡风文明是实施乡村振兴战略的总要求之一。2018年中央一号文件要求挖掘农村传统道德教育资源，传承、发展、提升农村优秀传统文化，切实保护好优秀农耕文化遗产。2019年中央一号文件要求继续完善农村文化建设的价值体系，培育特色文化村镇、村寨。可见，在国家实施乡村振兴战略的目标下，以乡风文明建设、塑造农村文化价值体系为核心的乡村文化振兴将是未来中国农村文化建设的主要方向。

---

① 雒树刚：《国务院关于公共文化服务体系建设工作情况的报告——2015年4月22日在第十二届全国人民代表大会常务委员会第十四次会议上》，载于《中华人民共和国全国人民代表大会常务委员会公报》2015年第3期。

第九章

农民生活改善

提高人民生活水平、改善人民生活质量,一直是中国共产党执政的出发点及落脚点。新中国成立伊始,在普遍贫穷及经济社会发展基础异常薄弱的情况下,农村实行人民公社集体所有制经济,由于生产激励不足,农民生活水平改善有限。改革开放后,城乡社会经济体制改革解放和发展了生产力,农民生活水平显著提高。但在向社会主义市场经济转轨的过程中,遭受波折亦在所难免。进入21世纪,在统筹城乡、以工促农等发展理念下,农村社会快速发展,农民生活持续改善。党的十八大以来,在新发展理念下,随着公共资源进一步向农村地区倾斜,农民生活水平进一步提高,收入增长、消费升级、脱贫致富、福利改善成为新时期中国农民生活的基本特点。

第一节 农民增收及收入水平变化

农业增效、农民增收、农村增绿是实现"农业强、农民富、农村美"的基本前提与要求。作为其中重要一环,农民增收历来是中国农村工作的重中之重。新中国成立后,面对国内外纷繁复杂的经济建设环境,农民收入波动增长,70年来显著提高。

一、"糊口"农业下农民收入的缓慢增长

新中国成立后,围绕解决人民"温饱"问题及实现国家工业化两大主题,中国建立了高度集中的计划经济体制。在此背景下,农业生产结构单一、农产品价格低廉,农民外出就业受到严格限制,加之集体经济下农民生产积极性调动难等原因,农民收入增长总体来说较为缓慢。1949～1978年,中国农村居民人均纯收入由43.8元增长至133.6元,不考虑价格因素增长了2.05倍,年均增长3.9%。[①]

期间,随着经济社会发展环境的变化,农民收入增长波动较大。1949～1952年,中国实施国家调控下的农产品自由贸易政策,为农民增收创造了良好条件,农村居民人均纯收入由43.8元增长至57.0元,年均名义增长9.2%。1953年以后,中国开始实施"优先发展重工业"战略,事实上压挤农业生产剩余,工农产品价格"剪刀差"下农产品价格低廉,在一定程度上影响了农民增收。此外,高度集中的计划经济体制下,农民外出就业受限,农业之外收入极少。1954～1957年,农村居民人均纯收入由64.1元增长至73.0元,年均名义增长4.4%,较前期增长速度显著回落。1958年以后,受困难时期及"文化大革命"的影响,加之高度集中的计划经济体制未得到根本性变革,农民生产积极性不足,收入增长近乎停滞。1962～1978年,农村居民人均纯收入由99.1元增长至133.6元,年均名义增长率进一步下降至1.9%。[②]

从收入结构看,集体经济时期农民收入高度集中于集体经营收入(工分收入),其所占比重维持在50%以上,期间家庭经营性收入占比则在30%左右。在农民全年纯收入中,1954年从集体得到的收入仅占3.8%,1957年迅速上升到59.5%,1978年又进一步提升到66.1%;而家庭经营收入所占比重1954年为87.9%,1957年迅速下降到29.5%,1978年又下降到26.8%。

[①②] 中华人民共和国农业部编:《新中国农业60年统计资料》,中国农业出版社2009年版。

第九章
农民生活改善

二、转型背景下农民收入的波动增长

家庭联产承包责任制的实施促进了农业增产，进而增加了农民收入。1979~1984年，中国农村居民人均纯收入由160.2元上升到355.3元，增长了1.21倍，年均名义增长17.3%，期间每年实际增长率都在13%以上，成为新中国成立后农民收入增长最为迅速的时期。[①] 从收入结构看，集体经营收入和家庭经营收入是农民收入的最主要来源，但在人民公社制度被废除等背景下，家庭经营收入逐渐取代集体经营收入成为农民收入的第一大来源。到1984年，在农民人均纯收入来源中，家庭经营收入所占比重迅速提升到73.6%。[②]

在农业生产率显著提高的背景下，农村劳动力过剩问题开始凸显。为妥善解决农村劳动力就业问题和促进农民增收，中国在逐步放松对农村劳动力流动管控的同时，以原社队企业为基础，大力支持乡镇企业的发展。在此背景下，乡镇企业就业规模迅速扩张，农村居民工资性收入快速增长。1984~1988年，乡镇企业从业人数由5028.0万人增长至9545.5万人，年均增长17.4%；期间农村居民人均工资性收入由66.5元增长至117.8元，年均名义增长15.4%，高于同期农村居民人均纯收入11.3%的年均名义增长率（林炳秋等，1990）。在收入结构上，这期间农村居民工资性收入所占比重由18.7%上升至21.6%。[③]

经历了改革开放初期的快速增长，20世纪80年代中期以后，随着国家改革重心的转移以及农产品统购政策的取消等，农民收入增长速度开始下滑。1985~1990年，农村居民人均纯收入由397.6元上升至686.3元，年均名义增长11.5%，相较于1979~1984年农村居民人均纯收入年均名义增长率回落5.8个百分点。值得一提的是，1988~1989年，中国农村居民人均纯收入实际增长率为-1.6%，创下改革开放以来的新低。[④]

进入20世纪90年代，社会主义市场经济体制改革深入推进，中国着手加快建立农业生产销售体系。1993年3月，家庭联产承包责任制作为农

[①②③④] 中华人民共和国农业部编：《新中国农业60年统计资料》，中国农业出版社2009年版。

村基本经营制度被载入宪法。随后,一系列具体支农惠农政策先后出台。1994年,"米袋子"省长负责制和"菜篮子"市长负责制的实施,提高了各地农业生产的主动性和积极性;1996年,国家开始实施种子工程;1997年,国家进一步完善粮食收购保护价格政策,农民种粮积极性得到提高。在中央政策的大力支持下,20世纪90年代初,农民收入增速开始回升,1992~1997年,农村居民人均纯收入年均名义增幅达21.7%。但是,20世纪90年代中期以后,粮食生产的连年丰收加之受亚洲金融危机等影响,中国主要农产品生产价格持续走低,对农民收入增长产生了不利影响。1998~2003年,中国农村居民人均纯收入年均名义增长3.9%,较前期增速有所回落。[①]

在计划经济向社会主义市场经济转轨时期,中国农民收入经历了改革开放初期高速增长、20世纪80年代中期增速回落、90年代初缓慢增长和90年代中后期至21世纪初的徘徊等阶段。总体来看,受国内外经济环境和中国农业发展政策影响,经济转轨时期中国农民收入呈现波动增长的特点。

三、城乡统筹发展下农民收入的快速增长

新中国成立后长期的城乡二元分治使得农村经济发展全面落后于城镇。为此,统筹城乡发展、加快农民增收,成为21世纪以来中国关注的焦点。2002年11月,党的十六大报告指出,统筹城乡经济社会发展,建设现代农业,发展农村经济,增加农民收入,是全面建设小康社会的重大任务。2004年9月,党的十六届四中全会提出了"工业反哺农业,城市支持农村"的发展思路,促进公共资源向农村地区倾斜成为中国农村工作的重要指导方针。此后,以新农村建设为抓手,中央反复强调加大农村建设财政投入,持续推动农民增收。

在强调加大农业农村发展投入的同时,中国着力减轻农民负担。2000年3月,以安徽省为试点,中国农村税费改革工作正式启动。2001年,国务院《关于进一步做好农村税费改革试点工作的通知》明确税费改革的内

---

① 中华人民共和国农业部编:《新中国农业60年统计资料》,中国农业出版社2009年版。

容主要为取消向农民征收的行政事业性收费和政府性基金与集资、屠宰税、劳动义务工等。2002~2003年,农村税费改革进入扩大和全面推进阶段。2001~2004年,中国共减免农业税234亿元,免征除烟叶外的农业特产税68亿元,核定农业税灾歉减免160亿元;2005年全国进一步减轻农民负担220亿元。① 2006年1月1日起,《中华人民共和国农业税条例》废止,宣告中国实施了两千多年的农业税全面取消。全面取消农业税后,与农村税费改革前的1999年相比,全国农民每年减轻税费负担约1250亿元,人均减负140元左右。② 除了减轻税费负担,2004年中共中央、国务院发布了《关于促进农民增加收入若干政策的意见》,2009年又出台了《关于2009年促进农业稳定发展农民持续增收的若干意见》,制定实施了一系列促进农民增收的政策措施。财政支农力度的不断加大加之农民税费负担的不断减轻,促进了农民收入的较快增长。2004~2012年,中国农村居民人均纯收入由2936.4元上升至7916.6元,年均名义增长13.2%。③

党的十八大以后,促进农民增收仍是中国农村工作的重中之重,尽管经济下行压力增大,但农村居民收入增长仍保持在较高水平。2015年,中国农民人均纯收入首次突破万元达10772元,2018年农民人均可支配收入达到14617元。④ 从收入结构看,随着精准扶贫战略的提出,国家财政对农村转移支付力度显著加大,农村居民转移性收入快速增长。据历年《中国统计年鉴》数据,2014~2017年,在农村居民人均可支配收入中,转移净收入所占比重从17.9%提升到19.4%,工资性收入占比从39.6%提升到40.9%,而经营净收入占比则从40.4%下降到37.4%。相比较而言,在1995年农村居民纯收入构成中,工资性收入仅占22.4%,转移性纯收入仅占3.6%,而家庭经营纯收入占比高达71.4%。

---

① 《["三农"工作]免征农业税给农民带来实惠》,http://www.gov.cn/ztzl/2006-01/01/content_145112.htm,2006年1月1日。
② 《全面取消农业税》,http://www.mof.gov.cn/zhuantihuigu/gjhxsh/xncjs/200805/t20080519_25563.html,2008年5月19日。
③ 国家统计局农村社会经济调查司编:《中国农村统计年鉴(2012)》,中国统计出版社2012年版;中华人民共和国国家统计局编:《中国统计年鉴(2013)》,中国统计出版社2013年版。
④ 从2013年起,国家统计局开展了城乡一体化住户收支与生活状况抽样调查,城乡居民统一采用可支配收入指标,而之前农村居民采用纯收入指标。

第二节 消费水平及结构阶段变化

新中国成立后，尤其是改革开放以来，随着农村居民收入水平的大幅增长，农民消费水平显著提高，消费结构不断优化。70年来，从生存型消费到温饱型消费、再到小康型消费和相对富裕型消费，[①] 中国农村居民消费层次稳步提升。

一、以"温饱"为核心的生存型消费

新中国成立初期，由于中国生产力十分落后，商品供给高度集中于城市，并由此造成农村商品供给的短缺，严重制约了农村居民消费水平的提高；同时，在农业生产高度集中于粮食种植、支持工业化建设背景下，以及粮食购销价格十分低廉等因素影响下，农民收入十分有限，增长速度也较为缓慢。商品匮乏、收入有限的年代，如何"吃饱穿暖"成为中国农村居民要面对的首要问题，由此也决定了该时期农民生存型消费的特点。

与收入情况相对应，计划经济时期农民消费水平较低，消费增长十分乏力。1954~1978年，中国农村居民人均生活消费支出由59.6元上升至116.1元，不考虑价格因素增长了0.95倍，年均名义增长2.8%。从消费结构来看，计划经济时期中国农民生活消费以食品支出为主，农民人均食品支出占人均消费总支出的比重固定在60%以上；同时，衣着支出和居住支出占比也较大，以1954年为例，两者分别占比13.1%和12.1%。截至1978年，农民人均生活消费中，食品支出、衣着支出和居住支出占比高达90.7%。从农村居民食品消费结构来看，新中国成立后至改革开放初，粮食和蔬菜占据绝大部分，始终维持在95%以上，其他食品如肉类、干鲜瓜

[①] 按照联合国根据恩格尔系数对居民生活水平的划分标准，一国平均家庭恩格尔系数大于60%为贫穷；50%~60%为温饱；40%~50%为小康；30%~40%属于相对富裕；20%~30%为富足；20%以下为极其富裕。

果类和蛋奶制品等消费微乎其微。①

"没钱买,买不到"是新中国成立后至改革开放之初农村居民消费的真实写照。在"优先发展重工业"的高度集中的计划经济体制下,农村商品供应短缺加之收入水平较低,农民消费水平较低;同时,农民消费结构围绕"温饱问题"而明显单一,以粮食和蔬菜为绝对主导的食品支出占农民人均消费总支出的比重始终高于60%的水平。计划经济时期,以"温饱"为核心的农民生存型消费特征显著(见图9-1)。

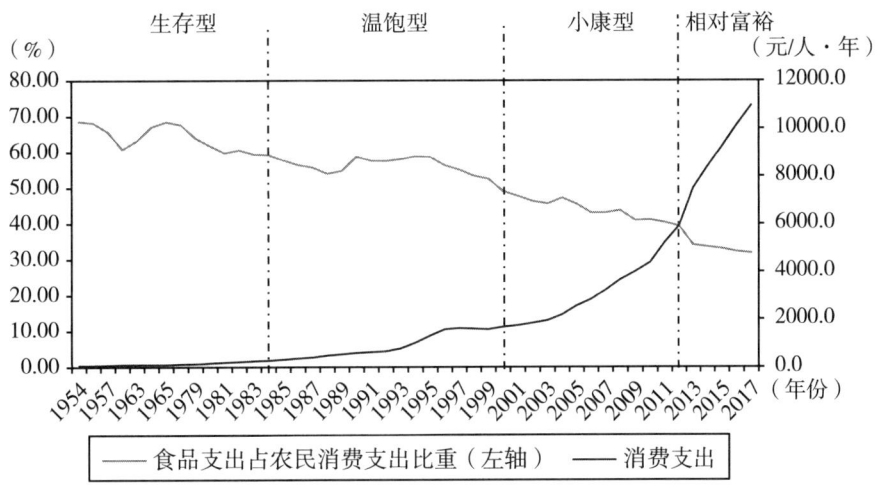

图9-1 中国农村居民人均生活消费支出与恩格尔系数变化
资料来源:根据历年《中国农村统计年鉴》数据绘制。

二、稳定温饱基础上支出结构初步优化的温饱型消费

改革开放之初,中国农民收入的快速增长使其消费能力迅速提高,有效需求显著增加。在此基础上,农民"温饱"得以稳定,食品支出在快速增长的同时,占农民人均生活消费支出的比重稳步下降。1979年,农民人均生活消费支出134.5元,其中食品支出86.0元,占比63.9%;1983年,食品支出占农民人均消费支出比重首次跌破60%;1988年,农民人均消费支出增长至476.7元,其中,食品支出257.4元,占比54.0%;1999

---
① 根据国家统计局农村社会经济调查司编:《中国农村统计年鉴(2012)》,中国统计出版社2012年版数据整理。

年，农民人均消费支出进一步增长至1577.4元，其中，食品支出829.0元，占比52.6%。与此同时，在农村居民食品消费结构上，尽管粮食与蔬菜消费仍然占据绝对主导地位，但其结构多元化趋势渐显。1979年，中国农村居民人均粮食、蔬菜消费量占其食品消费总量的比重为97%，1999年这一比重下降至92%。[①] 在这一过程中，蔬菜消费量所占比重下降明显，相应的，肉类、蛋及其制品、水产品等消费量增加明显。

在稳定温饱的基础上，20世纪80年代中期后，中国农村居民生活总体跨入温饱阶段。农民消费中，吃、穿比重开始有较大幅度下降，而家庭设备及用品、文化娱乐用品和服务性支出比重等则有较大幅度增加。其中，尤以文教娱乐支出增长幅度较大，并于此后在消费结构上趋于稳定。1985年，农民人均文教娱乐支出12.4元，占人均消费总支出的比重为3.9%；1999年，该项消费支出迅速增长至168.3元，占比10.7%。此后直至今日，该项消费支出虽然数量不断增长，但其比重始终围绕10%上下波动。[②]

总体来看，改革开放后，随着中国农村居民收入水平的快速增长，农民消费水平也在迅速提高。值得注意的是，在农民消费结构上，1983年，食品支出占消费支出比重首次降至60%以下，[③] 标志着中国农村居民消费逐步进入温饱型消费阶段。在此基础上，20世纪八九十年代，中国农村居民食品支出所占比重进一步下降，而以文教娱乐支出为代表的其他消费支出所占比重则稳步提升。由此可见，经济转轨时期，中国农村居民消费结构得到初步优化。

三、"增收减负"下结构全面优化的小康型消费

进入21世纪，为缩小城乡发展差距，围绕农民增收与减负，中国大力加强对农村的财政转移支付力度。由此，农村居民消费需求扩大，消费环境显著改善。2000~2011年间，中国农村居民生活消费支出由1670.1元增长至5221.1元，年均名义增长10.9%。从消费结构看，该时期农民

[①][②][③] 国家统计局农村社会经济调查司编：《中国农村统计年鉴（2012）》，中国统计出版社2012年版。

食品支出占比自 2000 年首次跌破 50% 以来，继续呈现稳步下降的趋势。2011 年，农民人均食品支出占人均生活消费支出比重降至 40.4%，较 2000 年下降 8.7 个百分点。在农村居民食品消费结构中，粮食、蔬菜所占比重持续下降，而肉类、水产品、蛋奶及其制品等所占比重则保持稳步上升。在恩格尔系数下降的同时，农村居民交通通信、家庭设备及用品、医疗保健等支出所占比重都有较大幅度上升。2000 年，农村居民交通通信、家庭设备及用品、医疗保健支出分别为 93.1 元、75.5 元、87.6 元，占人均生活消费支出的比重为 5.6%、4.5%、5.2%；2011 年，三者消费支出分别增长至 547.0 元、308.9 元、436.8 元，占比分别为 10.5%、5.9%、8.4%。① 至此，中国农村居民消费结构继新中国成立初期食品支出占绝对主导、改革开放后初步优化后，21 世纪逐步进入全面优化阶段（见图 9-2）。

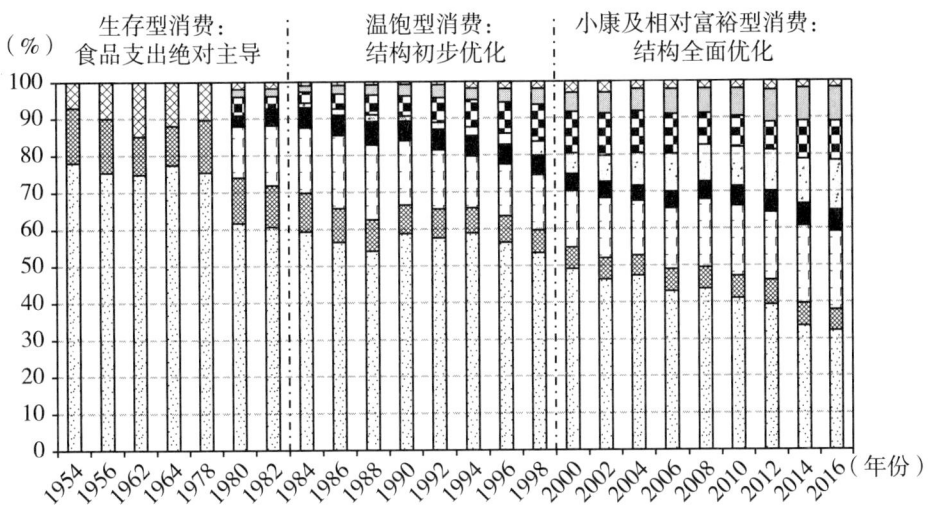

图 9-2 中国农村居民生活消费支出结构的变化

资料来源：根据历年《中国农村统计年鉴》数据绘制。

需要指出的是，继 20 世纪 80 年代中期中国农民百元级耐用品，如自行车、电风扇、黑白电视机等消费快速增长后，90 年代初，尤其是 21 世

---

① 国家统计局农村社会经济调查司编：《中国农村统计年鉴（2012）》，中国统计出版社 2012 年版。

纪以来，以摩托车、电冰箱和彩色电视机等为代表的千元级耐用品消费快速增长。同时，在农村"两免一补"等减负政策下，根据历年《中国农村统计年鉴》数据计算，21世纪以来，农民文教娱乐消费支出所占比重由2000年的11.2%下降至2011年的7.6%；同时，由于房价、房租变动等原因，农民居住支出所占比重由2000年的15.5%上升至2009年的20.2%，再下降到2011年的18.4%。

总体而言，21世纪以来，在一系列"增收减负"政策支持下，农村消费环境显著改善，农民消费需求有效提升。在此背景下，随着食品消费所占比重的进一步下降以及交通通信、家庭设备及用品、医疗保健等消费支出比重的稳步上升，农村居民逐步迈入小康型消费时代。

四、追求生活品质的相对富裕型消费

党的十八大以来，城乡融合发展受到中国政府的高度关注。为加速农业农村的发展，中国大力推动农业供给侧结构性改革，着力培育农业农村发展新动能。由此，中国农村居民收入水平进一步增长，居民消费更加注重品质，并逐步向相对富裕型消费转变。根据《中国统计年鉴（2018）》数据，2012~2017年，中国农村居民人均生活消费支出由5908.0元上升至10954.5元，名义增长85.4%。从消费结构看，食品支出占比由2012年的39.3%降至2017年的31.2%，其中，粮食消费量占居民主要食品消费量的比重为44.2%，蔬菜为25.8%，干鲜瓜果为11%，其他如肉类、禽类、水产品和蛋奶制品等已提升到19%。由此可见，与新中国成立初期相比，中国农民食品消费日趋多元化。

食品消费占比稳步下降的同时，居住、家庭设备及用品、交通通信、医疗保健、文教娱乐等支出占比出现不同程度的上升。至此，新中国成立后，随着中国农村居民收入的不断增长，农民消费支出在稳步增长的同时，支出结构呈现多样化的特点，食品支出、居住及交通通信支出、文教娱乐和医疗保健等其他支出三足鼎立的格局基本形成。

总体而言，党的十八大以来，随着城乡统筹和农业供给侧结构性改革的深入推进，加之精准扶贫下农村贫困人口生活水平的普遍提高，农村居

民消费水平继续稳步提升，其生活消费支出及食品消费量多样化格局基本成形，消费结构全面持续改善。随着乡村振兴战略的实施，农村消费环境将进一步改善，农民消费水平将进入持续稳定提升的新阶段。

第三节 扶贫开发战略和经验

新中国成立后，尤其是 20 世纪 80 年代中期以来，面对国际环境的快速变化和国内经济社会的持续发展，扶贫开发逐渐成为农村工作的主要内容之一，受到中国政府的高度重视。几十年来，中国扶贫开发凭借其成就，逐渐成为中国道路、中国经验和中国发展模式的重要组成部分（李培林、魏后凯，2016）而受到国际社会的广泛认可。

一、广义扶贫与体制变革推动减贫

新中国成立初期，中国农村社会处于普遍贫困的状态。为此，在土地改革、农业生产合作化及建立人民公社制度等基础上，中国实施了广义的农村扶贫战略。概括起来，主要是采取加强农村基础设施建设、改善农村基本公共服务、建立农村基本社会保障体系和加快农业技术推广等措施。

首先，20 世纪 50 年代初至 70 年代中叶，利用计划经济体制下农村土地和劳动力使用的制度优势，中国政府在全国范围内广泛开展以道路和农田灌溉设施为主的农村基础设施建设，为农业发展、农村减贫奠定了良好基础。其次，以农村扫盲运动和"赤脚医生"为载体，中国农村基础教育水平得到较大提升，农村合作医疗体系广泛建立。以教育和医疗卫生为代表的农村基本公共服务的改善，保证了广大农民基本生存需求。最后，在集体经济时期"一大二公"的社会背景下，农村老弱病残幼保吃、保穿、保烧、保教、保葬的"五保"① 供养制度广泛建立，这对降低农村极端贫

---

① 20 世纪五六十年代，"五保"是指保吃、保穿、保烧（燃料）、保教（儿童和少年）、保葬；1994 年颁布的《农村五保供养工作条例》将"五保"界定为保吃、保穿、保住、保医、保葬（孤儿保教）。

困发挥了较大作用。此外，集体经济时期覆盖生产大队的农业技术推广网络的建立，有力推动了种子、化肥、农药和土壤技术的改良，进而提高了农业生产力水平。在上述政策作用下，1949~1978年，中国未达温饱线的农村人口比重由80%降至30%，[①] 农民生存水平得到一定程度改善。

20世纪70年代末80年代初，农村经济体制变革推动了农民收入增长，继而有利于农村减贫事业的发展。一方面，人民公社制向家庭联产承包责任制的转变实现了农民劳动与利益的直接挂钩，极大调动了农民生产积极性，促进了农业生产发展；另一方面，农产品购销制度的市场化变革使得主要农副产品价格普遍提高，农产品利润空间增大。基于此，1978~1985年，在2010年农村贫困标准下，[②] 中国农村贫困人口由7.70亿下降为6.61亿，贫困发生率由97.5%下降到78.3%。由此可见，改革开放初期中国农村减贫取得了较大成功，这种减贫主要是依靠发展实现的。

二、区域性扶贫开发战略

1984年9月，中共中央、国务院发布《关于帮助贫困地区尽快改变面貌的通知》，拉开了中国大规模区域性扶贫的序幕。随后，1986年3月，全国人大审议通过的《国民经济和社会发展第七个五年计划》，将"老、少、边、穷地区的经济发展"单列一章。1986年5月，国务院贫困地区经济开发领导小组成立，标志着中国正式进入政府主导下有组织、大规模的开发式扶贫阶段。以中央及地方各级扶贫开发领导小组的成立为契机，20世纪80年代中期以后，中国确立了开发式扶贫的基本方针，扶贫方式由以救济式扶贫为主转变为以扶持贫困地区经济发展的开发式扶贫为主。此外，针对各地区经济发展水平的差异，贫困地区经济开发领导小组以农民年人均纯收入为依据，将平均收入低于150元的县确立为贫困县，部分重点革命老区及少数民族地区贫困标准放宽至200元，同时允许各省根据自身条件在国家级贫困县外自行确立省级贫困县。至此，中国农村扶贫开发

---

① 此处按1984年标准，即按1984年价格，农民年人均纯收入200元的贫困标准线。参见李培林、魏后凯（2016）。

② 除特别说明外，本节涉及贫困人口及贫困发生率数据均采用2010年贫困标准。

工作结束了此前全国无差别对待的方式，进入了有重点、有针对性的扶贫开发新时期。在确定贫困县的基础上，中国出台了一系列扶贫开发政策，包括贫困县财政定额、专项补助以及适当减免农业税等，推动了贫困地区的经济发展。

1986~1993年，中国国家重点扶持贫困县农民人均纯收入由206元增长至483.7元，年均名义增长13.0%，略高于同期农村居民人均纯收入年均11.1%的名义增长率。至1995年，中国农村贫困人口进一步下降至5.55亿，贫困发生率也降至60.5%。① 综合来看，20世纪80年代中叶至90年代初，中国政府主导下区域性扶贫开发战略取得了良好成效，农村减贫事业有了较大发展。

三、综合性扶贫攻坚战略

尽管取得了一定成就，但20世纪90年代以来，农村贫困人口减少速度明显放缓（韩广富，2005），如何消除1993年底全国8000万绝对贫困人口（1978年标准），受到了中国政府的高度重视。为此，1994年2月，国务院召开第一次全国扶贫开发工作会议，部署实施"国家八七扶贫攻坚计划"，要求用七年时间基本解决全国8000万绝对贫困人口的温饱问题。以此为标志，中国扶贫开发进入综合性攻坚时期。

以"国家八七扶贫攻坚计划"为纲领，这一时期中国扶贫开发工作主要形成了以下做法：一是明确提出扶贫到村、扶贫到户，要以贫困户为主要扶持对象，通过发展种养业为解决贫困户温饱问题提供条件。二是在重新调整贫困县的基础上，完善扶贫资金投入体系。1994~2000年，在保留贫困地区发展资金、以工代赈资金和"三西"农业建设专项补助资金的基础上，将以工代赈资金列入中央财政。除此之外，1998年，中央财政还专项安排"新增财政扶贫资金"，并从其中分割出"少数民族发展资金"用以支持少数民族贫困地区发展。三是确立了扶贫开发责任机制。该计划提出各省（区）要因地制宜制定本地区扶贫开发计划，并由省（区）主要

---

① 国务院新闻办公室：《中国的农村扶贫开发的新进展》，载于《新华月报》2001年第11期。

负责人负总责。在此基础上,1996年10月,中共中央、国务院在《关于尽快解决农村贫困人口温饱问题的决定》中进一步提出资金、任务、权利、责任"四个到省"的扶贫工作责任制,由此,"中央统筹、省负总责、县抓落实"的农村扶贫开发工作制度最终形成。四是动员社会力量进行扶贫,通过组织政府部门、大中型企业及科研院所等与贫困县进行对接,实施对口扶贫政策。同时,东西部协作扶贫、国内外非政府组织参与扶贫等也得到中国政府的大力支持。

在入村入户扶贫、社会扶贫、对口扶贫及科技扶贫、生态扶贫等多元化扶贫开发政策的推动下,中国农村贫困家庭收入稳步增长。到2000年,农村贫困人口数减少至4.62亿,农村贫困发生率下降至49.8%。[①] 若按1978年标准,农村贫困人口下降到3209万人,贫困发生率下降到3.5%。中国农村贫困从普遍性、区域性和绝对性逐步向点状分布和相对贫困转变(黄承伟,2016)。2000年,中国政府宣布"八七扶贫攻坚计划"目标基本实现,农村贫困人口温饱问题基本解决。

四、整村推进与"两轮驱动"扶贫开发战略

在"八七扶贫攻坚计划"绝对贫困基本消除的背景下,21世纪以来,如何减少农村相对贫困成为新时期扶贫开发工作的重点。2001年,在第四次全国扶贫开发工作会议上,中共中央、国务院颁布《中国农村扶贫开发纲要(2001—2010年)》,标志着中国农村扶贫开发进入一个新阶段。

在统筹城乡发展、着力推进社会主义新农村建设的新时期,中国农村扶贫开发战略呈现鲜明的整村推进和"两轮驱动"的特征。整村推进是为了应对21世纪以来中国农村贫困分布由区域性转变为点状分布的新变化而制定的新举措,其核心内容是制定和实施参与式村级发展规划,即在帮扶对象充分参与的情况下,制定和实施贫困村未来的发展举措(郑志龙,2012)。2001~2012年,在全国572个扶贫开发重点县的15万个贫困村中,整村推进与产业发展、劳动力培训等一道,成为中国农村扶贫开发的

[①] 国家统计局编:《中国统计年鉴(2018)》,中国统计出版社2018年版。

重要措施。"两轮驱动"指的是在扶贫开发政策与农村最低生活保障制度的有效衔接下，推动农村减贫事业的发展。2007年，全国农村最低生活保障制度的建立为保障农村贫困群体基本生活需求奠定了制度基础；随后，2009年国务院扶贫开发领导小组办公室等部门出台了《关于做好农村最低生活保障制度和扶贫开发政策有效衔接试点工作的指导意见》，标志着中国农村扶贫开发正式进入"两轮驱动"的时期。除此之外，随着经济社会的不断发展，中国也适时调整贫困县及扶贫标准，使扶贫开发政策受益群体进一步扩大。这一时期，政府扶贫开发战略突破了单一增收导向的扶贫思路，注重从交通、水利、电力、通信等基础设施建设和教育、卫生、科技、文化等社会事业的发展等方面，全方位推进贫困地区社会建设（李培林、魏后凯，2016）。

21世纪初的十余年间，中国农村贫困人口进一步减少至2010年的1.66亿人，贫困发生率下降至17.2%。若按照2008年标准，中国农村贫困人口从2000年的9422万减少到2010年的2688万，贫困发生率从10.2%下降到2.8%。[①] 由此可见，该时期的扶贫开发战略取得显著成效。

五、"精准扶贫"战略

改革开放以来，中国政府共采用过三条不同生活水平的贫困标准：1984年标准，即按1984年价格，农民年人均纯收入200元的贫困标准线；2008年标准，实际从2000年开始使用，即按2000年价格，农民年人均纯收入865元的基本温饱标准；2010年标准，即按2010年不变价格，农民年人均纯收入2300元的基本稳定温饱标准（李培林、魏后凯，2016）。[②] 随着贫困标准的不断提高以及集中连片特殊困难地区[③]的内生动力不足等原因，中国农村扶贫开发面临着规模扩大、难度增加、返贫严重等困难。

[①] 国家统计局编：《中国统计年鉴（2018）》，中国统计出版社2018年版。
[②] 国家统计局称为1978年标准、2008年标准和2010年标准。
[③] 全国共有14个集中连片特殊困难地区，分别为六盘山区、秦巴山区、武陵山区、乌蒙山区、滇桂黔石漠化区、滇西边境山区、大兴安岭南麓山区、燕山—太行山区、吕梁山区、大别山区、罗霄山区、西藏区、四省藏区、新疆南疆三地州。

为此，2011年12月，中共中央、国务院颁布了《中国农村扶贫开发纲要（2011—2020年）》，以指导新时期中国农村扶贫开发工作。在此基础上，中国提出了"不愁吃、不愁穿，保障义务教育、基本医疗和住房"的"两不愁、三保障"的工作目标，确定了专项扶贫、行业扶贫、社会扶贫"三位一体"的大扶贫工作格局。

进入全面建成小康社会的攻坚期，从中国农村扶贫开发实践出发，中共中央提出了"精准扶贫"的战略思想，成为新时期中国农村扶贫开发工作的指导理念。2013年11月，习近平总书记首次提出"精准扶贫"概念，当年底，中共中央办公厅、国务院办公厅印发《关于创新机制扎实推进农村扶贫开发工作的意见》，提出建立以精准扶贫工作机制为核心的六项机制创新和十项重点工作，由此，精准扶贫逐步落实到实践层面。此后，精准扶贫思想在实践中日益完善。2015年11月，在中央扶贫开发工作会议上，精准扶贫、精准脱贫方略得到了系统阐述，会后，中共中央、国务院颁布了《关于打赢脱贫攻坚战的决定》，要求各级党委政府将扶贫开发作为重大政治责任来抓。在此基础上，中共中央、国务院各部门先后出台100余项政策文件，表明中国以精准扶贫思想为指导的脱贫攻坚顶层设计的"四梁八柱"基本完成（陆汉文、黄承伟，2017）。

在精准扶贫思想指导下，近年来中国政府采取了一系列扶贫开发新举措。一是精准识别扶贫对象，要具体到户到人，并在此基础上建档立卡，帮助脱贫。2014年底，全国扶贫对象确认为73075748人（李培林、魏后凯，2016）。二是完善扶贫开发责任机制，通过改变考核机制、签订扶贫开发责任书和选派第一书记等方式，改善扶贫开发治理结构。三是创新和完善扶贫方式，在精准扶贫"五个一批"，即发展生产脱贫一批、易地扶贫搬迁脱贫一批、生态补偿脱贫一批、发展教育脱贫一批、社会保障兜底一批的基础上，相继提出光电扶贫、电商扶贫和旅游扶贫等方式。四是继续加大扶贫开发财政投入，尤其是加强贫困县涉农资金整合力度。除此之外，加强金融扶贫力度、创新完善社会扶贫机制等也得到大力推进并取得了良好成效。

精准扶贫思想的提出及贯彻落实，极大地推动了中国农村减贫事业的发展。2013~2018年，农村贫困人口数量由8249万人下降至1660万人；

期间，农村贫困发生率由 8.5% 下降至 1.7%。① 与此同时，贫困地区基础设施建设及社会保障体系建设成效明显，农村交通、水电、通信设施等更加完善，农民教育、养老及医疗水平等大幅提高。

2017 年 10 月，党的十九大明确指出，进入决胜全面建成小康社会的新时期，要坚决打赢脱贫攻坚战；让贫困人口和贫困地区同全国一道进入全面小康社会；要动员全党全国全社会力量，坚持精准扶贫、精准脱贫；确保到 2020 年中国现行标准下农村贫困人口实现脱贫，贫困县全部摘帽，解决区域性整体贫困，做到脱真贫、真脱贫。从现有进程看，实现 2020 年的脱贫目标完全有保障。

第四节 农民福利考察

新中国成立后，尤其是改革开放以来，伴随着社会主义市场经济的快速发展，在广义社会福利②视野下，从生存型福利到生活型福利再到权利型福利（乜琪，2016），中国农民福利状况得到巨大改善，福利水平稳步提高。

一、集体供给下的生存型福利发展

新中国成立初期，农业生产合作化及人民公社制度为农民集体福利事业奠定了制度基础。1956 年，全国人大通过的《高级农业生产合作社示范章程》明确提出了建立特殊劳动保护、优抚政策、文化福利事业、五保户制度、集体救济和集体粮食储备等重要福利举措，③ 极大扩充了农民福利的外延。同时，人民公社的组织军事化、行动战斗化、生活集体化降低了

---

① 国家统计局编：《中国统计年鉴（2018）》，中国统计出版社 2018 年版。
② 广义社会福利视野下，农民福利在内涵上指农民个体对生活的满足状况及其必备要素，本质上表现为一种良好的生存状态与生活支持系统；在外延上即农民在直接劳动所得之外由不同福利主体所提供的福利总和，具体包括社会保障、社会服务与精神文化福利等。参见韩央迪、李迎生（2014）。
③ 中共中央文献研究室编：《建国以来重要文献选编（1956）》，中央文献出版社 1994 年版。

家庭的福利供给功能，促进了农村地域社区范围内集体性公共福利事业的迅猛发展。①

然而，由于缺乏必要的财政支持，这些内容丰富的福利举措终究难以为继。1962年，在经历"三年困难时期"后，农业合作化退回"三级所有，队为基础"的小集体模式。同时，为保障农民福利事业的继续发展，《农村人民公社工作条例修正草案》规定，农村生产队根据收入和需要，一般提取公积金3%～5%，用于扩大农业再生产；一般提取公益金2%～3%，用于社会保险和福利事业。由此，集体经济时期农民经济福利和公共生活福利并存的福利格局基本形成（刘继同，2002）。其中，经济福利主要指农业生产过程中农田水利等基础设施建设和土壤改良、良种普及等经济性服务；公共生活福利则主要包含公共食堂、幼儿园、托儿所、缝衣组、理发室、公共浴堂、幸福院、农业中学、红专学校和儿童福利事业等主要内容。由此可见，集体供给制度下中国农民福利范围较为广泛。集体经济时期中国农村居民收入水平普遍较低，加之农村福利事业内容广泛，该时期中国农民福利水平相对较低。事实上，人民公社时期农民需求范围主要局限在基本生活需要，并且可供选择的满足途径十分有限。农民物质生活处于普遍性贫困之中，其福利水平也呈现较为显著的生存型特点。

二、"民办公助"下农民福利发展

改革开放以来，农村经济体制变革极大提高了农村劳动生产力水平，继而推动了农民生活质量及福利水平的改善。一方面，农民生产经营自主权的提高加之农业劳动成果分配方式的改变，充分调动了农民生产积极性；另一方面，市场化改革使得统购统销机制逐步放开，农产品价格稳步提升。由此，改革开放初期，农民收入快速增长，其福利水平也不断提高。但是，随着体制改革释放的红利逐渐消失，农民收入补偿性增长开始放缓，其福利水平也呈现税负承担与福利获得不成比例的特点（韩央迪、李迎生，2014）。

---

① 中共中央文献研究室编：《建国以来重要文献选编（1958）》，中央文献出版社1995年版。

改革开放初期，为了保持农民福利水平，原有"三提五统"模式得以继承。在农村家庭联产承包责任制逐步推广而集体经济逐步瓦解的过程中，这一提取多由村委会代替生产队实现。由于集体经济的解体，提取行为不再针对集体而由农户直接承担，对农民心理影响较为直接。同时，在农民获得劳动支配权之后，农村公共基础设施建设劳动调度不再灵活，取而代之的是政府主导下的农民摊派，其结果是公共物品供给货币成本的上升和农民分摊压力的加大。此外，农村福利事业发展政府财政投入十分有限，并且预算外提留资金使用效率较为低下。由此，改革开放后，农民个体及其家庭成为自身福利的供给主体，政府在一定程度上起辅助作用。以农村卫生支出为例，1980~2000年，农民个人卫生支出在总支出中所占比重由23.2%上升至60.6%，相对而言，政府和集体支出则分别由40.4%和36.4%下降至24.5%和14.9%（见图9-3）。

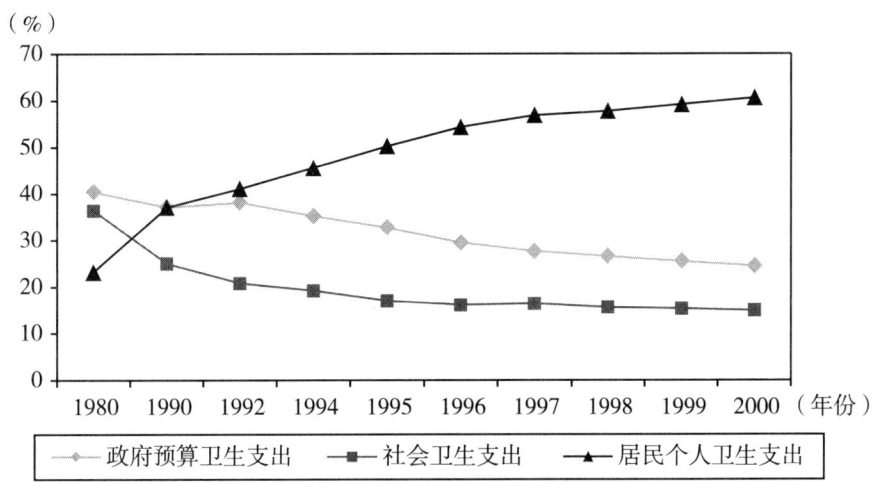

图9-3 1980~2000年中国农村卫生经费支出构成

资料来源：仉琪，《土地与农民福利：制度变迁的视角》，社会科学文献出版社2016年版，第140页。

改革开放后至21世纪农村税费改革前，以家庭联产承包责任制为核心的农村经济体制改革使得20世纪80年代农民收入快速增长。与此相伴，农民福利水平摆脱了集体经济时期生存型特点而有了根本性提高。但另一方面，集体经济的解体、政府财政投入的不足使得"民办公助"成为农民福利供给的主要形式。在这一模式下，农民个体及其家庭承担了福利供给的主体责任，而政府则发挥着辅助作用。由于20世纪80年代中期以后农民收入增长放缓，加之提留经费使用因缺乏监督而导致低效率，与农民日益增长的税费负担相比，其福利水平在一定程度上呈现停滞不前的特点。

三、政府主导下农民福利发展

21世纪以来，伴随着城镇化的快速推进，破解城乡二元体制、缩小城乡发展差距日益受到中国政府的重视。为此，统筹城乡发展，实施"工业反哺农业、城市支持农村"等发展思路相继提出并加以贯彻。在此基础上，农民减负和加大农村社会建设财政投入等成为中国农村工作的重要思路。一方面，为了减轻农民负担，国家逐步免除各项税负和集体摊派，典型的如废除农业税等；另一方面，随着分税制改革以来政府财政汲取能力的提升和公共财政收入的快速增长，财政支农力度空前加强，农村社会建设财政投入迅速增加。此外，自2004年起，中央连续发布一号文件以优化农业农村发展环境，继而为农民增收创造条件。

在农民减负、农业增收及政府财政投入力度显著加强的背景下，21世纪以来中国农民福利实现稳步提升。医疗卫生领域，2002年10月中共中央、国务院下发《关于进一步加强农村卫生工作的决定》，提出了实行以个人、集体和政府多方筹资为主，更加强调政府责任的新型农村合作医疗（以下简称"新农合"）。截至2010年，中国农民新农合参加率达96%，人人都能享有初级保健的目标基本实现。教育领域，2005年12月国务院发布《关于深化农村义务教育经费保障机制改革的通知》，将农村义务教育全面纳入公共财政范围。2006年6月新修订的《中华人民共和国义务教育法》以法律形式明确政府在农村教育经费投入中的主体责任，由此农村居民义务教育负担大为减轻。社会救助领域，2007年9月国务院发布《关于在全国建立农村最低生活保障制度的通知》，要求在全国范围建立农村最低生活保障制度（以下简称"低保"）。在政府投入力度不断加强因而补助标准不断提高的背景下，低保覆盖范围迅速扩大，"应保尽保"基本实现。养老领域，2009年9月，国务院颁布《关于开展新型农村社会养老保险试点的指导意见》，全国范围内新型农村社会养老保险制度试点工作全面展开。在"试点、扩大试点、普遍实施"的建设思路下，2012年7月1日起，新型农村养老保险制度全覆盖工作启动，标志着中国农村养老保险制度建设取得了阶段性成果。总体而言，进入21世纪，由于政府财政投入力度的不断加大，政府主导下中国农村居民医疗卫生、教育、养老和社会救助等领域保障水平不断提高，农民福利稳步提升。

党的十八大以来，农民福利水平继续提升。进入新时期，新型城镇化建设、精准扶贫及农业供给侧结构性改革等为农业农村发展注入了新活力。在此基础上，农村基础设施建设及公共物品供给数量和质量进一步提高，城乡居民基本医疗保险、养老保险等实现整合并轨，农民福利水平得到有效保障。2017年10月，党的十九大提出要坚持农业农村优先发展，按照产业兴旺、生态宜居、乡风文明、治理有效、生活富裕的总要求实施乡村振兴战略，在决胜全面建成小康社会的背景下，中国农民社会保障、社会服务与精神文化等需求将得到更大程度的满足。

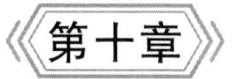

农村社会发展

新中国成立初期,在传统计划经济体制下,农村社会发展以集体经济为基础,政策体系从无到有,促进了中国农村社会的初步发展。改革开放后,在向社会主义市场经济转轨过程中,中国积极对农村社会发展政策进行调整,进一步提升了农村社会发展水平。21世纪以来,在统筹城乡发展理念下,中国农村社会各项事业实现了快速发展,农民生活水平显著提升。党的十八大以后,经济发展进入新常态,中国农村社会发展不仅注重量的提升,更加强调质的飞跃。随着对农村社会发展支持力度的不断加大,"学有所教、病有所医、老有所养、弱有所扶"的农村社会发展新格局基本形成。

第一节 农村教育

作为国家教育体系中具有基础性、先导性和全局性的部分,农村教育影响广泛(杨东平等,2013)。办好农村教育、推进教育发展,是建设教育强国、实现中华民族伟大复兴的重要基础。新中国成立后,面对经济社会环境的持续变化,中国积极探索,走出了一条惠及全民的农村教育发展之路。

第十章 农村社会发展

一、农村教育的初步发展

新中国成立前夕，具有临时宪法性质的《中国人民政治协商会议共同纲领》将新中国文化教育政策定性为"民族的、科学的、大众的教育"，并指出"有计划有步骤地实行普及教育，加强中等教育和高等教育"，"以应革命工作和国家建设工作的广泛需要"。基于此，新中国成立初期，国家确立了"教育为工农服务，为生产建设服务"的方针。在当时乡村人口占绝大部分的时代背景下，农村教育成为国家教育发展的重心。为此，中国通过学制改革、发展师范教育、举办农民业余教育和鼓励多种办学形式等措施，为农村教育的发展打下了坚实的基础。

1951年8月，政务院发布《关于学制改革的决定》，旨在保障劳动人民完全享受初等文化教育的权利。针对旧学制初等学校修业六年并分初高两级、不同程度学校衔接不到位等弊端，新学制缩短初等教育年限为五年，并且取消分段制，同时在初等教育中设立小学、青年成人初等学校、业余学校和识字学校，以针对不同年龄和文化程度的人群。此外，新学制还使得各类学校在教育系统中相互贯通，形成了一条人民教育的"康庄大道"。学制改革的同时，为适应学前教育和初等教育发展的需要，1952年3月教育部颁布《幼儿园暂行规程（草案）》，提出根据新民主主义教育方针教养幼儿，同时减轻母亲负担，使其能够更加专注于生产劳动等。另外，中国还大力提倡发展师范教育并确立了培养百万人民教师的目标，这对中国农村教育的深入推进产生了深远影响。

20世纪50年代中期，为推动农业生产发展，农民教育被赋予新的重要使命。1956年3月，中共中央、国务院发布《关于扫除文盲的决定》，要求5~7年基本扫除文盲。随后，"扫盲"工作在全国范围内如火如荼地展开。1959年5月，《中共中央、国务院关于在农村中继续扫除文盲和巩固发展业余教育的通知》要求鼓足干劲，继续在农村开展扫盲运动，利用一切时机、采取一切有效办法组织未摆脱文盲状态的农民参加识字学习。到1966年，全国共扫除文盲1.02亿，其中包含大量农村文盲（张乐天等，2010）。

在经历了短暂发展后，农村初等教育广泛兴起而导致的升学问题相继显现。为解决此类问题，同时培养一批具有一定农业生产知识的初级人才，集体办学得到中央的大力提倡。1957年6月，教育部发出通知，认为中国地广人多、经济落后，必须开展多种形式办学才能满足升学要求。1958年4月，《人民日报》发表社论，指出发展民办农业中学对于满足广大农民学习科学文化和小学毕业生升学需求具有重大作用。1958年9月，中共中央、国务院在《关于教育工作的指示》中肯定群众办学的这一条"腿"与国家办学的另一条"腿"都具有重要作用。自此，"两条腿走路"，多种形式办学成为指导中国教育发展的重要理念之一。

新中国成立后的前17年，中国的一系列政策举措为农村教育发展打下了良好基础。尽管20世纪50年代末的"大跃进"运动使得盲目追求教育规模发展之风盛行，但中央很快对其做出调整。总体来看，该时期中国农村教育得到了初步发展，农村教育体系初步建立，农民知识文化水平得到一定提升。

二、"革命性"农村教育

1966年，"文化大革命"的兴起对中国农村教育发展产生了巨大影响，"非规范性"的农村教育政策对新中国成立初期形成的农村教育发展局面产生了较大消极影响。

首先，虽然农村基础教育得到进一步推进，但教学质量普遍下降。"村村有小学，队队有初中，社社有高中"的办学格局在"文化大革命"后期基本形成。与教育规模迅速膨胀相伴随的是师资需求的快速增加。由于作为办学主体的社队在这一时期实际承担了民办教师聘用及支付报酬的责任，加之期间师范教育体系的破坏，民办学校师资力量参差不齐。原有下放的公办教师、"五七大军"[①]、"工农兵"等组成了教师队伍的主要力量。由于缺乏系统教育且生活水平无法保障等原因，该时期

---

① "文化大革命"中，以改造资产阶级世界观、接受贫下中农再教育为目的，以下放劳动为特征的干部和知识分子称为"五七大军"，典型的如下乡的知识青年。

农村教师质量无法保障,加上教学制度的非规范性,农村教育质量普遍下降。

其次,结构单一的学校政策和形式多样的教学改革政策与农村教育发展实际需求并不相符。以农业中学为主要形式的农村职业教育被停办,农村中等教育结构单一,农业实用技术人才短缺。与此同时,1967年1月,在"全面夺权"的浪潮下,贫下中农宣传队纷纷进驻学校,并实际掌握了学校管理权,在此基础上,形式多样的学校改革政策,如教学形式改革、考核形式改革、教学方法改革等层出不穷,对学校教学秩序造成极大冲击,不利于农村教育的发展。

综合而言,在"文化大革命"时期,"非规范性"的教育政策给农村教育发展带来了消极影响。

三、农村教育制度恢复与政策变革

20世纪70年代末到80年代初,中央出台了一系列政策文件,旨在恢复"文化大革命"时期遭受破坏的有益做法,并根据实际需要做出调整。总体来看,主要体现在以下方面。一是强化对农村学前教育的宏观调控与管理。1979年10月,中共中央、国务院发布《全国托幼工作会议纪要》,提出设立托幼工作领导小组,并规定了领导小组组成部门及其职责。在此基础上,1983年9月,教育部《关于发展农村幼儿教育的几点意见》重申"两条腿走路"的农村学前教育发展方针,提出农村应以集体办园为主,充分调动社、队的积极性;采取多种渠道筹集资金以发展农村幼儿教育,家长应缴纳少量费用作为一部分教育经费。该意见的颁布明确了农村学前教育在财政支出中占有一席之地,对促进农村学前教育发展产生了良好效果(储朝晖,2008)。二是围绕高考制度着手恢复农村中小学正常教学秩序。1978年9月,教育部重新出台《全日制中学暂行工作条例(试行草案)》《全日制小学暂行工作条例(试行草案)》,这对全国中小学教学秩序的恢复起到了良好作用。三是围绕职业教育发展调整农村中等教育结构。1983年5月,中共中央、国务院发布《关于加强和改革农村学校教育若干问题的通知》,就农村中等教育结构改革提出具体要求,强调发展职业教育是振兴农村经济的重要措施,为农村职业教育的发展定下了基调。四是围绕教师培训和发展师范教育,注重加强农村中小学师资队伍建设。1977年,教育部出台《关于加强中小学在职教师培训工作的意见》,要求从省到县建立一套完善的师资培训网,提升教师队伍教学水平。随后,1978年10月,教育部印发《关于加强和发展师范教育的意见》,强调统筹规划发展师范教育,以更好地适应新时期教育发展需要。除此之外,改革开放后,普及农村小学教育、继续开展农村扫盲工作等仍然是政府关注的重点,并在相关政策支持下稳步推进。

在着手恢复部分制度的同时,农村教育改革也有序推进。1985年5月颁布的《中共中央关于教育体制改革的决定》是改革开放后中国教育政策建设中的一座里程碑,其中,九年义务教育的实施为推动农村教育发展产生了深远影响。1986年7月1日起《中华人民共和国义务教育法》实施,从法律层面为中国义务教育的发展提供了保障。随后,1987年6月国家教育委员会、财政部出台《关于农村基础教育管理体制改革若干问题的意见》,突出强调县、乡政府在基础教育管理中的职责。随着改革的深入推进及政府财政能力的增强,20世纪90年代初期尤其是分税制改革以后,中国开始强调县级政府在义务教育中的主体责任,其中就包括经费筹集等。另外,为适应农村经济发展的需要,新一轮农村教育结构改革也快速兴起。20世纪80年代中期至90年代末,中国政府对农村教育结构进行了大胆变革,期间涌现出了一批比较有代表性的农村教育综合改革计划,如1988年国家教委实施的"燎原计划"等,有力推动了中国农村职业教育的发展。

通过不断调整和完善相关教育政策,改革开放之初到20世纪80年代,中国农村教育获得较大发展,学前教育再度兴起,义务教育广泛普及,教师水平明显提升,教育结构显著改善。

四、农村教育的高质量发展

进入21世纪以后,随着工业化、城镇化的快速推进,中国农村教育制度环境发生了深刻变化。在继续发展基础教育、提高师资水平等的同时，中国高度重视对农村教育发展的财政支持，通过加强农村学校基础设施建设、减轻农民教育负担、关爱农村学生健康成长等措施推动农村教育高质量发展。

为促进学前教育发展，解决"入园难"问题，2010年11月国务院印发《关于当前发展学前教育的若干意见》。其中提到，国家要实施推进农村学前教育项目，重点支持中西部地区，并要求地方各级政府安排专门资金，重点建设农村幼儿园。通过实施学前教育三年行动计划，农村"入园难"问题逐步缓解。

在义务教育发展方面，鉴于中国城镇化水平的快速提升及农村适龄学生数量的变化，2001年国务院出台《关于基础教育改革与发展的决定》，计划通过"撤点并校"的方式整合农村教育资源。这对规范农村教育具有一定的积极作用，但对于部分偏远地区，这一举措增加了农村学生上学成本。为进一步规范农村义务教育学校布局调整，2012年，国务院办公厅出台了《关于规范农村义务教育学校布局调整的意见》，要求农村义务教育学校布局调整要处理好提高教育质量和方便学生就近上学的关系，并从科学制定农村义务教育学校布局规划、严格规范学校撤并程序和行为、办好村小学和教学点、解决学校撤并带来的突出问题等方面进行了规范。解决教育经费保障问题是促进农村教育发展的重要基础和前提，为强化政府对农村义务教育的保障责任，2005年12月国务院发布《关于深化农村义务教育经费保障机制改革的通知》，将农村义务教育全面纳入公共财政范围，通过"两免一补"（指农村义务教育阶段免教科书费、免杂费，补助寄宿生生活费）、提高农村义务教育阶段中小学公用经费保障水平、建立农村中小学校舍维修长效机制、巩固和完善农村中小学教师工资保障机制等措施，减轻农民教育负担，改善农村学生学习、生活条件。2006年，新修订的《中华人民共和国义务教育法》将农村教育经费保障机制纳入其中，使得该项政策最终走向制度化。此后，国家农村教育生均财政经费投入迅速上升。截至2012年，全国农村小学生均公共财政预算教育事业费支出6017.6元，不考虑价格因素，较2006年的1505.5元增长了3.0倍，年均增长26.0%；农村初中生均支出7906.6元，较2006年的1717.2元增长了3.6倍，年均增长29.0%。①

党的十八大以来，中国继续高度关注农村教育发展问题。在农村教师队伍建设方面，2015年6月国务院办公厅印发《乡村教师支持计划（2015—2020年）》，提出要通过提高教师素质、改善教师工资福利待遇等举措建立一支优秀、稳定的乡村教师队伍。同时，为促进城乡义务教育一体化发展，2015年11月国务院印发《关于进一步完善城乡义务教育经费保障机制的通知》，提出在整合农村义务教育经费保障机制和城市义务教育奖补政策的基础上，建立城乡统一、重在农村的义务教育经费保障机制。这期间，农村义务教育经费支出不断加大。2017年，全国农村小学生均公共财政预算教育事业费支出9768.6元，不考虑价格因素，较2012年的6017.6元增长62.3%；农村初中生均支出13447.1元，较2012年的7906.6元增长70.1%。② 此外，自2013年"精准扶贫"提出后，2015年底召开的中央扶贫工作会议首次提出"发展教育脱贫一批"的目标，教育领域精准扶贫得到广泛开展。2017年，党的十九大提出"推动城乡义务教育一体化发展，高度重视农村义务教育，普及高中阶段教育，努力让每个孩子都能享有公平而有质量的教育"。未来的农村教育发展应该以提高农村教育质量为重点，尤其是在农村义务教育方面，要逐渐建立和完善优质教育资源共享机制，并促进农村家庭教育和社会教育的有序发展，形成教育合力，不断提升教育质量。

第二节 农村合作医疗

解决好农民看病问题是实现健康中国战略的重要组成部分。新中国成立以来，农村合作医疗为保障农民身体健康发挥了重要作用，并一度

---

①② 根据以下内容整理：教育部、国家统计局、财政部，《关于2006年全国教育经费执行情况统计公告》，教育部网站，2007年12月28日；教育部、国家统计局、财政部，《关于2012年全国教育经费执行情况统计公告》，教育部网站，2013年12月27日。

被世界银行和世界卫生组织誉为"发展中国家解决卫生经费的唯一范例"(曹普,2006)。70年来,农村合作医疗制度得到不断调整、改革与完善。

一、农村合作医疗的兴起与普及

农村合作医疗的实践源自广大农民的积极探索。早在20世纪40年代,陕甘宁边区就已出现医药合作社、卫生合作社等医疗服务机构,合作理念进入医药领域。新中国成立初期,席卷全国的农业合作化浪潮催生了农村合作医疗制度。早期的实践如山西省高平县米山乡联合保健站、河南省正阳县王店乡"社办合作医疗制度"等,尽管称呼各异,但"合医、合防、不合药"的集体医疗保健制度[1]取得巨大反响。1956年6月,第一届全国人大二次会议通过《高级农业生产合作社示范章程》,首次在法律层面赋予集体介入农村社会成员疾病医疗保障的职责,推动了农民在农业生产合作化进程中创造和开展互助合作医疗(伍凤兰,2009)。

1958年春,人民公社化运动的开展加速推进了农村合作医疗制度的发展。1958年8月,河南省遂平县嵖岈山卫星人民公社首次提出"合作医疗"这一概念,指出"公社实行合作医疗,社员按照家庭人口多少,每年交纳一定数量的合作医疗费,就诊不另交费"。这一理念很快得到中央的认同和支持。1958年9月,卫生部《健康报》发文指出,合作医疗是具有共产主义性质的公共福利事业,应当进行大力推广。在相关部门的推动下,随着人民公社化运动的深入开展,农村合作医疗制度渐趋成熟。1959年1月,山西省稷山县太阳村开始实行合作医疗制度,社员每人每年交2元保健费即可实现免费治病,不足部分从公益金中补助。此后,"大家集资,看病免费"的经验迅速得到推广(岳谦厚、贺蒲燕,2007)。1959年11月,全国农村卫生工作会议在稷山召开,会后卫生部党组向中央提交的

---

[1] 在该项制度下,通过从农业合作社提取公益金及获取药费收入等方式,每个农民只需定期交纳低额"保健费"便可享受预防保健服务,就诊时除药费外,免收其他一切费用。

《关于全国农村卫生工作山西稷山现场会议的报告》及附件《关于人民公社卫生工作几个问题的意见》充分肯定了稷山合作医疗经验。1960年2月，中央转发卫生部党组报告，并认为"报告及其附件很好"，要求各地参照执行。在中央的肯定与支持下，农村合作医疗在全国范围内得到有力推广，其行政村覆盖率由1958年的10%迅速上升到1962年的46%（王绍光，2008）。

1960年，国民经济出现一定困难，值此背景下，中央对"治病方面一个时期公社有包下来的倾向"进行了批评。集体投入的减少使得合作医疗覆盖率快速下降。此后，城乡之间医疗卫生状况的巨大反差引起了中央的高度关注。1965年6月26日，毛泽东作出了"把医疗卫生工作的重点放到农村去"的指示，即"六二六"指示，随后中共中央批转了卫生部党委《关于把卫生工作重点放到农村的报告》，但因其关注点聚焦于为农民提供医疗卫生服务和农村卫生人员的培养，对侧重医疗筹资的农村合作医疗制度并未起到太大促进作用（王绍光，2008）。

经历了一段时期的徘徊后，20世纪60年代末，农村合作医疗开始逐渐普及。1968年夏天，上海市川沙县"赤脚医生"经验经《红旗》杂志发表并由《人民日报》转载后闻名天下；同年，毛泽东在批示湖北省长乐县乐园人民公社举办合作医疗的经验时指出"合作医疗好"，并由新华社、《人民日报》和《光明日报》等进行了大量报道。在媒体的强力宣传下，"赤脚医生"和农村合作医疗制度在全国范围内蓬勃发展。1978年，第五届全国人大一次会议通过的《中华人民共和国宪法》将合作医疗纳入其中，以国家根本大法的形式确立了合作医疗的地位。1979年，卫生部发布《农村合作医疗章程（试行草案）》，将合作医疗定义为"人民公社社员依靠集体力量，在自愿互助的基础上建立起来的一种社会主义性质的医疗制度，是社员群众的集体福利事业"，标志着合作医疗的制度化。

集体经济时期，以人民公社卫生院、生产大队卫生所和生产队卫生室为依托，以"赤脚医生"为核心力量，农村合作医疗的广泛实施为保障农民"病有所医"、提高农村基本公共卫生服务供给水平发挥了重要作用。

从此,中国农村基本公共卫生服务告别了传统"无人问津"的局面,开启了政府主导下服务水平不断提高的新时期。

二、农村合作医疗的衰退与重建

人民公社解体后,在大部分乡村集体经济薄弱的情况下,合作医疗从集体提取公益金的方式失去可行性,筹资来源出现"断层"。同时,集体经济的解体也使得多数村庄无力支付"赤脚医生"的适当报酬,加之集体种药、采药和制药过程无法实现,用药成本急剧上升,大量医疗服务站被迫转卖或承包给个人。此外,改革开放初期,政府对农村合作医疗的态度由此前的大力支持转变为放任自流,直接导致20世纪80年代农村合作医疗出现大面积解体,其行政村覆盖率骤降至1983年的11%,一度处在崩溃边缘(王绍光,2008)。

合作医疗的解体使得"看病贵""看病难"等问题再度凸显,如何保障农民基本医疗卫生权利再度引起关注。1986年,中国政府在第39届世界卫生大会上做出了到2000年人人享有卫生保健的承诺。此后,中央多次重申这一目标,并把重建农村合作医疗制度作为实现这一目标的重要途径。1991年,中央财政拨出2000万元专款扶持农村合作医疗,次年,该款项增至7500万元(王绍光,2008)。1993年,《中共中央关于建立社会主义市场经济体制若干问题的决定》明确提出要发展和完善农村合作医疗制度。在此基础上,1996年,《国民经济和社会发展"九五"计划和2010年远景目标纲要》将上述任务细化,提出要"发展合作医疗,完善县、乡、村三级医疗保健网"。1997年1月中共中央、国务院发布《关于卫生改革与发展的决定》,提出要积极稳妥地发展和完善农村合作医疗制度;同年5月,国务院对其作出具体部署。在系列政策的支持推动下,20世纪80年代后期尤其是90年代以来,社会各界对农村合作医疗制度的重建进行了积极探索,并涌现出一大批由国际组织、中国政府和国内外高校等主导进行的农村医疗试验项目(见表10-1),为农村合作医疗的恢复与重建提供了有益经验。

表 10-1　20 世纪 80~90 年代主要农村医疗试验项目

项目名称	起止时间	相关组织	执行环境
中国农村健康保险实验研究	1985~1991 年	卫生部、美国兰德公司	四川简阳、眉山
中国农村合作医疗保健制度改革	1993~1998 年	国务院政研室、卫生部、世界卫生组织	全国 7 个省的 14 个县
中国农村贫困地区卫生筹资与组织	第一阶段，1992~1996 年；第二阶段，1996~2000 年	中国卫生经济培训与研究网络、美国哈佛大学	第一阶段，全国 14 个省 114 个县进行基线调查；第二阶段，8 个省 10 个国家级贫困县的 23 个乡镇开展多种形式合作医疗试点工作
市场经济条件下合作医疗制度改革与发展	1999 年	卫生部基妇司、联合国儿童基金会	—
加强中国农村贫困地区基本卫生服务	1998~2005 年	世界银行、中国政府	中西部 7 个省（区）71 个国家级和省级贫困县
中国农村合作医疗最佳实践模式	2000~2002 年	WHO、UNDP，卫生部规划财务司、基层卫生与妇幼保健司	集中在合作医疗比较好的典型地区

资料来源：王绍光，《学习机制与适应能力：中国农村合作医疗体制变迁的启示》，载于《中国社会科学》2008 年第 6 期。

尽管中国政府和社会各界做出了诸多尝试，但效果却并不尽如人意，究其根源在于农村合作医疗筹资问题并未解决。1997 年以后，为减轻农民负担，农业部等五部委出台《减轻农民负担条例》，明确将合作医疗项目列为农民负担收费项目而禁止。由此，农村合作医疗再度陷入困境，其行政村覆盖率由 1997 年的 17% 降至 1998 年的 6.6%（王绍光，2008）。

三、新型农村合作医疗的深入实施

传统农村合作医疗制度重建的失败彻底打破了"以个人投入为主"重建合作医疗的幻想（王绍光，2008），新时期农村合作医疗的普及必须依靠各级政府的财政支持。事实上，20 世纪 90 年代中期财政分税制改革实施以来，中央与地方各级政府财政汲取能力显著增强，财政收入快速增长。与此同时，城镇医疗保障制度在21世纪初已基本成型，政府医疗保障工作的重心转向农村。经过大量研究试点工作，2002年10月，中共中央、国务院出台《关于进一步加强农村卫生工作的决定》，明确提出要建立新型农村合作医疗制度，并且实现到2010年农民人人都能享有初级卫生保健。

新型农村合作医疗制度是相对于传统的、旧的合作医疗制度而言，由政府组织、引导、支持，农民自愿参加，个人、集体和政府多方筹资，以大病统筹为主的农民医疗互助共济制度。在这一理念定位下，中国政府对新型农村合作医疗的财政扶持力度持续加大。2005年12月，《中共中央国务院关于推进社会主义新农村建设的若干意见》明确指出，从2006年起，中央和地方财政要较大幅度提高新型农村合作医疗补助标准。此后，无论是在补贴额度、农民参合率还是受益人次上，新型农村合作医疗都实现了快速发展。2010年，中国农民参加新型农村合作医疗的比例达到96%，人人都能享有初级保健的目标基本实现。①

党的十八大以来，新型农村合作医疗制度进一步完善和调整。一是不断提高政府补助标准。2017年，政府新型农村合作医疗人均补贴额增长至450元，较2012年名义增长87.5%。② 二是在基本实现新型农村合作医疗制度的全覆盖后，中国更加注重农村医疗卫生工作质的提升，体现在推进各级定点医疗机构与省内新型农村合作医疗信息系统的互联互通，发展惠及农村的远程会诊系统，推进基本医疗保险全国联网和异地就医直接结算等。三是为实现城乡居民公平享有基本医疗保险权益，2016年1月国务院印发《关于整合城乡居民基本医疗保险制度的意见》，提出推进城镇居民基本医疗保险制度和新型农村合作医疗制度整合，逐步在全国范围内建立起统一的城乡居民基本医疗保险制度。2017年，党的十九大提出要完善统一的城乡居民基本医疗保险制度和大病保险制度。未来的农村合作医疗发展，重点是继续提升基层医疗机构的医疗服务水平，并不断完善合作医疗

---

① 国家统计局网站数据库。
② 《卫计委回应"新农合缴费每年涨"：政府补贴占七成以上》，http://finance.people.com.cn/n1/2017/1207/c1004-29691748.html，2017年12月7日。

异地结算办法，为农村居民获得个性化、高质量的卫生医疗服务创造有利条件。

第三节　农村养老

建立健全农村社会养老保障体系是保障老有所养和农村社会稳定的必然要求。新中国成立后，尤其是改革开放以来，伴随着中国人口老龄化问题的日益突出，如何解决农民养老问题成为社会各界关注的焦点。几十年来，中国经济社会的持续发展为解决这一问题提供了良好条件，农村社会"老有所养"的局面基本形成。

一、传统家庭养老向集体经济体制下的家庭养老转变

新中国成立初期，中国农村社会基本延续了传统家庭养老的方式。但随后，农业合作化的开展与推广使得集体经济迅速壮大，农村家庭养老逐渐向集体经济体制下的家庭养老转变。

集体经济的发展和人民公社制度的建立打破了传统家庭养老的方式。一方面，集体经济制度下农民供给制、工分制的收入分配方式很大程度上破坏了家庭作为一个消费、再分配单位的性质，传统家庭养老的经济基础遭到破坏；另一方面，人民公社统一领导、统一调配、统一指挥的生产管理方式使得家庭内部劳动分工不复存在，加之集体食堂的兴办、宗族组织的弱化，传统家庭养老的组织基础也遭到削弱。值此背景下，农村养老模式开始走向集体队社安排下的老年保障，队社成员中的老人可以分配较轻劳动从而参与集体分配，或者退出劳动而从集体取得基本生活资料。由此，农民养老问题主要由集体安排和照顾，农村老年人的生活资料主要是凭借个人集体身份来获得。

综合而言，新中国成立后农村传统家庭养老向集体经济体制下的家庭养老的转变在很大程度上是为了迎合农业集体化的需要，从该层面看，它与特定时期中国政府的大力推进密切相关。应该说，集体经济体制下的家

庭养老在缓解农民养老压力上发挥了一定作用,但在国家主导而制度安排与资金投入明显不足的情况下,其瘫痪与解体却也蕴含着某种必然性(李捷枚,2016)。

二、农村社会养老保险制度的探索

20 世纪 80 年代初,仿照城市职工社会养老保险的做法,东部沿海部分发达省份开始探索农村社会养老保险制度。1982 年,全国 11 个省(市)的 3457 个生产队实行了养老金制度,这是中国较早完全意义上的农村社会养老保险实践(严俊,2009)。各级政府的早期探索使得农村社会养老保险制度逐渐进入中央政府的视野。1985 年,《中共中央关于制定国民经济和社会发展的第七个五年计划的建议》明确提出要研究制定城乡社会养老保险制度。1986 年,民政部等在"全国农村基层社会保障工作座谈会"上对"七五"计划进行细化,提出要根据农村实际,在经济比较发达的地区开展以社区为单位的养老保险。1987 年 3 月,经国务院同意,民政部印发《关于探索建立农村基层社会保障制度的报告》,要求各地区加快建立农村养老保险制度的步伐。此后,全国各地广泛开展农村社会养老保险试点工作。截至 1989 年 6 月,开展农村社会养老保险试点的省(自治区、直辖市)共 19 个,涉及 190 个县(市、区、旗),参保人数约 90 万人(王立剑,2017)。

在总结自行试点地区工作经验的基础上,1991 年,民政部决定进一步扩大农村养老保险试点范围。1991 年 6 月《农村社会养老保险基本方案(草案)》出台,该方案确定了以县为单位开展农村养老保险的原则,并在山东牟平、龙口等五县进行试点;10 月,民政部主持召开"全国农村社会养老保险工作会议",肯定了上述养老保险基本方案,并在修改完善的同时,要求将试点范围扩大至 100 个县。至此,中国农村养老保险试点工作取得了初步成效。

三、农村社会养老保险制度的确立与停滞

1992 年 1 月,民政部在广泛探索与总结的基础上颁布了《县级农村社

会养老保险基本方案（试行）》，标志着中国农村养老制度建设进入新时期。该方案规定，城镇户口、不由国家供应商品粮的农村人口在参加养老保险的基础上，60周岁以后可领取养老保险金；养老资金筹集以个人交纳为主，集体补助为辅，国家给予政策扶持。同时，方案还对养老资金的管理监督、保值增值等问题作出规定，由此确立了农村养老保险制度的基本框架。

在此基础上，1992年7月民政部召开"全国农村养老保险工作经验交流会"，要求各地加强农村养老保险制度建设；同年12月，民政部召开"全国农村养老保险工作会议"，要求全面推广农村养老保险制度。1993年，国务院批准民政部成立农村社会保险司，次年，农村社会养老保险管理服务中心组建。随后，全国各级地方政府有关管理机构相继成立，农村社会养老保险组织机构得以健全。与之相伴，1994年民政部先后出台《农村社会养老保险养老金计发办法（试行）》等文件，农村社会养老保险制度逐步完善。在政府的大力推动下，农村社会养老保险参保人数迅速增长。到1998年底，全国已有2123个县（市）开展农村社会养老保险工作，覆盖全国65%的乡镇，参保人数达8025万人。①

1998年国务院机构改革中，民政部农村社会保险职能被划归新组建的劳动和社会保障部。机构改革背景下，受部门间职能交接导致政策执行不力等多重因素影响，农村社会养老保险工作出现困难，部分地区出现暂停征缴、中断保险和强制退保等现象，由此引发了中央政府对农村社会养老保险制度实施条件是否成熟的怀疑。1999年7月，《国务院批转整顿保险业工作小组〈保险业整顿与改革方案〉的通知》指出，"中国农村尚不具备普遍实行社会保险的条件。对民政系统原来开展的'农村社会养老保险'，要进行清理整顿，停止接受新业务，区别情况，妥善处理，有条件的可以逐步将其过渡为商业保险"。自此，中国农村社会养老保险发展陷入停滞，参保人数未能实现进一步上升。

20世纪90年代农村社会养老保险制度的确立是社会各界广泛探索的结果，它的实施与发展毋庸置疑在一定时期发挥了积极作用，但随着经济

---

① 劳动和社会保障部、国家统计局：《1998劳动和社会保障事业发展统计公报》，载于《中国劳动保障》1999年第7期。

社会环境的变化与其实施的深入，该项制度的缺陷也日益凸显。在缺乏参保强制性，以及因以个人账户为主、政府补贴微薄而导致其互助性薄弱等的局限下，该项制度逐渐衰弱。

四、新型农村社会养老保险制度的建设与发展

进入21世纪，中国人口老龄化问题日益严重。1990年，中国65岁以上老年人口占总人口比重为5.6%，同期老年抚养比为8.3%；2008年，65岁以上老年人口占比上升至8.3%，同期老年抚养比上升至11.3%。[1]老龄人口的急剧增长加之传统农村养老保险制度的瘫痪，如何解决好农民养老问题引起了社会各界的广泛关注，一时间，各级政府掀起了探索建立新型农村养老保险制度的热潮。

地方层面，2001年10月江苏常熟制定的《常熟市农村养老保险暂行规定》提出了新农保缴费财政补贴和社会养老补贴的补助制度；2007年9月陕西陈仓发布的《陈仓区新型农村社会养老保险试行办法》对个人缴费、政府财政补贴和领取标准都进行了规定。中央层面，2006年1月，劳动和社会保障部在北京大兴、福建南平等地区启动了新的农村社会养老保险制度建设试点工作；2007年8月，"新型农村社会养老保险制度"首次出现在中央部委相关文件中；2008年10月，《中共中央关于推进农村改革发展若干重大问题的决定》明确提出要按照个人缴费、集体补助、政府补贴相结合的模式，建立新型农村社会养老保险制度。各级政府的有益探索为新型农村社会养老保险制度的建立积累了有益经验。2009年，国务院颁布《关于开展新型农村社会养老保险试点的指导意见》，标志着全国范围内新型农村社会养老保险制度试点工作的全面展开。

在指导意见"试点、扩大试点、普遍实施"的建设思路下，2009年底，除四个直辖市部分区县外，全国有27个省（自治区）的320个县（市、区、旗）列入首批新型农村社会养老保险试点，参保人数8691万人；2010年，试点范围扩增至27省（自治区）的838个县（市、区、

---

[1] 中华人民共和国国家统计局编：《中国统计年鉴（2017）》，中国统计出版社2017年版。

旗），参保人数增长到 10277 万人。① 2011 年 4 月，国务院常务会议决定将当年新型农村养老保险覆盖地区提高至 60%；次年 5 月，劳动和社会保障部、财政部宣布从 2012 年 7 月 1 日起，将在全国范围内启动新型农村养老保险制度全覆盖工作。至此，中国新型农村社会养老保险制度建设取得了阶段性成果。

党的十八大以来，农村社会养老保险制度的完善继续受到中国政府的高度关注。一方面，打破城乡养老制度壁垒开始进入政策议程。2013 年 11 月党的十八届三中全会审议通过《中共中央关于全面深化改革若干重大问题的决定》，提出要整合城乡居民社会养老保险制度；在此基础上，2014 年 2 月，国务院发文决定将新型农村社会养老保险和城镇居民社会养老保险两项制度合并实施，在全国范围内建立统一的城乡居民基本养老保险制度。另一方面，加大财政投入，提高农村养老保险标准进一步受到重视。2014 年，中央一号文件提出要逐步建立基础养老金标准正常调整机制；2016 年，中央一号文件又强调要引导参保人员选择较高档次缴费。到 2016 年末，中国城乡居民基本养老保险参保人数 50847 万，其中，实际领取待遇人数 15270 万；全年城乡居民基本养老保险基金收入 2933 亿元，其中，个人缴费 732 亿元，基金支出 2150 亿元，累计结存 5385 亿元。② 2017 年，党的十九大进一步指出，要完善城镇职工基本养老保险和城乡居民基本养老保险制度，尽快实现养老保险全国统筹。从发展趋势看，除了不断完善养老保险制度为农村养老提供经济基础外，未来还需要加强相关制度设计以保障农村老人获得必要的生活照料和精神慰藉，不断提高其生活幸福度。

第四节 农村低保及社会救助

完善农村低保及社会救助制度是加强社会保障体系建设，坚决打赢脱

---

① 人力资源和社会保障部：《2009 年度人力资源和社会保障事业发展统计公报》，载于《中国人力资源社会保障》2010 年第 7 期；人力资源和社会保障部：《2010 年度人力资源和社会保障事业发展统计公报》，人力资源和社会保障部官网，2011 年 7 月 20 日。

② 人力资源和社会保障部：《2016 年度人力资源和社会保障事业发展统计公报》，载于《中国劳动》2017 年第 7 期。

贫攻坚战的重要保障。新中国成立以来，中国农村社会救助事业与经济社会变迁相适应，经历了从传统社会救济到现代社会救助的重大转变。在此过程中，农村困难群众基本生存权益得到有力保障，"弱有所扶"的农村社会救助格局基本形成。

一、计划经济体制下的农村社会救济制度

新中国成立之初，尽管农民分得了土地和房屋，生活水平全面改善，但仍有相当一部分人无粮可吃，挣扎在生存线边缘。为有组织地开展社会救济，保障人民基本生活，1949年11月，中央人民政府内务部成立。随后，随着各级民政部门的相继组建，中国农村社会保障事业有了统一的管理机构，社会救济工作广泛而有序地开展。

受限于政府财政状况等因素，新中国成立初期农村社会救济以临时方式为主，通过向贫苦残老孤幼、家庭人口多而劳动力少或弱且无固定职业收入因而无法维持一家最低生活以及贫苦烈军属等对象发放口粮、衣被等方式，保障农村贫困人口基本生活需求。在前期广泛实践的基础上，1954年9月，第一届全国人大一次会议通过的《中华人民共和国宪法》明确规定："中华人民共和国劳动者在年老、疾病或者丧失劳动力的时候，有获得物质帮助的权利。"至此，农村社会救济有了宪法保障。

进入20世纪50年代中期，农业生产合作化的推进使得农村社会救济呈现"以集体经济为基础、以集体保障为主体"的特点。1956年1月，中共中央政治局提出的《1956年到1967年全国农业发展纲要》正式规定，"农业合作社对于社内缺少劳动力、生产没有依靠的鳏寡孤独社员，应当统一筹划，指定生产队或者生产小组在生产上给以适当的照顾，做到保吃、保穿、保烧、保教、保葬，使他们生养死葬都有依靠"。1956年6月，第一届全国人大三次会议通过的《高级农业生产合作社示范章程》对上述规定进行重申，强调"农业生产合作社对于社内缺乏劳动力或者完全丧失劳动力，生活上没有依靠的老、弱、孤、寡、残疾的社员，在生产上和生活上给以适当的安排和照顾，保证他们的吃、穿和柴火供应，保证年幼的受到教育和年老的死后安葬，使他们生死都有依靠"。此后，随着高级合

作社的快速发展，土地统一经营、劳动力统一调配和收入统一分配为困难户参加集体经济组织及保吃、保穿、保烧、保教和保葬的"五保"供养提供了良好条件。在此基础上，农村经济的进一步发展使得部分地区为解决老年人无人照料的问题而开始试办敬老院。1958年12月，《关于人民公社若干问题的决议》指出，"要办好敬老院，为那些无子女依靠的老年人提供一个良好的生活场所"，敬老院在全国各地迅速发展。

20世纪50年代末期，受"大跃进"及"三年困难时期"的影响，中国农村贫困人口大量增加，社会救济形势严峻。在总结经验教训的基础上，1962年9月，《农村人民公社工作条例（修正草案）》规定生产队可以从分配的总收入中扣留一定数量的公益金，在经过社员大会充分讨论和同意的基础上，对老、弱、孤、寡、残等贫困社员予以补助。由此，中国农村社会救济在20世纪60年代初取得了一定恢复和发展，但随着"文化大革命"运动的兴起，这一势头很快被打断。1969年，内务部撤销，中国农村社会救济在很大程度上处于瘫痪状态。

总体来看，计划经济体制下，尽管中国农村社会救济水平有限，但在当时经济发展极度落后的背景下，这一时期农村集体近乎平均主义的分配制度事实上发挥了一种潜在的社会保障制度功能（宋士云，2006），为维持农村老、弱、孤、寡、残等贫困人员基本生活水平作出了贡献。

二、向市场经济转轨下的农村低保及社会救助制度

20世纪70年代末80年代初，传统计划经济体制逐步向市场经济体制转轨，中国农村社会救济制度得到了普遍恢复并适时做出调整。进入20世纪90年代中期，建立农村最低生活保障制度的探索在全国各地广泛兴起。

"文化大革命"时期的破坏加之集体经济的逐步解体使得改革开放初期农村"五保"供养陷入极大困境。为此，20世纪80年代初，中国采取了一系列措施以恢复并对"五保"供养制度作出适时调整。1982年1月，中共中央批转《全国农村工作会议纪要》时指出，"包干到户这种形式，有一定的公共提留，统一安排五保户的生活"。在此基础上，民政部1982年出台《关于开展五保户普查工作的通知》，将五保户界定为"农村基本

上没有劳动能力、无依无靠、无生活来源的老人、残疾儿和孤儿"，并组织开展全国第一次五保普查，以便了解全国五保对象的基数、供养形式和供养标准。中央的重视使得全国各地结合自身情况，广泛探索"五保"供养经验。1994年，国务院出台《农村五保供养工作条例》，明确供养经费从村提留或乡统筹中列支，中国农村五保供养得以制度化、规范化。2006年，为适应农村税费改革后的新形势，国务院修订颁布《农村五保供养工作条例》，将五保供养纳入财政预算，最终实现了五保户集体供养向财政供养的转型。

除"五保"户外，针对农村广大贫困人口，中国也积极探索救助办法。一方面，受贫困救济临时性的影响，救济经费被挪用的现象屡见不鲜，加之改革开放后通货膨胀的存在，农村贫困救济难以保障。由此，20世纪八九十年代，各级地方政府广泛探索定期定量救济制度，农村救济费用固定化成为一大趋势。另一方面，针对单纯救济的弊端，中国积极探索农村扶贫机制，实现农村救济与扶贫的有机结合。1982年12月，中央财经领导小组召开会议专题研究"三西"地区农业建设发展问题，1983年3月"三西"农业专项建设正式开始，由此拉开了中国针对贫困地区、依靠政策干预的大规模扶贫开发序幕。

进入20世纪90年代中期，建立农村最低生活保障制度开始进入中央政府议事日程。在总结前期山西、广西等地经验的基础上，1996年1月，民政部召开全国民政厅局长会议，首次提出了改革农村社会救济制度，积极探索农村最低生活保障制度。随后，民政部门在全国各地广泛开展试点工作，山东、河北、四川等多地出台了不同层次农村低保建设方案。1996年底，民政部出台《农村社会保障体系建设指导方案》，对低保制度补助对象、资金筹集等各个方面作出规定，并强调"各地要积极试点、稳步推进，凡开展农村社会保障体系建设的地方，都应该把建立农村最低生活保障制度作为重点，即使标准低一些，也要把这项制度建立起来"。在上述理念的指导下，全国各地掀起了农村低保制度建设的高潮。据民政部2010年2月发布的《2009年民政事业发展统计公报》统计，2001年，中国农村低保覆盖人数为304.6万人；2006年，保障人数增长至1593.1万人，5年间增长了4.23倍，年均增长39.2%。2006年10月，《中共中央关于构建社会主义和谐社会若干重大问题的决定》首次要求在全国范围内逐步建立农村最低生活保障制度。至此，农村低保制度进入一个新时期。

综合来看，改革开放后，随着计划经济向市场经济的转轨，新中国成立初期以集体经济为基础的农村社会救济制度已不再适应经济社会发展的需要。20世纪80年代初，在恢复"五保"供养等农村社会救济制度的基础上，中国根据现实变化对其做出了部分调整创新。进入20世纪90年代，探索农村社会最低生活保障制度成为中国农村社会保障事业建设的重点。

三、农村低保及社会救助制度的体系化、规范化

2007年9月国务院发布《关于在全国建立农村最低生活保障制度的通知》，要求通过在全国范围建立农村最低生活保障制度，以稳定、持久和有效地解决全国农村贫困人口的温饱问题。以此为导向，该通知对农村低保救助对象、补助标准、申请程序及规范管理等问题做出规定，健全了农村低保制度体系。2007年9月底，中国有31个省（自治区、直辖市）已全部建立农村最低生活保障制度。根据历年《中国民政事业发展统计公报》计算，2007年底涉及保障人数3566.3万，同比增长123.9%。此后，农村低保保障人数增长速度相对回落，从侧面反映出"应保尽保"的格局逐渐形成。

在扩大保障范围的同时，提高补助标准以切实维护贫困农民基本生活需求受到了中国政府的重视。2008年10月，中央在《关于推进农村改革发展若干重大问题的决定》中提出，要完善农村最低生活保障制度，加大中央和省级财政补助力度，做到应保尽保，不断提高保障标准和补助水平。此后，2009年、2010年中央一号文件相继对上述要求进行重申，以强化各地提高农村低保补助标准的意识。在相关政策的引导下，各地农村低保补助标准正常增长机制相继建立，补助水平也随之逐步提高。根据历年《中国民政事业发展统计公报》计算，2008年，农村最低生活保障平均保障标准为每人每年988元；2018年，这一数额增长至每人每年4833元，不考虑价格因素增长3.9倍，年均增长17.2%。

党的十八大以来，随着社会救助体系的不断完善和城乡社会保障制度

的逐渐并轨，中国农村社会救助制度日益体系化、规范化。2014年，国务院颁布实施了《社会救助暂行办法》，对最低生活保障、特困人员供养、受灾人员救助、医疗救助、教育救助、住房救助、就业救助、临时救助等八项社会救助作了具体规定，由此构建了一个分工负责、相互衔接、协调实施、政府救助和社会力量参与相结合的中国特色社会救助体系。为确保城乡困难群众获取医疗救助的权利公平、机会公平、规则公平、待遇公平，2015年4月，国务院办公厅转发民政部等部门《关于进一步完善医疗救助制度全面开展重特大疾病医疗救助工作的意见》，要求各地在2015年底前，将城市医疗救助制度和农村医疗救助制度整合为城乡医疗救助制度，城乡基本医疗卫生服务均等化迈出重要一步。2017年10月，党的十九大报告进一步指出，要"统筹城乡社会救助体系，完善最低生活保障制度"，这为新时代农村低保及社会救助工作的开展指明了方向。在城乡融合发展的大背景下，未来应逐步推动城乡低保及社会救助并轨，构建城乡统一的社会救助体系。

第十一章

农村民主政治发展

农村基层民主建设是中国社会主义民主建设的重要组成部分。新中国成立以来,农村基层民主政治建设创新发展,党组织在农村的战斗堡垒作用日益凸显,由农民自发创造的村民自治成为中国农村民主政治制度的重要实践形式,农民的政治参与和民主权利得到有效保障。

第一节 农村党组织建设

农村基层党组织作为中国共产党在农村工作的执政之基,是扎实推进党在农村各项工作的重要保障。从1921年成立以来,中国共产党便积极探索农村基层党组织建设工作,到新中国成立前夕,全国各地农村基层党组织已经逐步发展起来。

一、新中国成立初期农村基层党组织的清理整顿和纯洁化

新中国成立初期,中国共产党的基层组织成员构成很不平衡,农村党组织和农民党员占主体地位,为优化党员结构,加强城市党组织建设,同时为了纯洁党的组织、防止不合格的人混入党内,中央对农村基层党组织和党员的发展采取了较为慎重的态度。

这种方针政策的实施，导致1951～1953年间农村基层党组织和新党员的增长极为缓慢。据统计，1951～1953年的三年整党期间，共有32.8万名不符合标准的党员被清除出党或被劝退党，① 其中多数是农村党员。与1950年党员数量相比，1953年农村党员仅增长8.7%。而同期，工矿企业中的党员增长了108%，学校教职员工和学生党员增加了30%。② 农村党员数量占全国党员总数的百分比，也由1950年的54.07%下降到1953年的50.77%。而建立了基层党组织（党支部）的乡镇比例，1951～1953年间一直是60%多，基本没有增加。③ 新区"约有40%到60%的乡村没有党的支部"④。为了不影响农村工作，尤其是当时土改工作的开展，中国共产党采取了在根据地、解放区时惯用的向农村派遣工作队的做法。这一时期，从党政机关和大中学校抽调了大批党员、干部、师生组成土改工作队，参加土改工作队的人员在土改三年中每年都在30万人以上（吕连人，2013）。

二、农业集体化时期党政合一和农村党组织大发展

1952年以后，随着土地改革和整党、民主建政等工作顺利完成，向农村派工作组这种方式不可持续的特点逐渐显现，乡村党组织的"积极性大为减弱，必须吸收一些新的积极的成分，方能振作起来"⑤。同时，合作化运动即将大规模开展，中共中央适时调整了农村基层党组织和党员发展的方针政策——由限制发展变为大发展，强调要在全国乡、村普遍建立党支部等基层组织。1952年5月，中共中央发出《关于在"三反"运动的基础上进行整党建党工作的指示》，要求老区农村在完成整党后，新区农村在完成土改复查、民主建政后，应接受符合条件的优秀分子入党。在一般新区农村乡一级，应有5个党员以上（一般不超过10人）的支部。全国

---

①② 中共中央党史研究室：《中国共产党历史》（第二卷），中共党史出版社2011年版，第172页。
③ 中共中央组织部：《中国共产党党内统计资料汇编（内部发行）》，党建读物出版社2011年版，第331页。
④ 中共中央文献研究室编：《建国以来重要文献选编》（第五册），中央文献出版社1992年版，第272页。
⑤ 中共中央文献研究室编：《建国以来重要文献选编》（第三册），中央文献出版社1992年版，第201页。

有12万个新区乡、2万个老区乡没有党组织,应争取在今后一年内建立党的组织。如此,在农村要接受将近100万党员。① 1954年6月,中共中央批转中央农村工作部《关于第二次全国农村工作会议的报告》中再次强调:"第一步发展到每乡十个党员左右,已满十人者应适当地再加发展。"② 1954年11月,第一次全国农村党的组织工作会议召开,要求乡一级普遍建立基层党组织的同时,行政村、合作社一级也要建立党支部或党小组。1955~1957年,农村要发展200万~300万名党员,使农村党员总数达到600万至700万名。截至1956年党的八大召开时,农村党员数占到全国党员总数的69.1%,是党员中最大的群体。党的八大进一步明确:"凡是有正式党员3人以上的,都应当成立党的基层组织。"③ 在这一政策要求下,农村党员和党组织呈现大发展的局面。到1956年底,全国98.1%的乡镇建立了党委或党总支、党支部,绝大部分行政村(高级社)建立了党支部或党小组。④

除大力发展农村党员和党组织数量外,这一时期,中央也加强了党员的思想教育和制度建设。1953年11月6日,中共中央批准华北局《关于加强农村支部工作的指示》,要求除了定期对农村支部党员进行教育外,还应注意加强平时的经常性教育。1962年颁布的《中国共产党农村基层组织工作条例试行草案》指出:"人民公社的党组织必须健全请示报告制度。"1965年11月,中共中央对中央组织部关于提拔新生力量、接收新党员、加强农村党的建设的三个报告作出批示,报告特别强调"农村党支部需要重点抓三大作风,需要建立学习毛主席著作的制度、建立联系群众的制度、建立批评和自我批评的制度,加强农村政治工作"⑤。

---

① 中共中央文献研究室编:《建国以来重要文献选编》(第三册),中央文献出版社1992年版,第200~201页。

② 中共中央文献研究室编:《建国以来重要文献选编》(第五册),中央文献出版社1992年版,第272页。

③ 中共中央文献研究室编:《建国以来重要文献选编》(第九册),中央文献出版社1994年版,第334、337页。

④ 中共中央组织部:《中国共产党党内统计资料汇编(内部发行)》,党建读物出版社2011年版,第331页。

⑤ 中共中央文献研究室编:《建国以来重要文献选编》(第二十册),中共中央文献出版社1993年版,第547页。

此外，农业集体化时期，中国农村逐渐形成了党对农村的一元化领导体制，这是这一时期中国共产党基层党组织建设最大的特点。农村党组织既是政治组织，也是经济和管理组织。客观来讲，这种高度集权的乡村政治体制对当时农业合作化运动的快速推进，以及大量农村大型基础设施的建成等，发挥了一定作用，但在后来的人民公社化运动和"文化大革命"运动中，对中国农村经济和社会发展也造成了重大伤害。

三、党政分开后围绕经济工作抓党建

1978年，中国共产党确立了改革开放、党政分开、围绕经济工作抓党建的改革思路，农村基层党组织建设进入新阶段。

农村基层党组织设置随全国撤社建乡的开展进行了相应调整，此后，随着市场经济改革的深入，逐渐向新经济体和农民工群体覆盖。1985年后，农村基层党组织由原来的按生产大队设置，改为按行政村为单位设置。1986年，中共中央组织部发出《关于调整和改进农村中基层组织设置的意见》，要求在乡镇企业，跨村、跨乡、跨县的经济联合体，村办企业，个体工商户四类经济组织中，凡有3人以上的党员都要建立党支部，50人以上的建立党总支；同时，要求在农民工流动党员人数相对集中的地方设立流动党员党支部，由所在乡镇或村党组织领导。

整党作为党风建设的一项重要手段被继承下来。改革开放初期，农村党组织既存在部分农村党员干部极"左"思想尚未完全肃清，思想作风没能及时调整到党政分开、围绕经济工作抓党建的思路上来的问题，也存在部分党员干部只顾埋头抓经济工作而忽视农村基层党建的问题，甚至出现了损公肥私、以权谋私、违法乱纪的现象。为此，1983年10月，党的十二届二中全会通过《中共中央关于整党的决定》，确定从1983年冬季开始，用三年时间分期分批对党的作风和党的组织进行一次全面整顿。从1985年冬开始，整顿重点转移到县以下的农村基层党组织，全国约有2800万名党员参加。

在20世纪90年代，一些地区农村党组织因集体经济实力薄弱，缺乏凝聚群众的物质基础，表现出软弱涣散的状态，为此，中央开展了对软弱涣散村党支部的整顿工作。1994年,党的十四届四中全会要求在三年内分期分批完成软弱涣散党支部的整顿任务。1995年,全国农村基层组织建设经验交流会提出了农村党组织建设"五个好"的目标要求。期间,各地还选派机关干部帮助整顿软弱涣散村党支部,取得了显著成效。1994~2000年,全国各地分批选派了300多万名机关干部进驻乡、村,帮助开展整顿和建设工作;整顿43.6万个软弱涣散和瘫痪状态村及后进村、贫困村党支部,约占村党支部总数的60%。①

进入21世纪之后,部分党员干部出现了信念动摇、组织涣散,特别是腐败问题,中央开启了新一轮的思想整风运动。2000年,农村开展了"三个代表"重要思想学习教育活动,全国共有43万个乡镇、193万名干部、24万个县(市)部门、535万名干部,参加了第一批学习教育活动。712万个村、503万名村干部、58万个乡镇站所、289万名干部,参加了第二批学习教育活动。②2004年,全党又开展了以实践"三个代表"重要思想为主要内容的保持共产党员先进性教育活动,农村党组织和党员作为第三批参加学习活动。这次活动涉及64.5万个建制村党组织、1900多万名党员,③初步解决了党员队伍中存在的一些突出问题。整风期间,全国农村建立了民主评议党员制度和党建责任制,组织了以创建"五个好"村党支部、"六个好"乡镇党委和先进县为内容的"三级联创"活动,形成了齐抓共管、相互监督的工作格局,整顿了一些软弱涣散的基层党组织。

四、新农村建设成为全党工作的重中之重

2005年党的十六届五中全会提出建设社会主义新农村的目标后,全党的工作重点转移到解决"三农"问题上来,农村基层党组织建设得到了高

---

① 盛若蔚:《十三届四中全会以来农村党建成就综述》,载于《人民日报》2002年10月18日。
② 《"三讲"教育及全国农村"三个代表"重要思想学习教育活动》,http://theory.people.com.cn/n/2014/0603/c385524-25097725.html,2014年6月3日。
③ 《围绕建设社会主义新农村这个主题,务求先进性教育活动取得实效》,载于《人民日报》2005年11月29日。

度重视。

一是各级政府对农村基层党建的支持力度不断加大。2005年中央一号文件要求"关心农村基层干部,帮助他们解决工作和生活上的困难"。2006年中央一号文件又提出加大对农村党建的支持力度,"积极探索从优秀村干部中考录乡镇公务员、选任乡镇领导干部的有效途径,关心村干部的工作和生活,合理提高村干部的待遇和保障水平"。2009年中央一号文件进一步明确:"按照定职责目标和工作有合理待遇、干好有发展前途、退岗有一定保障的要求,以不低于当地农村劳动力平均收入水平确定村干部基本报酬,并根据实际情况建立业绩考核奖励制度,逐步解决好村干部养老保障问题,加大从优秀村干部中选任乡镇领导干部、考录乡镇公务员、招聘乡镇事业编制人员的力度。"2010年中央一号文件要求"进一步完善村干部'一定三有'政策,推进从优秀村干部中考录乡镇公务员、选任乡镇领导干部工作。建立稳定规范的农村基层组织工作经费保障制度"。

二是党组织对农村新型组织的覆盖面进一步扩大。党的十七大报告指出:"全面推进农村、企业、城市社区和机关、学校、新社会组织等的基层党组织建设。"2010年中央一号文件又提出"推广在农民专业合作社、专业协会、外出务工经商人员相对集中点建立党组织的做法"。在这一方针的指导下,农村基层党组织建设依托农民合作社、社会组织等各类新型组织建立起党支部,保障了党对这些新经济组织、新社会组织的领导核心地位。据《2012年中国共产党党内统计公报》数据测算,截至2011年底,党的基层组织达402.6万个,农牧渔民党员2472.4万名;81.15%的具备条件的非公有制企业中建立了党组织,97.41%的具备条件的社会团体建立了党组织,99.31%的具备条件的民办企业单位建立了党组织。

三是农村党员干部的教育和管理日益信息化。2003年4月,中央启动农村党员干部现代远程教育试点工作。2007年7月,中共中央印发《关于在全国农村开展党员干部现代远程教育工作的意见》,提出"用3至4年的时间,力争到2010年底,在全国基本建成农村党员干部现代远程教育网络体系"的总体目标。中央还专门成立全国农村党员干部现代远程教育工作领导协调小组,中央组织部成立党员教育中心,负责全国远程教育工作。在中央高度重视下,到 2011 年,历时 8 年的农村党员干部现代远程教育网络一体化建设任务完成,建立了中央和省、市、县四级播出平台,建成了基本覆盖全国乡镇和村的 70 多万个终端站点,初步形成了从中央直达基层的党员远程教育网络体系。

四是选优配强农村党组织班子有了更为具体的方法。"两推一选"成为选好配齐配强村党组织领导班子的必要程序①,"一村一名大学生"计划也开始实施。截至 2016 年底,在岗大学生村干部人数超过 10 万人,本科生、硕士研究生和博士研究生的比例均有增加。在岗大学生村干部中,有 5 万多人进入村"两委"班子。此外,中央还要求提高农村党组织带头人队伍素质,注重从转业退伍军人、务工回乡青年、致富能手等党员中选拔村党组织书记。在一系列具体要求的带动下,农村党组织班子结构和队伍素质有了很大提高。2011 年底,村委会班子成员中 45 岁以下人员占 65.03%,大学专科及以上人员占 11.59%。②

五、党的十八大后党对农村工作的全面领导

党的十八大以来,中央推动全面从严治党向农村基层延伸,以提升组织力为重点,以创建学习型、服务型、创新型基层党组织为目标,着重突出政治功能,发挥农村基层党组织战斗堡垒作用,努力夯实党在农村的执政基础。

中央对农村党组织建设的支持力度继续加大,以财政投入为主的稳定的村级组织运转经费保障制度得以建立。2016 年中央一号文件要求健全以财政投入为主的经费保障制度,落实村级组织运转经费和村干部报酬待遇。2016 年 8 月,中央组织部会同财政部印发《关于加强村级组织运转经费保障工作的通知》,明确村党组织书记的基本报酬按照不低于所在县(市、区、旗)上年度农村居民人均可支配收入两倍标准核定。此后,各地均按中央要求落实了村党组织运转各项经费。

---

① 指在农村党组织换届选举中,采取"党员推荐、群众推荐,党内选举"方式,产生村党组织候选人。

② 中华人民共和国民政部编:《中国民政统计年鉴(2017)》,中国统计出版社 2017 年版。

第十一章
农村民主政治发展

党风党性教育继续深入开展。2014年，包括广大农村基层党组织在内的省以下各级机关及其直属单位和基层组织开展了群众路线教育实践活动。2016年，中央又在全体党员中开展了"学党章党规、学系列讲话，做合格党员"的教育活动（"两学一做"）。活动中先后整顿3万个贫困村软弱涣散党组织，调整5000个贫困村党组织书记，选派18.8万名村党组织第一书记、12.8万个驻村工作队。[①]

农村党风廉政建设受到高度重视。2013年之后每年的中央一号文件都对农村党风廉政建设做出了部署。要求开展集中查办和预防涉农惠农领域贪污贿赂等职务犯罪，对加重农民负担的行为进行查处和纠正。严厉打击农村基层黑恶势力和涉黑涉恶腐败及"保护伞"，严肃查处发生在惠农资金、征地拆迁、生态环保和农村"三资"管理领域的违纪违法问题。2018年中央一号文件还要求推行村级小微权力清单制度，加强基层党风廉政的制度化建设。

农村党组织班子成员能力建设取得显著成效。在大学生村干部工作继续开展的基础上，这一时期各地选派机关优秀干部到村任第一书记、选派党建指导员、派干部驻村等做法，取得了明显成效。在此基础上，中央开展了农村带头人队伍整体优化提升行动，通过逐村摸排分析，对村党组织书记进行集中调整优化。党的十八大以来，调整配强5000多名贫困村党组织书记，从县以上机关选派20.6万名优秀干部担任软弱涣散村和贫困村党组织第一书记。截至2017年底，54.4万名村党组织书记中，大专及以上学历占17.4%，致富带头人占46.1%，外出务工返乡人员占6.8%，农村专业合作组织负责人占9.9%。[②]

在各项工作的基础上，农村基层党组织基本实现了对农村工作的全面领导。党的十八大以来，全面推行了村党组织书记通过法定程序担任村民委员会主任和集体经济组织、农民合作组织负责人，推行村"两委"班子成员交叉任职；提倡由非村民委员会成员的村党组织班子成员或党员担任

[①] 盛若蔚、赵兵：《以担当诠释忠诚　以作为彰显价值——2016年组织工作综述》，载于《人民日报》2017年1月18日。

[②] 《在习近平党建思想指引下实干担当——党的十八大以来组织述评》，http://www.xinhuanet.am/2018-07/02/c-1123068380.htm，2018年7月2日。

村务监督委员会主任；村民委员会成员、村民代表中党员应当占一定比例。健全村级重要事项、重大问题由村党组织研究讨论机制。把发展壮大村级集体经济作为发挥农村基层党组织领导作用的重要举措。党在农村基层党建方面取得的这些重大进展和重要经验已写入 2018 年 12 月印发的《中国共产党农村基层组织工作条例》中。该条例还规定，投放农村的公共服务资源以乡镇、村党组织为主渠道落实。

总之，党的十八大以来，农村基层组织建设的财政投入力度不断加大，以财政投入为主的村级组织运转经费保障制度基本建立。此外，农村基层党组织的领导核心地位已经形成，实现了对村委会、村务监督委员会、村集体经济组织、社会组织、合作社等新型经营主体及其他农村组织的全面领导。

第二节 村民自治

村民自治是中国农村民主政治制度的重要实践形式，是中国农民自发形成的一项伟大创造，其在保障农民的政治参与权利、实现村庄治理、维持农村经济社会秩序方面发挥着非常重要的作用；并且，随着农村政治、经济和社会环境的变迁，在实践中得到了不断创新和完善。

一、村民自治的自发探索和试点

党的十一届三中全会之后，农村普遍实行了家庭联产承包责任制，农村社会失范现象严重，村委会这一村民自治组织形式开始出现。当时，广西壮族自治区宜州市（原宜山县）合寨生产大队土地分到户后，生产队无人管理，社会治安问题、民事纠纷大量增加。为摆脱这一困境，1980 年合寨生产大队果作村的村民率先组织起来，以全体村民一家一个代表参与选举的形式，成立了中国第一个村民自治组织，并定名为村委会。此后，果作村制定了村规民约，明确并切实履行了村委会的职责，迅速扭转了当时的混乱局面。随之，合寨大队所有的自然村都建立了村委会等群众自治组织。与此同时，四川、河南、山东等省的一些农村地区也陆续出现了村民委员会式的组织。当时各地的村委会名称并不统一，有的称"村管会"，有的称"议事会"，也有的称"治安领导小组"。

各地建立村民委员会的做法引起中央的高度重视。1982年《中华人民共和国宪法修改草案》公布，充分肯定了全国一些地方进行的建立村民委员会的试点情况，明确地把中国农村基层组织确定为村民委员会。1982年8月，中共中央转发《全国政法工作会议纪要》，首次正式提出在农村要有计划地进行建立村民（或乡民）委员会的试点工作，发动群众制定乡规民约。

1982年12月，第五届全国人大第五次会议通过的《中华人民共和国宪法》，正式将村民委员会写入，并将其定位为中国农村"基层群众性自治组织"。《中华人民共和国宪法》第一百一十一条还明确规定，村委会主任、副主任和委员由村民选举，而不是由上级政府任命或其他途径产生。

从1983年起，改革农村生产大队管理体制，建立村民委员会的工作在全国范围内普遍开展起来，到1985年2月全部完成，全国共建立867688个村民委员会。此后，各地村民委员会都建立健全了治安保卫、人民调解、公共卫生等工作委员会，发动群众制定村规民约，积极兴办公共事务和公益事业，充分发挥自我教育、自我管理、自我服务的作用。自此，村民委员会正式登上历史舞台。

二、村民自治制度的确立和全面实施

1987年11月24日，第六届全国人大常委会第二十三次会议正式通过《中华人民共和国村民委员会组织法（试行）》，村民自治作为一项重要的群众自治制度和直接民主制度在法律上正式确立下来。

此后，民政部组织开展了各种形式的宣传和示范工作。1988年2月，民政部发出《关于贯彻执行〈中华人民共和国村民委员会组织法（试行）〉的通知》，要求各地充分重视《中华人民共和国村民委员会组织法（试行）》的学习、宣传和贯彻。1990年8月，中央组织部等联合召开全国村级组织建设工作座谈会，交流村民自治的先进经验，进一步统一了全国对村民自治的思想认识。同年9月，民政部下发《关于在全国农村开展村民自治示范活动的通知》，要求各地选择有一定工作基础的县（市）、乡（镇）、村开展村民自治示范活动。随后，全国涌现了一大批村民自治示范县、示范乡和示范村。

在开展村民自治示范活动的过程中，各地创新发展了村民自治的形式和内容。1991年，山东省章丘县（1992年改为章丘市）创造了制定村民自治章程的经验，使"民主管理"的方式更为具体；1992年，吉林省梨树县创造了民主选举村委会特别是"海选"村委会的经验，使"民主选举"的形式更为丰富；1992年，河北省赵县、山东省招远市等地创造了建立村民代表会议讨论决定村里大事的经验，使"民主决策"进一步深化；1994年，秘密投票和设立秘密投票间的方式被运用到村委会选举中，使"民主选举"的形式更为规范；1996年，山东省莱西市（原莱西县）实行"民主日"活动，天津、河南一些地方实行村务公开，这些经验使"民主管理"和"民主监督"的内容进一步深化。

在各地实践的基础上，人们对村民自治的认识也不断深入，村民自治制度建设不断完善。1994年2月，民政部印发《全国农村村民自治示范活动指导纲要（试行）》，文件中首次出现了"四个民主"即民主选举、民主决策、民主管理、民主监督的提法。1996年10月，民政部下发《关于贯彻全国农村基层组织建设工作座谈会精神全面加强村民委员会建设的通知》，要求在建立和完善村民直接选举制度、村民自治章程或村规民约制度的同时，把村民代表会议制度和村务公开制度作为村民自治制度建设的重点。1997年9月，党的十五大报告把"实行民主选举、民主决策、民主管理和民主监督"提升到健全民主制度的一般高度，并对村民自治提出了要求。1998年9月25日，时任中共中央总书记江泽民在安徽考察工作时指出，"包产到户、乡镇企业和村民自治，都是在党的领导下中国亿万农民的伟大创造"①，由此把村民自治上升到了与包产到户、乡镇企业同等的地位，并称为中国农民的三个伟大创造。

1998年11月，在总结村民自治10年实践经验的基础上，第九届全国

---

① 江泽民：《全面推进农村改革 开创中国农业和农村工作新局面——在安徽考察工作时的讲话》，载于《人民日报》1998年10月5日。

人大常委会第五次会议表决通过了《中华人民共和国村民委员会组织法》。该法特别强调任何组织或者个人不得指定、委派或者撤换村民委员会成员；对推选村民选举委员会、直接提名、差额选举、秘密划票、当场公布选举结果、罢免都作了规定；同时，确立了村民代表会议的合法地位，突出强调和规范了村务公开制度。此后，中国村民自治进入了全面推进的新阶段，村民自治组织体系和法律法规体系日渐完备。全国有31个省（自治区、直辖市）制定出台了村委会选举办法，并按《中华人民共和国村民委员会组织法》的规定对村委会进行了换届选举，建立健全了村民会议或村民代表会议、村务公开领导机构，设立了村民理财小组和村务公开栏，制定了村规民约、村民自治章程以及村务公开的有关规定。

进入21世纪之后，中央继续推进村民自治制度的规范和完善，并从加强基层民主建设的高度来定位和推进村民自治，要求切实保障村民的选举权、知情权、决策权、参与权和监督权。2002年，党的十六大报告强调"完善村民自治，健全村党组织领导的充满活力的村民自治机制"。2004年，《中共中央办公厅 国务院办公厅关于健全和完善村务公开和民主管理制度的意见》又提出：进一步健全村务公开制度，保障农民的知情权；进一步规范民主决策机制，保障农民群众的决策权；进一步完善民主管理制度，保障农民群众的参与权；进一步强化村务管理的监督制约机制，保障农民群众的监督权。2005年和2006年中央一号文件都要求扩大农村基层民主，建立健全村党组织领导的充满活力的村民自治机制，切实维护农民的民主权利。2007年，党的十七大报告则提出，把包括村民自治在内的基层民主"作为发展社会主义民主政治的基础性工作重点推进"。2008年中央一号文件继续要求进一步规范和完善民主选举，依法保障农民群众的推选权、直接提名权、投票权、罢免权。

这一时期，各地也在积极探索和丰富村民自治的具体形式。2000年安徽巢湖地区首创的村民"一事一议"制度，被写入2006年中央一号文件并在全国推广。2004年，浙江省武义县后陈村创设村务监督委员会被赞誉为村两委之外的"第三驾马车"，设立村务监督机构这一做法在2010年被纳入《中华人民共和国村民委员会组织法》。2005年首创于河南省邓州市的"四议两公开"工作法，被写入2010年中央一号文件并在全国推广。

此外，民主听证会、民主活动日、村民咨询日等新的民主形式不断涌现，也得到了中央文件的认可。

三、新形势下村民自治有效实现形式的探索

2013年，党的十八届三中全会把"推进国家治理体系和治理能力现代化"作为中国全面深化改革的总目标，村民自治被纳入新时期乡村治理能力提升和治理体系建设的整体框架中予以考量。这一时期，随着经济社会的发展和城乡一体化等工作的推进，村民自治制度在实践中出现的一些不适应症也逐渐凸显，村民自治的效率和效果常被诟病。比如，部分地区村民自治变成了村委会或者村干部自治，村委会出现悬浮化和行政化趋势，流动人口参与村民自治的权利无法得到有效保障，村委会出现被集体经济组织绑架等问题。针对上述问题，各地在村民自治的有效实现形式方面进行了很多探索。

广东清远、湖北秭归等地开展了村民小组（自然村、村落）自治。广东清远的做法是将"乡镇—村（行政村）—村民小组"调整为"乡镇—片区—村（原村民小组、自然村）"。在乡镇下面划分若干片区建立社会综合服务站，在片区下以一个或若干村民小组（自然村）为单位设立村委会。同时，在行政村一级建立党总支，在村民小组（自然村）及具备条件的村办企业、农民合作社、专业协会等建立党支部。在村民小组（自然村）广泛建立村民理事会，村民理事会成员由农村党员、村民代表、已退休的干部和教师等公职人员、各房族代表、德高望重的乡贤、致富能人等担任。湖北秭归的做法是按照"地域相近、产业趋同、利益共享、有利发展，群众自愿、便于组织，尊重习惯、规模适度"的原则，合理划分组建村落。村落内设立党小组和村落理事会，从党员中推选1名党小组长，理事会由1名村落理事长和担任八项职责的8个村落事务员（即经济员、宣传员、帮扶员、调解员、监督员、管护员、环卫员、张罗员）组成。同时，提倡党小组长兼任村落理事长，推荐党员兼任村落"八员"。这种村民小组（自然村、屯）自治实际上是自治单元的下沉模式。

山东为了应对村庄"空心化"问题，推行了以自治单元上移为核心的

大社区治理模式。做法是依法撤销合并社区内原行政村（含中心村、非中心村）村民委员会，建立多村一社区体制，设立社区村民委员会，改传统的村庄管理体制为现代社区治理体制。

广东佛山等地引导社会组织参与社区治理，从而实现了乡村社会的多中心治理。比如，佛山市三水区白坭镇 2012 年开始组建乡贤慈善会和家乡建设委员会，有效解决了农村建设人才缺乏和资金来源单一、不可持续的问题。该镇的祠巷村成功组建首个乡贤慈善会，筹得善款 900 多万元；西岸村成立首个家乡建设委员会，根据成员的特长、社会资源等分工成立了筹款、规划建设、质量监督等几个工作小组，为村庄建设出谋划策、出钱出力。

广东南海等地进行了政社分离、政经分离探索。比如，广东顺德政社分离的具体做法是建立村级行政服务站（乡镇政府行政服务中心派驻机构），将原属村委会的行政管理和公共管理、社区服务职能交由行政服务站负责，村委会只负责村民自治和村集体经济管理事务。广东南海政经分离的做法是将农村的党组织、自治组织和集体经济组织职能分开，党组织主要负责党务、政务、服务和监督，自治组织主要负责社会事务管理，集体经济组织主要负责集体经济的经营管理。

浙江宁海探索的小微权力清单在村务公开方面取得了较好的效果。主要做法是出台《宁海县村务工作权力清单 36 条》，对村级重大事项决策等 19 项村级公共权力事项进行了固化，并对村民宅基地审批等 17 项便民服务权力事项进行了明确。同时，研究制定了相关制度，对村干部违反党的组织工作纪律等 56 项行为进行责任追究。《宁海县村务工作权力清单 36 条》使村干部的权力运行得到约束，农村居民的民主监督权利得到保障，村务工作效率得到提高。

中央积极鼓励并将地方的一些优秀做法予以总结推广，从而不断创新和完善了村民自治机制。比如，2013 年中央一号文件明确要求探索不同情况下村民自治的有效实现形式，农村社区建设试点单位和集体土地所有权在村民小组的地方，可开展以社区、村民小组为基本单元的村民自治试点。2016 年中央一号文件要求深化农村社区建设试点工作，完善多元共治的农村社区治理结构。2019 年中央一号文件肯定并推广了宁海小微权力清单的做法。

四、"三治结合"乡村治理体系的构建

2017年,党的十九大报告提出了实施乡村振兴战略,把"治理有效"作为乡村振兴总要求的重要内容,并要求健全自治、法治、德治相结合的乡村治理体系。村民自治被纳入构建"三治结合"的乡村治理体系的整体目标中予以考量。中央不但强调村民自治是构建"三治结合"的乡村治理体系的基石,更注重村民自治与德治、法治的融合,以及村民自治与其他社会治理主体之间的多元协调。

2018年出台的中央一号文件《中共中央 国务院关于实施乡村振兴战略的意见》,在完善乡村治理体系的整体框架下对村民自治工作进行了部署,要求依托村民会议、村民代表会议、村民议事会、村民理事会、村民监事会等,形成民事民议、民事民办、民事民管的多层次基层协商格局;积极发挥新乡贤作用;同时,进一步捋顺了其他治理主体与村民自治的关系。比如,要求推动乡村治理重心下移,尽可能把资源、服务、管理下放到基层;集中清理上级对村级组织考核评比多、创建达标多、检查督查多等突出问题。

《乡村振兴战略规划(2018—2022年)》对"三治"的关系进行了系统梳理,要求坚持自治为基、法治为本、德治为先,健全和创新村党组织领导的充满活力的村民自治机制,强化法律权威地位,以德治滋养法治、涵养自治,让德治贯穿乡村治理全过程。此外,该规划还将"四个民主"拓展为"五个民主",即民主选举、民主协商、民主决策、民主管理、民主监督;提出要创新村民议事形式,加强基层纪委监委对村民委员会的联系和指导。

2019年中央一号文件要求"增强乡村治理能力",提出要建立健全党组织领导的自治、法治、德治相结合的领导体制和工作机制,发挥群众参与治理主体作用;开展乡村治理体系建设试点和乡村治理示范村镇创建;加强自治组织规范化制度化建设。此外,还要求明确各类村级组织的定位,通过捋顺各类村级组织之间的关系,构建良好的乡村治理机制。

总之,改革开放以来,村民自治机制不断完善发展,各类创新实践不

断涌现，经过近 40 年的实践，已经将民主自治精神深深扎根于广大农村居民心中。在新形势下，如何构建"三治结合"的乡村治理体系、实现乡村振兴的宏伟目标，将是未来一段时期的重大课题。

第三节 农民的民主政治参与

农民依法享有参与、管理和监督国家政治事务的权利。农民政治参与的渠道、方式和程度反映了基层民主政治建设的水平。新中国成立以来，基层民主政治建设不断发展，农民政治参与的制度化建设不断加强、政治参与形式不断丰富、政治参与意识不断提高。

一、新中国成立初期农民民主政治参与的初体验

新中国成立后，人民民主专政制度的建立保障了农民的政治参与权利。1949 年，具有中华人民共和国临时宪法性质的《中国人民政治协商会议共同纲领》明确规定："中华人民共和国为新民主主义即人民民主主义的国家，实行工人阶级领导的、以工农联盟为基础的、团结各民主阶级和国内各民族的人民民主专政。"1954 年颁布的中华人民共和国第一部宪法，又重申了这一国家性质。

革命形势稳定后，中国开始对国家政治制度进行社会主义改造，为农民政治参与建立了制度框架。第一，确立了人民代表大会制度。1953 年 2 月，中央人民政府委员会第 22 次会议通过《中华人民共和国全国人民代表大会及地方各级人民代表大会选举法》，确定乡镇一级人民代表大会实行直接选举，一人一票，实行无记名、等额选举。之后，广大农民群众踊跃参选。据统计，全国 214798 个基层选举单位，到 1954 年 5 月底，有 182115 个单位完成选举，占 84.79%。在全国区、乡基层选举中，参加投票的选民有 2.78 亿人，占登记选民总数的 85.88%，共选出基层人民代表 566.9 万人（袁瑞良，1994）。这次普选是广大农民一次非常重要的政治参与实践。1954 年，乡镇人民代表大会制度正式列入《中华人民共和国宪

法》。第二，确立了人民代表大会选举产生各级人民政府的制度。1954年《中华人民共和国宪法》除了确立人民代表大会制度外，还确立了人民代表大会选举产生各级人民政府的制度。区、乡人民代表会议选举产生区政府和乡政府，受人民代表委托管理辖区行政事务。乡以下的自然村成为乡人民代表会议的一个基本选举单位。第三，确立了信访制度。1951年6月，政务院颁布《关于处理人民来信和接见人民工作的决定》，标志着信访制度的确立。1957年5月，第一次全国信访工作会议讨论通过了《中国共产党各级党委机关处理人民来信、接待群众来访工作的暂行办法》。据统计，1949年中央办公厅受理来信4457件，1950年和1951年分别达到26219件和346865件（杰成，1996）。来访者以复员军人最多，其次是农民。① 第四，建立了群众对政府工作的监督制度。1950年4月，中共中央发出《关于在报纸刊物上展开批评和自我批评的决定》，要求"在一切公开的场合，在人民群众中，特别在报纸刊物上展开对于我们工作中一切错误和缺点的批评和自我批评"。1953年6月，政务院通过《各级人民政府人民监察机关设置人民监察通讯员通则》，要求在城市街道和乡村中设置人民监察通讯员，设立人民意见箱，从而为农民群众检举、举报和发挥监督作用提供了便利渠道。这期间，有关部门增加了农民报纸的种类，从而更好地畅通了农民政治参与的渠道。据统计，截至1954年10月，全国共有报纸248种，其中农民报纸84种（丁淦林，2002）。

农民政治参与的组织化渠道也得到初步建立。第一，新中国成立之初，各地普遍建立农民协会，带领广大农民参与内部民主选举和民主管理，成为当时农民政治参与的主要形式。1950年7月，政务院通过《农民协会组织通则》，明确规定农民协会要保障农民的政治权利。农民协会会员有发言权、表达权、选举权、被选举权，有建议撤换农民协会工作人员、参加人民政权建设等权利。村一级农协成员可参与乡一级农协班子成员选举。选举时，先由村一级农协会员选出农协代表，然后以乡为单位召开农协委员会代表大会，选出乡农民协会正副主席和委员。随着土改的完成，从1954年开始，各地陆续撤销了农会组织，到1956年，全国范围内

---

① 办公厅信访局、国务院办公厅信访局：《信访学概论》，华夏出版社1991年版，第135页。

的农会组织基本不再存在。第二,加入基层党组织也是农民政治参与的主要形式。新中国成立之初,农民在党员中占很大比例,按照1956年通过的《中国共产党章程》的规定,农民党员可以通过党内民主选举制度,参与党代表和领导干部选举,参与党员大会和党代表大会,以及其他党内事务,实现政治参与。第三,新中国成立之初,国家还从制度上肯定了公民团体和群众组织在政治参与方面的作用。1950年6月政务院通过了《社会团体登记暂行办法》;1951年3月内务部制定了《社会团体登记暂行办法施行细则》。1953年,中央在农村发起了合作化运动,总体来看,早期农业合作社也具有农民群众自主管理公共事务的民主自治功能,农民入社、退社、作物种植、经济发展计划,都由社员大会讨论决定,合作社内部也实行民主选举、民主管理、民主决策,在一定程度上实现了农民的政治参与。

总之,这一时期,农民实现民主化政治参与的组织和制度体系得以初步建立,通过制度化、合法化渠道参与国家公共事务的局面呈现良好态势,农民的民主参与意识开始萌芽。

二、人民公社时期农民的运动型政治参与

社会主义改造基本完成后,中国共产党制定了以阶级斗争为纲的政治路线,直接导致了长达20年的以阶级斗争为内容的大规模的、无序的群众运动,刚刚建立的民主政治制度遭到严重破坏,农民刚刚萌发的民主意识遭到压制。

1958年"人民公社化"运动开始后,农民民主政治参与的制度建设基本停滞,甚至遭到破坏。人民公社建立了公社管理委员会和社员代表大会选举制度,事实上代替了新中国成立之初由国家法律确认的乡镇人民代表和乡镇人民政府选举制度。1959年全国开始了人民公社社员代表大会代表的选举,由社员代表大会选举产生公社管理委员,成为人民公社的领导机构。但实际上,"民主办社"一般流于形式,大多数公社以及生产(大)队干部都由公社党委领导培养、任命而来。

"文化大革命"时期,人民公社管委会又被"党政合一"的革命委员

会取代，农民的政治参与更呈现典型的运动型、被动型参与等特点。党内的民主生活同样遭到极大破坏，党内民主生活基本处于停滞状态。

总之，整体来看，人民公社化运动时期，农民的政治参与主要呈现非理性、无序化与暴力化等特点，民众的思想被高度统一，民主政治制度被践踏，这样的政治参与方式不但没有推动反而阻碍了中国的政治民主化进程。

三、改革开放后农民民主政治参与的恢复与创新发展

党的十一届三中全会从思想路线上破除了教条主义和个人崇拜的束缚，在政治路线上彻底否定"以阶级斗争为纲"，摒弃了"文化大革命"时期那种无序化、暴力化的政治运动模式，恢复并发展了基层民主政治参与制度，创新了农民政治参与的形式，保障了农民的政治参与权利。

人民代表大会制度不断完善，农民获得了与城市居民同等的选举权。1979年，第五届全国人大二次会议通过了新的《中华人民共和国全国人民代表大会和地方各级人民代表大会选举法》（以下简称《选举法》），将直接选举范围扩大到县一级，确立了差额选举、一人一票原则，但城乡人民代表所代表人口数并不相同。全国人大代表农村每一代表所代表的人口数是城市每一代表所代表的人口数的8倍，即8∶1，而省、县分别为5∶1和4∶1。为了保障农民的选举权，1995年第三次修改《选举法》时，自治区和全国这两级人民代表大会中农村与城市每一代表所代表的人口数的比例，从原来的5∶1、8∶1缩小为4∶1。2010年第十一届全国人大第三次会议再次修改《选举法》，明确规定农民和城市居民同票同值，拥有平等的选举权，这次《选举法》的修订同时要求增加包括农民在内的基层代表。此后，中央又多次要求提高包括农民、农民工在内的基层人员在人大代表中的比例。在这一要求下，第十二届全国人大代表中来自一线的工人、农民代表总共401名，占代表总数的13.42%，比上一届提高了5.18个百分点，农民工代表增加到31人，党政领导干部代表降低了6.93个百分点。第十三届全国人大代表中一线工人、农民代表增加到468名，占代表总数的15.70%，比上一届又提高了2.28个百分点；农民工代表的数量增至45

第十一章
农村民主政治发展

人。农民在国家最高权力机关中有了更多话语权。

村民自治制度成为农民自发政治参与、实现民主权利最重要的形式。中央出台一系列文件确保了村民自治的有效实现,除此之外,各地在"四个民主"方面的创新实践,更体现出农民的政治参与热情和智慧。比如,吉林省梨树县梨树乡北老壕村首创"海选"模式,开辟了村民直接提名候选人并根据提名得票多少按照差额选举的原则确定正式候选人的先河,此后,直选方式被纳入1998年通过的《中华人民共和国村民委员会组织法》。目前,全国95%以上的村委会已经实行了直接选举。部分地区采取的竞选承诺制、自荐人集中回避等制度探索也更好地保障了农民政治参与的效果。"委托投票"和家庭联户代表制度保障了外出务工人员的选举权和被选举权,2018年《中华人民共和国村民委员会组织法》修订时也对保障外出务工人员的选举权专门作出调整,规定户籍在本村,但不在本村居住的村民,以及户籍不在本村,在本村居住一年以上,本人申请参加选举,并且经村民会议或者村民代表会议同意也可以参加本村选举。此外,2000年以来各地成立村民议事机构的做法、"四议两公开"制度、自治单元下沉、网格化管理、多元共治等模式,都更好地保障了农民民主决策和民主管理的权利。2004年浙江武义后陈村建立村务监督委员会的做法,建立了村民参与民主监督的新形式,后来也被写进了2010年修订的《中华人民共和国村民委员会组织法》中。

党内民主得以恢复并不断创新发展。改革开放后,党内选举重新提出了差额选举原则。党的十三大党章规定:"可以直接采用候选人数多于应选出人数的办法进行选举。也可以先采用差额选举办法进行预选,产生候选人名单,然后进行正式选举。"1990年6月,中共中央颁发《中国共产党基层组织选举工作暂行条例》,规定党的总支部委员会、支部委员会委员和党代表候选人的差额为应选人数的20%。20世纪90年代之后,随着村委会直接选举的普遍展开,四川、山西、湖北、四川、江苏和云南等省开始探索将直接选举这一方式引入基层党组织选举中,开展了乡级党委、纪委、党代表的直接选举改革。进入21世纪后,基层党组织直接选举的探索开始得到中央明确的支持。2004年,党的十六届四中全会明确提出:"逐步扩大基层党组织领导班子成员直接选举的范围。"除了推进党内民主选举制度外,2004年中共中央发布的《中国共产党党员权利保障条例》还提出了逐步扩大党务公开范围，建立和完善党内情况通报制度、党内情况反映制度、党内重大决策征求意见制度，增强党组织工作的透明度。此后，《中国共产党章程》、党的历次全国代表大会和很多重要文件等都对党务公开做出了具体要求，确保广大基层党员、农民党员能更多地了解和参与党内事务。

农民参与乡镇干部选举探索新方式。人民公社解体后，国家恢复乡镇建制，乡镇长的产生方式由任命制恢复到选举制。1979年第五届全国人民代表大会第二次会议通过《中华人民共和国地方各级人民代表大会和地方各级人民政府组织法》，对乡镇人民政府的产生方式进行了规定。此后，该法又经过5次修改，但在乡镇干部的产生方式方面没有根本性的变化。正副乡镇长要由人民代表大会（包括代表、主席团）提名产生候选人并选举产生，只是在候选人的提名方式和是否差额选举等方面有调整。其他主要乡镇干部由本级人民代表大会常务委员会任命。在恢复乡镇干部选举制的基础上，20世纪90年代之后，四川、广东、河南、广西等地尝试把村委会选举的成功经验引入乡镇领导的选拔过程中，开展了形式多样的乡镇长选举试点。

农民政治参与的其他制度性渠道和形式也日益丰富。1989年《中华人民共和国行政诉讼法》的颁布，使广大农民可以拿起法律武器诉讼国家行政机关。1994年《中华人民共和国国家赔偿法》和1999年《中华人民共和国行政复议法》相继出台，又进一步拓宽了农民进行政治参与的途径，为农民维护民主政治权利提供了法律制度上的支撑。2005年颁布的《中华人民共和国公务员法》打破了公务员考试中的身份界限，允许农民参加公务员考试，极大地推动了农民政治参与的积极性。2014年3月中共中央、国务院印发的《国家新型城镇化规划（2014—2020年）》明确要求完善农业转移人口社会参与机制，提高各级党代会代表、人大代表、政协委员中农民工的比例，引导农业转移人口有序参政议政和参加社会管理。

此外，随着政治协商制度的推进，农民通过参加政府召开的座谈会、百姓接待日等形式实现政治参与的机会越来越多，政府官员、工作人员到农村走访调研、了解民意的行为日渐平常。第一书记制度、政府工作人员驻村制度、村民联系点制度等，逐渐成为农民政治参与的制度化渠道。信访更成为农民政治接触的主要形式。出席政策听证会、旁听会的权利增加了农民影响政策法规的机会。社会组织的培育和快速增长也进一步拓宽了农民政治参与的渠道。此外，随着报纸、电视、广播、网络媒体等大众传播媒介的普及，政务公开的形式日渐丰富，农民通过"第四种权力"表达政治意见、监督政府的现象也更加普遍。总之，改革开放以来，农民政治参与的意识、形式和制度化建设都得到了不断提高，农民政治参与的权利得到了更有效的保障。

第十二章

未来展望

经过 70 年的持续建设,中国农村经济社会发生了历史性的变革,农村发展取得了举世瞩目的巨大成就。当前,中国特色社会主义进入新时代,社会主要矛盾已经转化为人民日益增长的美好生活需要和不平衡不充分的发展之间的矛盾。随着发展阶段的变化和城乡居民消费的升级,中国农村发展已经进入加快全面转型的新阶段。在这一新的时期,面对全面转型的压力,中国农村发展面临着多方面的严峻挑战。在新时代,必须把握未来中国农村发展的趋势,坚定不移地实施乡村振兴战略,加快推进农业农村现代化,促进乡村全面振兴,为全面建设社会主义现代化强国奠定坚实的基础。

第一节 中国农村发展进入新阶段

当前,中国已经进入一个依靠创新驱动的全面转型发展新阶段。从经济发展水平看,2017 年中国人均国内生产总值(GDP)达到 8836 美元,已经处于世界银行划分的上中等收入经济的中间水平,其中,北京、上海、天津人均政府资源规划(GRP)超过 1.7 万美元,江苏超过 1.5 万美元,均已稳定进入高收入经济行列。[①] 从工业化阶段看,按照钱纳里等人

---

① 世界银行按照 2012 年人均国民总收入将各经济体划分为低收入经济(低于 1035 美元)、中等收入经济、高收入经济(高于 12616 美元)。中等收入经济又以 4086 美元为界分为下中等收入与上中等收入经济。参见 World Bank,"World Development Report 2014: Risk and Opportunity – Managing Risk for Development", Washington, DC: World Bank, 2014: 293。

的工业化阶段理论，目前中国已经整体进入工业化后期阶段，工业对经济增长的拉动作用逐渐减弱，而服务业对经济增长的贡献率迅速提升，加快产业转型升级、全面提升工业化质量成为当前的核心任务。从城镇化阶段看，自2011年中国城镇化率越过50%的拐点之后，城镇化推进的速度已经逐步减缓，呈现减速的趋势。2012~2018年中国城镇化率年均提高1.19个百分点，比2006~2011年增速下降0.20个百分点。目前，中国已经稳定进入城镇化中期快速推进的减速阶段，其着力点是全面提升城镇化质量。从消费水平看，随着城乡居民收入和生活水平的不断提升，特别是中等收入阶层的崛起，居民消费结构不断升级，消费理念和消费形态正在发生深刻变化。目前，国内消费者更加注重品质、时尚、安全、个性，智能消费、绿色消费、健康消费正成为新的趋势。可以说，目前中国已经进入全面转型发展的阶段，而创新则是实现这种全面转型的源动力。

随着发展阶段的变化和城乡居民消费的升级，目前中国农村已经具备加快转型的条件，开始进入全面转型的新阶段。一是农村发展理念的变化。农村转型本身就是一场思想观念的大变革，需要突破传统观念和思维的束缚，转变那些不合时宜的发展方式，不断创新发展模式。自2015年10月中央提出创新、协调、绿色、开放、共享的发展理念后，新发展理念已经成为各地做好"三农"工作的基本遵循，这就为新阶段加快农村全面转型奠定了坚实的思想基础。二是农业发展主要矛盾的变化。新中国成立70年来，中国农业综合生产能力和供给保障能力不断增强，各种农产品供应日益丰富，总体上解决了农产品总量不足的矛盾，农业发展的主要矛盾已经由过去的总量不足转变为结构性矛盾，而供给侧的体制机制障碍则是形成这种结构性矛盾的根本原因。在这种新的形势下，如何有效破解结构性矛盾，着力提高农业供给体系质量和效率，加快推进农业转型升级的步伐，已经成为当前一项紧迫的重要战略任务。三是乡村发展任务的变化。2005年10月，党的十六届五中全会明确提出按照"生产发展、生活宽裕、乡风文明、村容整洁、管理民主"的要求，推进社会主义新农村建设。经过10多年的大规模建设，中国农村基础设施和公共服务水平明显提高，生产生活条件和人居环境显著改善，农村贫困人口大幅度减少。为适应新形势的需要，党的十九大又明确提出按照"产业兴旺、生态宜居、乡风文明、治理有效、生活富裕"的总要求,实施乡村振兴战略,加快推进农业农村现代化。随后,中央又提出走中国特色社会主义乡村振兴道路,到2050年实现乡村全面振兴。从新农村建设到乡村全面振兴,表明中国乡村发展的核心任务已经发生了根本变化。可以说,促进乡村全面振兴也就是乡村全面转型的过程。四是城乡关系的变化。自2007年以来,中国城乡居民人均可支配收入差距已经连续多年趋于缩小,开始进入持续稳定缩小的时期。同时,随着城乡发展一体化的不断推进,近年来城市资本、技术、人才下乡的进程加快,城乡要素流动已经由过去的乡—城单向流动向乡—城与城—乡并存的双向互动转变。这表明,中国城乡关系正处于转型和变革之中,新型城乡关系正在逐步形成。2018年中央一号文件明确提出,要"坚持城乡融合发展""推动城乡要素自由流动、平等交换""加快形成工农互促、城乡互补、全面融合、共同繁荣的新型工农城乡关系"。

正因如此,近年来全国各地掀起了农村或乡村转型的浪潮,有关农业转型升级、农村经济转型、农村社会转型、农村旅游转型、农村文化转型、乡村治理转型、村庄转型等概念层出不穷,这表明农村转型已经成为一种普遍的趋势。可以说,当前中国农村已经进入加快全面转型的新阶段。所谓农村转型,是指农村在各个领域、各个方面发生的重大变化和转折,它是一种多领域、多方面、多维度、多层次的综合转型。所谓全面,是指这种转型不单纯出现在农村的某一领域、某一方面,而是发生在农村经济、社会、文化和生态等各个领域,体现在农村发展、制度、空间等不同维度。从领域看,农村转型可分为农村经济转型、农村社会转型、农村生态转型;从维度看,农村转型主要包括农村发展转型、农村制度转型、农村空间转型。其中,农村发展转型就是农村发展方式和发展模式的重大转变,其核心是农村产业转型,它是农村转型的关键所在,而农村制度转型和农村空间转型则是为保障农村发展转型服务的。2017年中央一号文件明确指出:"促进农业农村发展由过度依赖资源消耗、主要满足量的需求,向追求绿色生态可持续、更加注重满足质的需求转变。"这两个转变就充分体现了农业农村发展转型的思想,为新阶段农业农村发展指明了方向。

实现农村高质量发展是加快农村全面转型的核心任务。党的十九大报告明确提出:"中国经济已由高速增长阶段转向高质量发展阶段,正处在转变发展方式、优化经济结构、转换增长动力的攻关期。"① 由高速增长转向高质量发展,集中体现了转型发展的思想。当前,中国不平衡不充分的发展主要体现在农业农村发展方面,其中,城乡发展的不平衡是不平衡的发展的突出表现,农业农村发展的不充分是最大的发展不充分。因此,加快实现向高质量发展的转型,不仅是对全国发展提出的总体要求,更是对农业农村发展提出的迫切要求。从农业发展看,要适应农业发展主要矛盾的变化,加快构建现代农业产业体系、生产体系、经营体系,不断提高农业供给质量和效率,实现由增产导向向提质导向转变。从农村发展看,要按照高质量发展的要求,统筹推进农村经济建设、政治建设、文化建设、社会建设、生态文明建设和党的建设,构建各具特色、具有竞争力的现代乡村产业体系。

第二节 新阶段农村发展面临的挑战

随着中国经济进入新常态,中国农村进入了加快转型和全面转型的新阶段。加快农村全面转型是一个重大的国家战略,也是一项长期的艰巨任务,需要分阶段稳步推进。从某种程度上讲,中国农村实现全面转型的过程,也就是实现农业农村现代化和城乡发展一体化的过程。当前,虽然中国农村具备了加快全面转型的条件,但仍然面临多方面的严峻挑战。②

一、农业竞争力严重不足

改革开放以来,中国粮食生产成本曾出现两次快速上涨。第一次是1986~1996年,三种粮食品种(稻谷、小麦、玉米)每亩生产成本年均上涨16.2%,每50公斤主产品生产成本年均上涨14.6%。第二次是2005~

---

① 习近平:《决胜全面建成小康社会,夺取新时代中国特色社会主义伟大胜利》,人民出版社2017年版,第30页。
② 本部分内容参考了魏后凯、刘同山:《论中国农村全面转型:挑战及应对》,载于《政治经济学评论》2017年第5期。

2013年，三种粮食品种每亩生产成本年均上涨10.6%，每50公斤主产品生产成本年均上涨9.6%（魏后凯，2017）。自2014年以来，虽然单位面积和单位产量粮食生产成本上涨已明显趋缓，2017年甚至已出现小幅下降，但总成本和生产成本至今仍处于高位，远高于美国等发达国家的水平。2017年，三种粮食品种每亩总成本高达1081.59元，是2000年的3.04倍；中国稻谷、小麦和玉米单位产量总成本分别比美国高41.5%、26.6%和106.9%。总体上看，中国粮食生产成本的快速上涨主要源于土地成本和人工成本的急剧上涨。2005~2017年，中国三种粮食品种每亩总成本平均每年上涨8.05%，每亩生产成本平均每年上涨7.42%，其中，人工成本年均上涨8.92%，土地成本年均上涨11.23%，均远高于同期农林牧渔业增加值年均增长率（4.3%）和谷物生产者价格指数年均上涨率（3.5%）。这期间，三种粮食品种每亩总成本的增长有76.4%来源于生产成本上涨，其中，来自人工成本占41.9%，来自土地成本占23.5%。

生产成本过快上涨并持续处于高位，除了损害农业竞争力外，还直接恶化了农产品的成本收益率，降低了农业经营效益。在2011年之前，尽管粮食生产成本上涨幅度较大，但由于国家实行粮食托市收购政策，粮食销售价格提升的幅度更大，农民的种粮收益得到了保障（郭永田、翟雪玲，2016）。2004~2011年，三种粮食品种平均出售价格年均增长9.3%，分别比其每50公斤主产品总成本和生产成本年均增长率高2.5个和3.3个百分点。然而，自2012年以来，受国际粮食价格持续下跌的影响，国内粮食价格上涨的空间日益受限，尤其是2015~2016年主要粮食品种出售价格全面下跌，其中，稻谷平均出售价格下降2.7%，小麦下降7.4%，玉米下降31.2%，而粮食生产成本仍然在高位徘徊，导致成本"地板"日益接近甚至超过价格"天花板"，农民种粮收益下降到2004年以来的最低点。2016年，三种粮食品种每亩净利润平均为-80.28元，2017年为-12.53元。在主要农产品中，2017年玉米、大豆、油菜籽、棉花、烤烟、散养生猪都是负利润。其中，油菜籽已经连续6年、棉花连续5年、大豆连续4年、玉米连续3年、烤烟连续2年每亩净利润为负。这表明，目前中国的农业经营效益较低，农产品竞争力面临严峻挑战。

规模经营是中国农业转型发展的现实需要和必然趋势。由于人多地少和一家一户的小农生产方式,长期以来中国农业生产经营呈现小规模、细碎化、分散化的特征。按照全国农业普查资料,1996年中国农户平均土地经营规模为0.67公顷;2006年则下降到0.61公顷。为解决农户分散承包造成的土地细碎化问题,不断提高农业经营规模,近年来在国家政策的引导下土地流转规模迅速扩大。截至2017年6月底,全国承包地流转面积已达到4.97亿亩,承包地流转比例从2007年的5.2%跃升至36.5%(见表12-1)。但是,应该看到,现有大部分土地流转仍然是在承包农户之间进行,[①] 土地流转面积的增加,并没有明显改善中国农业的小农生产状况。截至2015年底,经营耕地10亩以下的农户数量仍然多达2.29亿户,占全部农户的85.7%;经营耕地30亩以下的农户数量高达2.57亿户,占全部农户的96%。而且,由于农业经营效益持续下降,一些农业经营主体选择缩小规模甚至退出农业。因此,如何采取有效措施尽快把小农生产引入现代农业发展轨道,进一步提高农业经营规模,走符合中国国情的适度规模经营道路,将是当前农业转型升级面临的一项巨大挑战。

表12-1　　　　　近年来中国农村承包地流转情况

年份	流转面积（亿亩）	占家庭承包耕地总面积的比重（%）	比上年提高（百分点）
2007	0.64	5.2	0.7
2008	1.09	8.9	3.7
2009	1.52	12.0	3.1
2010	1.87	14.7	2.7
2011	2.28	17.2	2.5
2012	2.70	21.5	4.3
2013	3.40	26.0	4.5
2014	4.03	30.4	4.4
2015	4.47	33.3	2.9
2016	4.79	35.1	1.8
2017年（6月底）	4.97	36.5	1.4

资料来源:根据农业部公布的数据整理。

---

① 根据农业部公布的数据,在耕地流转总面积中,流入农户的面积比重2010年为69.2%,2016年下降到58.4%,至2017年6月底仍高达56.8%。

二、农村老龄化和空心化加剧

自改革开放尤其是20世纪末以来，随着城镇化的快速推进，大量农村劳动力尤其是学历较高、文化素质较好的中青年劳动力不断向城镇转移，农村人口的老龄化现象日益加重。2017年，全国乡村60岁及以上老龄人口占总人口的比重为19.9%，分别比城市、镇和全国平均水平高4.6个、4.2个和2.6个百分点，比2013年提高2.8个百分点；全国乡村65岁及以上老龄人口占总人口的比重高达13.2%，分别比城市、镇和全国平均水平高3.3个、2.9个和1.8个百分点，比2013年提高2.0个百分点（见表12-2）。农村人口不断向城镇迁移带来的另一个问题是村庄"空心化"。据对24个省份、64个市（县）的162个行政村的调查，有9.26%的村庄宅基地发生重度空心化，其闲置和废弃宅基地的比重超过30%（宋伟、陈百明、张英，2013）。

表12-2　　　　　中国城乡老龄人口比重的比较

年份	指标	老龄人口比重（%）				差距（百分点）		
		全国	城市	镇	乡村	乡村-全国	乡村-城市	乡村-镇
2013	60岁及以上	14.9	12.8	13.3	17.1	2.2	4.3	3.8
	65岁及以上	9.7	8.4	8.5	11.2	1.5	2.8	2.7
2014	60岁及以上	15.5	13.8	14.0	17.6	2.1	3.8	3.6
	65岁及以上	10.1	8.9	8.9	11.5	1.4	2.6	2.6
2015	60岁及以上	16.1	14.2	14.5	18.5	2.4	4.3	4.0
	65岁及以上	10.5	9.2	9.4	12.0	1.5	2.8	2.6
2016	60岁及以上	16.7	14.9	14.9	19.1	2.4	4.2	4.2
	65岁及以上	10.8	9.6	9.6	12.5	1.7	2.9	2.9
2017	60岁及以上	17.3	15.3	15.7	19.9	2.6	4.6	4.2
	65岁及以上	11.4	9.9	10.3	13.2	1.8	3.3	2.9

资料来源：根据《中国人口和就业统计年鉴》（2014~2018年）数据计算。

中青年劳动力大量向城镇转移，加上农业转移人口市民化进程滞后，农业经营收益较低，导致农户兼业化现象凸显。农户兼业经营最直观的证据是，自 2015 年起，工资性收入占农民收入的比重超过 40%，已经超过经营净收入，成为农民的第一收入来源。据 2014 年对河北、山东、河南三省 777 户农户的问卷调查发现，在受访农户中，家庭非农收入占比（R）小于 50% 的纯农户（R=0）和一兼农户（0<R<50%）只有 16.6%，其中，纯农户占 7.85%，一兼农户占 8.75%；而二兼农户（50%≤R<100%）占比高达 79.41%，其中，高兼农户（50%≤R<75%）占 19.95%，深兼农户（75%≤R<100%）占比高达 59.46%。兼业农户平均收入比纯农户高 45.8%~99.7%，离农户（R=100%）平均收入比纯农户高 76.6%（魏后凯、刘同山，2017）。可见，农户之所以兼业经营，归根结底是因为经营的土地面积太小、农业经营收益太低，单纯依靠农业无法获得与"亦工亦农"相近的收入水平。

与兼业经营相伴而生的是农户家庭内部分工的深化。经过劳动力市场的筛选，家庭内部分工形成"年轻子女进城务工经商，年老父母留村务农"这样一种"以代际分工为基础的半工半耕"的家计模式（贺雪峰，2015）。目前，在许多地方，老人已经成为种地的主力军。2015 年农业部百乡万户调查赴山西调查组对永济市、襄垣县 12 个乡镇 276 户农户的调查结果表明，当前经营农业的人口中，50 岁以上的人口比例高达 76.4%，其中，70 岁以上仍从事农业的人口比例达 8.2%。[①] 另据对江苏省 1086 户农户的调查，在作为农业生产主力的纯农业劳动力和一兼劳动力中，年龄在 40 岁以上的占 86.6%，其中，50 岁以上的占 62.2%（包宗顺，2014）。根据国家统计局发布的《2018 年农民工监测调查报告》，1980 年及以后出生的新生代农民工已经占农民工总量的 51.5%。这些新生代农民工基本没有参加过农业生产且早已习惯城镇生活方式，不会种地也不愿种地。随着现有农业从业者逐渐丧失劳动能力，而新型职业农民队伍形成需要一个过程，中国农业正在面临严重的"谁来种地"难题。这一难题是城镇化进程中传统农民向新型农民转变出现的断层引起的。

由于大部分农民不再依靠土地生存，而且农业收益低，近年来在一些耕地细碎化严重、农业机械无法使用的地区，耕地抛荒现象日渐增多。国

---

① 《老人农业也能有所为》，载于《人民政协报》2015 年 8 月 24 日。

土资源部的数据显示,全国每年撂荒的耕地约3000万亩。据对全国山区县的调查,2014~2015年78.3%的村庄出现土地撂荒现象(指完全停止耕种,不包括季节性撂荒和休耕),耕地撂荒率为14.32%。当然,对于当前存在的"耕地抛荒"现象,应根据具体情况区别对待。如果是因为土地贫瘠,缺乏农业生产的基础条件,实行退耕还林还草还湿以保护生态环境,或者为了恢复和保护地力,实行季节性或短期抛荒以让耕地休养生息,这都属于正常的行为。然而,目前有相当部分抛荒是由于无人或者不愿耕种而出现的全年抛荒,耕地常年不种,导致耕地荒芜,这种情况应引起高度重视。

三、农民增收压力日益加大

保障农民持续增收是促进农村全面发展的一个核心目标。按照现行的统计口径,居民可支配收入包括工资性收入、经营净收入、财产净收入和转移净收入。由于目前农村产权制度改革严重滞后,农村各种资源难以变现为财富,至今为止,农民人均财产净收入数额小,所占比重很低,中国农民的收入主要来源于工资性收入、经营净收入和转移净收入。从2015年起,工资性收入已经超过经营净收入,成为农民可支配收入的最大一部分。2017年,在农村居民可支配收入构成中,工资性收入、经营净收入和转移净收入分别占40.9%、37.4%和19.4%,而财产净收入仅占2.3%(见表12-3),几乎可以忽略不计。同时,近年来中国农民收入增长越来越依赖工资性收入,尤其是外出打工的工资性收入。2014~2017年,农村居民人均可支配收入增长中来自工资性收入的比重高达46.1%,经营净收入占27.3%,转移净收入占23.9%,而财产净收入仅占2.7%。工资性收入和转移净收入对农民增收的贡献合计占70%。更为重要的是,在中国经济进入新常态后,农民收入增长的势头明显减缓,出现了加速回落的趋势。2016年,全国农村居民人均可支配收入实际增长6.2%,其增速比2014年回落了3.0个百分点,其增速回落的幅度远高于全国和城镇居民的平均水平。2017年,农村居民人均可支配收入实际增速有所回升,达到7.3%。

第十二章 未来展望

表 12-3　　　　中国农村居民人均可支配收入增长及构成

项目	人均可支配收入构成（%）						2014~2017年增长（%）	
	2013年	2014年	2015年	2016年	2017年	变化	名义增长率	贡献率
可支配收入	100	100	100	100	100	0	9.2	100
工资性收入	38.7	39.6	40.3	40.6	40.9	2.2	10.8	46.1
经营净收入	41.7	40.4	39.4	38.3	37.4	-4.3	6.3	27.3
第一产业经营净收入	30.1	28.6	27.6	26.4	25.2	-4.9	4.5	13.8
农业	22.9	22	21.1	19.7	18.8	-4.1	4.0	9.1
牧业	4.9	4.2	4.3	4.6	4.4	-0.5	6.2	3.1
第二、第三产业经营净收入	11.6	11.8	11.8	11.9	12.2	0.6	10.6	13.5
财产净收入	2.1	2.1	2.2	2.2	2.3	0.2	11.7	2.7
转移收入	17.5	17.9	18.1	18.8	19.4	1.9	12.1	23.9

资料来源：根据《中国农村统计年鉴》（2014~2017年）；魏后凯、黄秉信，《中国农村经济形势分析与预测（2017~2018）》，社会科学文献出版社2018年版数据整理。

目前，支撑农民增收的务农、务工这两大传统动力有所减弱，农民增收难度日益加大。首先，在当前新的形势下，农业经营效益进入下行通道，农业经营净收入对农民增收的贡献在逐渐减弱。2014~2017年，农民人均第一产业经营净收入年均名义增长率仅有4.5%，其对农民增收的贡献率只有13.8%。2013~2017年，第一产业经营净收入在农民人均可支配收入中所占比重从30.1%下降到25.2%，减少了4.9个百分点。其次，随着经济发展进入新常态，经济增速减缓和资本对劳动力的替代将导致城镇对农民工的需求增长趋缓，由此影响到农民的非农就业机会（魏后凯，2016），这样，工资性收入对农民增收的支撑作用将会受到影响。实际上，自2013年以来农民工工资增速已经出现逐年回落的态势。2017年全国农民工月均收入比上年名义增长6.4%，增速比2013年回落7.5个百分点。更重要的是，随着市民化进程的加快，相当部分农业转移人口在城镇落户并实现市民化后，其工资性收入将统计到城镇居民而非农村居民收入中，由此加大了农民增收的难度。此外，设想主要依靠转移净收入来支撑农民收入增长也不太现实。这是因为，无论是转移净收入在可支配收入中的比重还是其对农民增收的贡献率，都不可能无限制地扩大，目前正日益逼近

"天花板"。

四、农村资源资产浪费严重

中国农村地区拥有丰富的各类资源,尤其是耕地、林地、草原、宅基地、荒山、荒坡等土地资源。据初步估计,2012年,中国农村总净资产超过127.3万亿元,其中,集体净资产和土地资产分别占近70%,归个人经营和使用的部分占80%以上(叶兴庆,2016)。然而,由于缺乏"资源变资产、资产变资本"的渠道,农村现有各种资源没有被激活,难以实现资产化、资本化和财富化,由此导致农村资源资产低效利用、浪费严重。除了前述的耕地抛荒造成土地资源浪费外,随着大量农村人口向城镇迁移,由于退出机制不畅和交易市场缺乏,加上违规和超标占用,农村宅基地和农民房屋闲置的情况也非常普遍。首先是农村宅基地浪费严重。据国土资源部的数据,全国农村居民点空闲和闲置用地面积为3000万亩左右,低效用地面积达9000万亩以上,分别相当于城镇用地规模的1/4和3/4。[①] 2017年,全国村庄人均用地面积按户籍人口算为178.1平方米,按常住人口算则高达199.4平方米,远超过农村人均建设用地国家标准的上限。大量调查表明,由于人口进城、一户多宅和户宅面积超标等多方面原因,目前农村宅基地闲置的比例一般在10%~20%。据对24个省份、64个市(县)的162个行政村的调查,闲置和废弃宅基地的比重平均为10.15%(宋伟、陈百明、张英,2013);据对山东省济南市、淄博市、烟台市的调查,宅基地闲置率主要集中分布在10%~25%的区间(王一婷等,2017);而据对河南省郑州市、周口市以及甘肃省酒泉市的调查,闲置宅基地面积所占比重高达23.84%(杨亚楠、陈利根、龙开胜,2014)。其次是大量农村房屋长期闲置。据有关部门统计,全国农村至少有7000万套闲置房屋,而且随着城镇化的快速推进,农村闲置房屋的数量还在不断增加。2016年,全国村庄人均住宅建筑面积为33.6平方米。按照规划,在"十三五"

[①] 《推进土地节约集约利用的指导意见解读之一》,http://www.mnr.gov.cn/dt/pl/201410/t20141015_2347240.html,2014年10月15日。

期间，中国户籍人口城镇化率将从 39.9% 提高到 45%，年均需转户 1400 多万人。这些农村人口转变成城镇居民后，每年将会新增 4.7 亿多平方米的闲置农村住房。如果考虑到常年在城镇务工生活却没有转换户籍的农村外出人员，农村房屋闲置造成的资源闲置和浪费将更大。为了节约集约利用宝贵的国土资源，在推进城镇化的过程中，如何通过赋予农民更多财产权利，消除农村资源尤其是宅基地房屋低效利用将是一个十分紧迫的问题。

五、农村生态环境亟待改善

不科学的经营管理理念和落后的生产方式，如化肥和农药的长期过量使用，导致中国的农业面源污染十分严重。如果按农作物总播种面积计算，2017 年中国化肥的使用强度为 352.3 千克/公顷，比国际公认的化肥使用安全上限（225 千克/公顷）高 56.6%，是世界平均水平的 2.8 倍；如果按总耕地面积计算，则实际的化肥使用强度达到 434.4 千克/公顷，几乎比国际安全上限高出 1 倍，是世界平均水平的 3.5 倍（见图 12-1）。农药和农膜的使用情况也是如此。2016 年，中国农药使用强度为 10.4 千克/公顷，比 2000 年提高了 27.5%，比国际安全上限（7 千克/公顷）高出 48.6%。同年，全国农膜使用量 260.3 万吨，相当于欧美各国和日本使用量的总和；其中，农用地膜使用量 147.0 万吨，回收率不足 2/3。化肥、农药等农业化学品长期过量使用，不仅导致土壤养分失衡、土壤肥力和有机质下降，使土壤和水环境污染问题日益突出，而且大量有毒有害物质的残留也带来了严重的安全隐患，使农产品和环境安全受到威胁。此外，全国每年畜禽粪污产生量高达 38 亿吨，而综合利用率不到 60%，畜牧业面源污染问题也日益凸现。为了解决农业面源污染问题，2015 年 2 月农业部制定并实施了到 2020 年化肥、农药使用量零增长行动方案，2017 年 3 月又发布了《重点流域农业面源污染综合治理示范工程建设规划（2016—2020 年）》。在国家政策的积极引导下，近年来化肥、农药使用总量已经呈现下降趋势，但迄今为止，化肥、农药使用强度仍远高于国际安全上限，实现农业化学投入品减量化的任务依然十分艰巨。

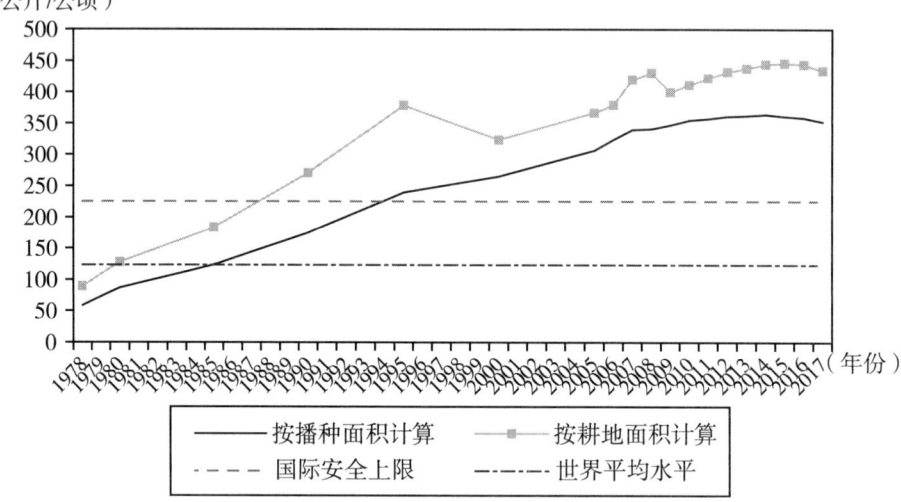

图 12-1　中国化肥使用强度的变化

注：（1）世界平均水平为 2010～2012 年耕地和永久农田化肥使用强度，为 124 公斤/公顷。（2）按 1996 年农业普查结果，全国耕地面积比上年增加 36.9%；按 2009 年第二次全国土地调查，全国耕地面积又比上年增加 11.2%，由此导致按耕地面积计算的化肥使用强度出现下降。

资料来源：根据魏后凯，《中国农业发展的结构性矛盾及其政策转型》，载于《中国农村经济》2017 年第 5 期；《中国统计年鉴》（2017～2018 年）数据绘制。

除农业面源污染外，近年来随着农民生活水平的提高，农村生活垃圾和污水污染问题也日益突出。为加强农村环境综合治理，2014 年国务院办公厅印发了《关于改善农村人居环境的指导意见》；2018 年 2 月中共中央办公厅、国务院办公厅又印发了《农村人居环境整治三年行动方案》。国务院有关部门也相继出台了一系列政策措施，如 2015 年住房和城乡建设部等十部门联合发布了《关于全面推进农村垃圾治理的指导意见》，环境保护部、财政部出台了《关于加强"以奖促治"农村环境基础设施运行管理的意见》；2018 年生态环境部、农业农村部联合发布了《农业农村污染治理攻坚战行动计划》等。截至 2017 年底，中央财政累计安排农村环保专项资金 435 亿元，完成 13.8 万个村庄环境综合整治。但是，由于原有基础差、基数低，2016 年末全国仍有 31.3% 的行政村没有集中供水，有 35% 的行政村没有对生活垃圾进行处理，有 80% 的行政村没有对生活污水进行处理，农村环境"脏乱差"问题依然突出。综合治理各种污染，全面改善农村生态环境仍然任重道远。

第三节 未来中国农村发展展望

根据国家战略规划,从现在起到 2050 年,中国的农村发展将经历三个重要阶段,即到 2020 年,要实现现有标准下农村贫困人口全部脱贫和农村全面小康;到 2035 年,要基本实现基本公共服务均等化和农业农村现代化;到 2050 年,要全面实现乡村振兴和农业农村现代化,高水平迈进世界农业现代化强国行列。下面,着重就未来中国城镇化趋势、农业劳动力转移和农业农村现代化进程等进行简要的分析和展望。

一、未来中国城镇化趋势

城镇化是一个漫长的历史过程,它是经济社会发展的必然结果。自 2011 年以来,中国城镇化已经进入中期快速推进的减速阶段。城镇化的核心是人的城镇化,它包括城镇化数量(水平和速度)与质量两个方面,是二者的有机统一。当前中国城镇化面临的核心问题不是水平高低、速度快慢的问题,而是质量不高的问题。在进入减速阶段后,中国城镇化的速度必须保持适度,把着力点放在全面提高城镇化质量上,实现由速度型向质量型的转变。这里所讲的城镇化速度必须保持适度,是指城镇化速度要与国家经济发展水平相适应、与工业化阶段相适应、与城镇人口和就业吸纳能力相适应、与城镇公共设施容量相适应、与区域资源环境承载能力相适应。关于未来中国城镇化率的预测,各研究机构和学者采用不同的方法进行了估算,其结果具有较大的差异(见表 12-4)。

表 12-4　各研究机构和学者对中国城镇化率的预测　　　　单位:%

研究机构和学者	2020 年	2030 年	2035 年	2050 年
胡鞍钢(2003)	53~57	60~65		
张妍、黄志龙(2010)	54.6~56.2	61.3~63.6		69.5~73.0
韩本毅(2011)	56.44	66.18		
高春亮、魏后凯(2013),魏后凯(2014)	60.3	68.4		81.6

续表

研究机构和学者	2020年	2030年	2035年	2050年
陈明、王凯（2013）	59~60	68~70		
国务院发展研究中心和世界银行联合课题组（2014）		69		
孙东琪等（2016）	55.9	70.12		
顾朝林等（2017）	60	68	70	75
谢立中（2017）	55.6~57.6	61.7~63.4		80.6~85.9
乔文怡等（2018）	60~62	68~70	71~73	76~79
United Nations（2012）	61.0	68.7	71.3	77.3
United Nations（2015）	61.0	68.7	71.1	75.8
United Nations（2018）	61.4	70.6	73.9	80.0

对于2020年中国的城镇化率，住房和城乡建设部编制的《全国城镇体系规划（2006—2020年）》把2020年目标定为56%~58%，现在看来这一目标定的有些偏低。《国家新型城镇化规划（2014—2020年）》则提出到2020年常住人口城镇化率达到60%左右，户籍人口城镇化率达到45%左右。从学术界的预测来看，早期的一些研究预测到2020年中国的城镇化率为53%~57%，而事实上2016年中国城镇化率就已达到57.35%。最近的研究大多预测到2020年中国的城镇化率将保持在60%~62%。2012~2018年，中国城镇化率平均每年提高1.19个百分点，如果这一速度能够维持下去，2020年中国城镇化率将达到62%左右。考虑到中国城镇化已经处于减速阶段，如果城镇化速度下降到年均提升1个百分点，2020年城镇化率将达到61.5%。即使未来城镇化速度进一步放缓，到2020年中国城镇化率也将超过60%。

过去学术界大多选择2030年进行预测，而对2035年中国城镇化率的预测相对偏少。对于2030年中国的城镇化率，早期一些学者的预测同样偏低，一般估计为60%~66%左右，最近的估计大多为68%~70%左右。这就意味着在2030年之前，中国的城镇化仍将呈现快速推进的趋势，尽管其推进速度已经在逐步放缓。根据最新的预测，到2035年中国的城镇化率将达到71%~74%。需要说明的是，在《世界城镇化展望》2011年和2014年版中，联合国经济和社会事务部对2035年中国城镇化率的预测都为71%左右;① 而在最新的2018年版中则大幅提高预测值为73.9%，这一估计有些偏高，据此推算，在2021～2035年间，中国城镇化率年均提高0.83个百分点，其中，2021～2030年间年均提高0.92个百分点。② 考虑到随着乡村振兴战略的实施，城乡基本公共服务均等化基本实现，农民进城落户意愿出现下降，③ 而城镇居民在农村居住的也将日益增多，预计到2035年中国的城镇化率为72%左右。

任何一个国家或区域的城镇化率，都具有一个饱和度或"天花板"。作为一个人口众多、国土辽阔的发展中大国，中国的城镇化率不可能像某些国家如新加坡那样达到100%。考虑到中国的大国小农特征，城镇化率的"天花板"估计在85%左右。对2050年中国城镇化率的预测，目前学术界尚没有形成一致的看法。从表12-4中可以看出，各种估计值差异很大，有的估计在69%～75%，有的估计在76%～79%，还有的估计在80%及以上。过去，学术界对2050年中国城镇化率的估计往往偏低。有鉴于此，最近联合国经济和社会事务部在《世界城镇化展望》2018年版中，已将2050年中国城镇化率的估计由75.8%调整为80%。④ 根据高春亮、魏后凯（2013）以及魏后凯（2014）的研究，到2050年，中国的城镇化率将达到甚至超过80%，逐步接近城镇化率的"天花板"。这就意味着，到2050年，中国的城镇化进程将基本完成，城乡人口和空间结构将趋于稳定，这种城乡结构是做好乡村振兴战略规划建设的前提和基础。

二、未来农业劳动力转移趋势

随着城镇化的逐步减速，近年来中国农业劳动力转移的速度也在逐步减缓。首先，自2015年起流动人口规模已经出现逐年下降的趋势。

---

① United Nations, "World Urbanization Prospects: The 2011 Revision", New York, 2012; United Nations, "World Urbanization Prospects: The 2014 Revision", New York, 2015.
② United Nations, "World Urbanization Prospects: The 2018 Revision", Online Edition, 2018.
③ 据2017年全国流动人口动态监测调查数据，2016年仅有29.6%的农村户籍流动人口有落户意愿。参见国家卫生健康委员会：《中国流动人口发展报告（2018）》，中国人口出版社2018年版，第45页。
④ United Nations, "World Urbanization Prospects: The 2018 Revision", Online Edition, 2018.

1983～1990年，中国流动人口规模平均每年增加183万人，年均增长15.6%；1991～2010年，流动人口规模平均每年增加1000万人，年均增长12.4%；而2011～2014年，流动人口规模平均每年仅增加789万人，年均增长3.4%。从2015年起，中国流动人口规模已经出现逐年下降的趋势，2015～2018年平均每年减少300万人，年均增速为-1.2%。其次，2012年以来外出农民工规模增幅开始急剧下降。1984～2002年，中国外出农民工数量平均每年增加541万人，2003～2012年平均每年增加587万人，而2013～2018年年均增幅已下降到155万人；农民工总量年均增幅也由2009～2012年的930万人下降到2013～2018年的429万人。最后，2014年以来农业就业比重下降的幅度也在明显减缓。按照国家统计局提供的数据，1991～2005年中国农业就业所占比重平均每年下降1.02个百分点；2006～2010年年均下降1.62个百分点；2011～2014年年均下降1.80个百分点；而2015～2017年仅年均下降0.83个百分点。这表明，中国农业就业比重已由过去的加速下降转变为减速下降，进入了重要的转折时期。

相对于农业增加值比重而言，目前中国农业就业比重仍然维持在较高的水平。2017年，中国人均国民总收入（GNI）为8690美元，略高于中等偏上收入国家的平均值（见表12-5）。按照国家统计局发布的官方数据，2017年中国农业增加值比重已经下降到7.9%，大体接近中等偏上收入国家6%的平均值，而其就业比重仍然高达27.0%，远高于中等偏上收入国家的平均值。需要注意的是，由于农户的普遍兼业化，目前官方发布的农业就业比重数据存在严重的高估。据估算，2015年中国实际务农劳动力比重大约为18.3%，至少比官方数字低10个百分点；而2009年高估了约13.4个百分点（蔡昉，2017；Fang Cai et al.，2013）。按照国际劳工组织的估计，2014～2016年，中国农业就业比重为18.4%，基本上接近中等偏上收入国家17.1%的平均值。也就是说，目前中国真实的农业就业比重与其经济发展水平和农业增加值比重大体上是相适应的。中国官方数据与上述估算数据之间的差额实际上是因兼业化而形成的农业劳动力"不完全转移"或者"半转移"造成的。

表 12-5　　　　　　　　中国主要指标与世界比较

主要指标	年份	中国	世界	中等偏上收入国家	高收入国家
人均 GNI（美元）	2017	8690	10366	8192	40136
城镇化率（%）	2016	57	54	65	81
农业占 GDP 比重（%）	2017	8	4	6	1
农业占总就业比重（%）	2014~2016	18.4	26.8	17.1	3.1

注：农业占总就业比重为国际劳工组织估计数。
资料来源：世界银行世界发展指标数据库。

总体上看，随着经济增速减缓和城镇化减速，未来中国农业劳动力转移速度也将逐步减缓。这里将存在两种不同情形：一是在继续保持现有兼业化格局下农业劳动力不断向非农产业转移。2015~2017 年，中国农业就业比重平均每年下降幅度已经明显减缓，如果未来继续保持这种态势，到 2035 年中国农业就业比重将下降到 12% 左右。二是通过农业生产方式的现代化，促进农业实现规模化的专业化生产，将目前大量从事兼业化的农民从农业生产中逐步释放出来。在这种情况下，到 2035 年，中国农业就业比重至少可以下降到 10% 以下。据此推算，2018~2035 年，中国农业就业比重年均下降幅度将超过 0.94 个百分点，平均每年需要转移农业劳动力 700 多万人，共需转移 1.3 亿人以上。这表明，目前中国农业劳动力转移仍有很大的空间。这里的关键是加快户籍制度改革和农业转移人口市民化进程，建立进城落户农民承包地经营权、宅基地使用权和集体收益分配权"三权"自愿有偿退出机制，并不断提高农业劳动生产率和经营效益，使兼业化的农民愿意且能够顺利地转移出去。

三、中国农业农村现代化进程

早在 1954 年，中国就明确提出了实现农业现代化的战略任务。2017 年 10 月，习近平在党的十九大报告中又明确提出要"加快推进农业农村现代化"。农业农村现代化这一概念，虽然只是在过去农业现代化的基础上加了"农村"二字，但它具有更加丰富的科学内涵。它既不是农业现代化的简单延伸，也不是农业现代化和农村现代化或者农业、农村和农民现代化的简单相加，而是包括农村产业现代化、农村生态现代化、农村文化现代化、乡村治理现代化和农民生活现代化"五位一体"的有机整体。据此测算，中国全面实现农业农村现代化的进程，从2010年的43.78%提高到2016年的54.02%，即已经实现超过一半的进程。如果按照现有发展速度推进，从总体上看，2035年中国可以基本实现农业农村现代化，2050年可以全面实现农业农村现代化（魏后凯、闫坤，2018）。但是，分领域看，目前各方面的进程差别较大，农村产业现代化进程最快，而农村文化现代化进程最慢，乡村治理现代化也严重滞后。在农业农村现代化的五个领域，也均存在一些明显的短板，如农业劳动生产率、化肥和农药使用强度、农村生活污水处理、农民文化素质、农村居民收入、城乡收入和消费差距等，就是"短板中的短板"。因此，加快推进农业农村现代化，必须集中力量补齐短板。

在加快推进农业农村现代化进程中，需要着力解决好以下三个关键问题。一是实现城乡基本公共服务均等化。到2035年，要基本实现基本公共服务均等化目标，首先要尽快解决好农业转移人口市民化问题，实现基本公共服务城镇常住人口全覆盖。在此基础上，要将农村人口纳入进来，实现基本公共服务城乡常住人口全覆盖。这就意味着，到2035年，要基本实现城镇化与市民化同步以及城乡社会保障并轨、城乡公共资源均衡配置和城乡基本公共服务均等化。二是促进农民持续增收和城乡差距缩小。目前，农民增收的难度日益加大，城乡居民收入和消费水平差距仍维持在较高的水平。如何依靠乡村振兴尤其是乡村产业振兴，逐步建立一个主要依靠本地产业支撑的农业农村导向型农民持续增收长效机制，使农村居民收入水平、生活水准和生活品质逐步接近城镇居民，实现城乡居民生活质量的等值化，将是一项长期的艰巨任务。三是加快由农业大国向农业强国转变。中国要实现由农业大国向农业强国的转变，将是一个漫长的历史过程。判断现代农业强国的重要标志，关键不是看农业的总量规模，而是看农业综合能力和发展水平，是否实现"四强一高"目标，即农业供给保障能力强、竞争力强、科技创新能力强、可持续发展能力强和农业发展水平高。作为现代农业强国，其主要农业发展水平指标，如农业机械化水平、智慧化水平、社会化服务水平、农产品加工水平、产业融合水平和农业管理水平等，应该达到世界先进水平。

中国农村发展大事记

（1949～2019 年）

1949 年

10 月 1 日，中华人民共和国中央人民政府成立。

1950 年

6 月 30 日，《中华人民共和国土地改革法》正式颁布，明确土地改革的目的是废除地主阶级封建剥削的土地所有制，实行农民的土地所有制。

1951 年

5 月 1 日，中国人民银行召开了第一次全国农村金融工作会议，决定大力发展农村信用合作社，颁发了《农村信用合作社章程准则（草案）》《农村信用互助小组公约（草案）》等。

1953 年

2 月 15 日，中共中央颁布《关于农业生产互助合作的决议》，推进农业互助合作运动。

10 月 16 日，中共中央作出《关于实行粮食的计划收购与计划供应的决议》，决定对粮食实行统购统销。

1954 年

9 月 15 日，周恩来在第一届全国人民代表大会第一次会议上所作的《政府工作报告》中指出，"我国要建设强大的现代化的工业、现代化的农业、现代化的交通运输业和现代化的国防"，政府文件第一次提出了农业现代化的概念。

1955 年

6 月 22 日，国务院发布了《关于建立经常户口登记制度的指示》，通过户籍制度限制农民自发地盲目进城。

11 月 7 日，国务院发布《关于城乡划分标准的规定》，仿照苏联将全国城乡划分为城镇、城镇型居民区和乡村，并将"城市近郊"划入"城镇型居民区"。

1958 年

1月9日，全国人民代表大会常务委员会第九十一次会议通过《中华人民共和国户口登记条例》，将城乡有别的户口登记制度和限制迁徙制度以法律的形式固定下来，由此确立了城乡二元的户籍制度。

6月3日，全国人民代表大会常务委员会第九十六次会议审议通过了《中华人民共和国农业税条例》，标志着全国实行统一的农业税制。

8月29日，中共中央发布《关于在农村建立人民公社的决议》，决定把高级农业生产合作社普遍升级为大规模的、政社合一的人民公社。

1962 年

9月27日，中国共产党第八届中央委员会第十次全体会议通过了《农村人民公社工作条例（修正草案）》，公社实行"三级所有、队为基础"的管理体制。

1977 年

11月1日，国务院批转《公安部关于处理户口迁移的规定》，进一步明确对从农村迁往市、镇，由农业人口转为非农业人口要严加控制。

1978 年

3月5日，第五届全国人民代表大会第一次会议通过的《中华人民共和国宪法》将合作医疗纳入其中，以国家根本大法的形式确立了合作医疗的地位。

1979 年

9月28日，中国共产党第十一届中央委员会第四次全体会议通过《中共中央关于加快农业发展若干问题的决定》，提出了发展农业生产力的25项政策和措施，并对实现农业现代化进行了部署。

1980 年

2月5日，广西壮族自治区宜州市屏南乡合寨村村民代表选举产生全国第一个村民委员会。

1982 年

1月1日，中共中央将《全国农村工作会议纪要》批转下发到全国，由此形成了改革开放以来第一个中央"一号文件",该文件也是明确可以实行包产到户、包干到户的第一个中央文件。

12月4日,第五届全国人民代表大会第五次会议通过的《中华人民共和国宪法》,正式将村民委员会写入宪法条文。

1983年

1月2日,中共中央印发《当前农村经济政策的若干问题》,肯定了联产承包责任制是在党的领导下我国农民的伟大创造,是马克思主义农业合作化理论在我国实践中的新发展。

10月12日,中共中央、国务院发出《关于实行政社分开,建立乡政府的通知》,正式废除人民公社,在农村基层建立乡政府。

1984年

1月1日,中共中央发出《关于一九八四年农村工作的通知》,把土地承包期延长至15年。

3月1日,中共中央、国务院转发《农牧渔业部和部党组关于开创社队企业新局面的报告》,正式将社队企业更名为乡镇企业,并明确了乡镇企业的相关政策问题。

8月13日,国务院办公厅转发水利电力部《关于加速解决农村人畜饮水问题的报告》和《关于农村人畜饮水工作的暂行规定》,推动解决人畜饮水问题。

1985年

1月1日,中共中央、国务院发布《关于进一步活跃农村经济的十项政策》,提出改革农产品统购派购制度,除个别品种外,国家不再向农民下达农产品统购派购任务,按照不同情况,分别实行合同定购和市场收购。

1986年

6月25日,第六届全国人民代表大会常务委员会第十六次会议审议通过《中华人民共和国土地管理法》,其中规定"集体所有的土地依照法律属于村农民集体所有,由村农业生产合作社等农业集体经济组织或者村民委员会经营、管理"。

1987年

3月14日,民政部下发《关于探索建立农村基层社会保障制度的报告》，要求各地区加快建立农村养老保险制度的步伐。

11月24日，第六届全国人民代表大会常务委员会第二十三次会议通过《中华人民共和国村民委员会组织法（试行）》，自1988年6月1日起试行。

1989年

11月27日，国务院发布《关于依靠科技进步振兴农业 加强农业科技成果推广工作的决定》，提出大力加强农业科技成果的推广应用，建立健全各种形式的农业技术推广服务组织，进一步稳定和发展农村科技队伍，大力加强农村教育、广泛开展技术培训，广辟资金来源、增加农业科技投入，重视并做好农业高技术和基础研究工作，切实加强对科技兴农工作的领导。

1993年

2月15日，国务院发布《关于加快粮食流通体制改革的通知》，提出要积极稳步地放开粮食价格和经营，之后逐步取消粮票和油票，实行粮油商品敞开供应。

7月2日，第八届全国人民代表大会常务委员会第二次会议通过《中华人民共和国农业法》和《中华人民共和国农业技术推广法》。

11月5日，中共中央、国务院发布《关于当前农业和农村经济发展的若干政策措施》，将以家庭联产承包为主的责任制和统分结合的双层经营体制作为农村经济的一项基本制度，并将家庭联产承包责任制的承包期延长至30年。

1994年

2月4日，民政部发布《全国农村村民自治示范活动指导纲要（试行）》，首次明确提出建立民主选举、民主监督、民主决策、民主管理四项民主制度。

4月15日，国务院印发《国家八七扶贫攻坚计划（1994—2000年）》，决定从1994年到2000年，集中人力、物力、财力，动员社会各界力量，力争用7年左右的时间，基本解决目前全国农村8000万贫困人口的温饱问题。

1995年

2月27日，中共中央、国务院发布了《关于深化供销合作社改革的决定》，要求抓紧组建中华全国供销合作总社。

1996 年

8月22日，国务院出台《关于农村金融体制改革的决定》，提出把信用社逐步改为由农民入股、由社员民主管理、主要为入股社员服务的合作性金融组织。

1997 年

1月1日，《中华人民共和国乡镇企业法》正式实施，为乡镇企业发展提供了行为规范和法律保障。

6月10日，国务院批转公安部《小城镇户籍管理制度改革试点方案》和《关于完善农村户籍管理制度的意见》，决定选择少量具有一定基础、在当地具有一定代表性的小城镇，先期进行两年的户籍管理制度改革试点，然后分期、分批推开。

1998 年

8月29日，《中华人民共和国土地管理法》（1998年修订）发布，从法律层面确立了土地承包经营期限为30年。

11月4日，第九届全国人民代表大会常务委员会第五次会议通过《中华人民共和国村民委员会组织法》，该法自1998年11月4日施行。

11月7日，国务院印发《当前推进粮食流通体制改革的意见》，提出粮食流通体制改革要贯彻落实"三项政策，一项改革"，即实行顺价销售、农发行收购资金封闭运行、按保护价敞开收购农民余粮，深化国有粮食企业改革。

11月26日，文化部印发《关于进一步加强农村文化建设的意见》，要求加强乡镇文化站建设，加强行政村的文化设施建设，积极筹建科普活动室、村文化室。

1999 年

2月13日，中共中央印发《中国共产党农村基层组织工作条例》，以加强和改进党的农村基层组织建设，加强和改善党对农村工作的领导，推动农村经济发展和社会进步，保证党在农村改革和发展目标的实现。

3月15日，第九届全国人民代表大会第二次会议将"农村集体经济组织实行家庭承包经营为基础、统分结合的双层经营体制"写入宪法，由此确立了农村基本经营制度的法律地位。

2000 年

3 月 2 日，中共中央、国务院颁布《关于进行农村税费改革试点工作的通知》，提出进行农村税费改革试点工作，主要内容是：取消乡统筹费、农村教育集资等专门面向农民征收的行政事业性收费和政府性基金、集资；取消屠宰税；取消统一规定的劳动积累工和义务工；调整农业税和农业特产税政策；改革村提留征收使用办法。

2002 年

4 月 11 日，国务院发出《关于进一步完善退耕还林政策措施的若干意见》，规定要认真落实"退耕还林、封山绿化、以粮代赈、个体承包"的政策措施。

8 月 29 日，第九届全国人民代表大会常务委员会第二十九次会议通过《中华人民共和国农村土地承包法》，明确规定"土地承包经营权可以依法采取转包、出租、互换、转让或者其他方式流转"，标志着我国土地承包经营流转制度在法律层面得以确立。

10 月 19 日，中共中央、国务院下发《关于进一步加强农村卫生工作的决定》，提出了实行以个人、集体和政府多方筹资为主，更加强调政府责任的新型农村合作医疗。

2003 年

6 月 27 日，国务院印发了《深化农村信用社改革试点方案的通知》，将农村信用社定位为为农民、农业和农村经济发展服务的社区性地方金融机构，并提出积极探索和分类实施股份制、股份合作制、合作制等各种产权制度。

10 月 14 日，中国共产党第十六届中央委员会第三次全体会议通过《中共中央关于完善社会主义市场经济体制若干问题的决定》，提出"统筹城乡发展、统筹区域发展、统筹经济社会发展、统筹人与自然和谐发展、统筹国内发展和对外开放"，并把统筹城乡发展放在首位。

12 月 31 日，中共中央、国务院印发《关于促进农民增加收入若干政策的意见》，这是 1986 年以来中央一号文件再次聚焦"三农"主题，此后直到 2019 年中央连续发布 16 个一号文件聚焦"三农"问题。

2004 年

5月26日，国务院发布《粮食流通管理条例》，鼓励多种所有制市场主体从事粮食经营活动，粮食价格主要由市场供求形成。

6月25日，第十届全国人民代表大会常务委员会第十次会议通过了《中华人民共和国农业机械化促进法》，2004年11月1日开始施行。

2005 年

9月30日，建设部发布《关于村庄整治工作的指导意见》，提出搞好村庄规划建设，改善农民居住条件，改变农村面貌。

10月8日，中国共产党第十六届中央委员会第五次全体会议通过《中共中央关于制定国民经济和社会发展第十一个五年规划的建议》，提出要按照"生产发展、生活宽裕、乡风文明、村容整洁、管理民主"的要求，扎实推进社会主义新农村建设。

12月24日，国务院印发《关于深化农村义务教育经费保障机制改革的通知》，提出把农村义务教育全面纳入公共财政保障范围，建立中央和地方分项目、按比例分担的机制，实行省级政府统筹落实、管理以县为主的制度。

12月29日，第十届全国人民代表大会常务委员会第十九次会议通过决定，自2006年1月1日起废止《中华人民共和国农业税条例》，取消除烟叶以外的农业特产税、全部免征牧业税。

2006 年

10月31日，第十届全国人民代表大会常务委员会第二十四次会议通过了《中华人民共和国农民专业合作社法》。

2007 年

3月16日，《中华人民共和国物权法》公布，把农民土地承包经营权界定为"用益物权"。

7月11日，国务院发布《关于在全国建立农村最低生活保障制度的通知》，要求在全国范围建立农村最低生活保障制度。

8月21日，中共中央办公厅、国务院办公厅下发《关于加强公共文化服务体系建设的若干意见》，提出实施重大公共文化服务工程，即广播电视村村通工程、全国文化信息资源共享工程、乡镇综合文化站和基层文化阵地建设工程、农村电影放映工程和农家书屋建设工程。

2008 年

6月8日，中共中央、国务院印发《关于全面推进集体林权制度改革的意见》，提出用5年左右时间，基本完成明晰产权、承包到户的改革任务。

2009 年

9月1日，国务院颁布《关于开展新型农村社会养老保险试点的指导意见》，全国范围内全面开展新型农村社会养老保险制度试点工作。

12月31日，中共中央、国务院发布《关于加大统筹城乡发展力度进一步夯实农业农村发展基础的若干意见》，提出"协调推进工业化、城镇化和农业现代化，努力形成城乡经济社会发展一体化新格局"。

2011 年

12月6日，中共中央、国务院颁布了《中国农村扶贫开发纲要（2011—2020年）》，指导新时期我国农村扶贫开发工作。

2012 年

5月7日，劳动与社会保障部、财政部宣布，从2012年7月1日起，将在全国范围内启动新型农村养老保险制度全覆盖工作。

2014 年

2月21日，国务院印发《关于建立统一的城乡居民基本养老保险制度的意见》，提出将新农保和城居保两项制度合并实施，在全国范围内建立统一的城乡居民基本养老保险制度。

2月24日，农业部下发了《关于促进家庭农场发展的指导意见》，提出加快构建新型农业经营体系，促进家庭农场发展。

3月16日，《国家新型城镇化规划（2014—2020年）》发布，提出走以人为本、四化同步、优化布局、生态文明、文化传承的中国特色新型城镇化道路。

11月20日，中央审议通过《关于引导农村土地经营权有序流转发展农业适度规模经营的意见》，正式提出了"三权分置"的政策。

2015 年

2月1日，中共中央、国务院发布《关于加大改革创新力度加快农业现代化建设的若干意见》，提出了推进农村一二三产业融合发展的理念。

11月27日，中共中央、国务院发布《关于进一步推进农垦改革发展的意见》，对新时期农垦改革发展作出全面安排。

11月28日，国务院印发《关于进一步完善城乡义务教育经费保障机制的通知》，提出整合农村义务教育经费保障机制和城市义务教育奖补政策，建立统一的中央和地方分项目、按比例分担的城乡义务教育经费保障机制。

11月29日，中共中央、国务院发布《关于打赢脱贫攻坚战的决定》，提出到2020年，稳定实现农村贫困人口不愁吃、不愁穿，义务教育、基本医疗和住房安全有保障。

2016年

1月12日，国务院印发《关于整合城乡居民基本医疗保险制度的意见》，提出要整合城镇居民基本医疗保险和新型农村合作医疗两项制度，建立统一的城乡居民基本医疗保险制度。

5月13日，财政部、农业部印发了《关于调整完善农业三项补贴政策的指导意见》，在全国全面推开农业"三项补贴"改革，将农作物良种补贴、种粮直补和农资综合补贴合并为农业支持保护补贴，重点用于支持耕地地力保护和粮食适度规模经营。

7月2日，国务院发布《关于统筹推进县域内城乡义务教育一体化改革发展的若干意见》，提出要统筹推进县域内城乡义务教育一体化改革发展。

10月17日，国务院印发《全国农业现代化规划（2016—2020年）》，大力推进农业现代化。

12月26日，中共中央、国务院发布《关于稳步推进农村集体产权制度改革的意见》，提出逐步构建归属清晰、权能完整、流转顺畅、保护严格的中国特色社会主义农村集体产权制度。

2017年

10月18日，中国共产党第十九次全国代表大会报告《决胜全面建成小康社会 夺取新时代中国特色社会主义伟大胜利》提出，要实施乡村振兴战略，坚持农业农村优先发展，按照产业兴旺、生态宜居、乡风文明、治理有效、生活富裕的总要求，建立健全城乡融合发展体制机制和政策体系，加快推进农业农村现代化。

2018 年

1 月 2 日，中共中央、国务院发布《关于实施乡村振兴战略的意见》，对乡村振兴战略进行了具体部署。

2 月 5 日，中共中央办公厅、国务院办公厅发布了《农村人居环境整治三年行动方案》，加快推进农村人居环境整治。

9 月 26 日，中共中央、国务院印发了《乡村振兴战略规划（2018—2022 年）》，对实施乡村振兴战略第一个五年工作做出具体部署。

12 月 29 日，第十三届全国人民代表大会常务委员会第七次会议通过关于修改《中华人民共和国村民委员会组织法》的决定，将第十一条第二款修改为："村民委员会每届任期五年，届满应当及时举行换届选举。村民委员会成员可以连选连任。"

12 月 29 日，第十三届全国人民代表大会常务委员会第七次会议表决通过了关于修改农村土地承包法的决定，将农村土地"三权分置"、农村土地承包关系稳定并长久不变、维护进城务工和落户农民的土地承包权益、土地经营权流转、融资担保和入股等写入条款。

2019 年

1 月，中共中央印发了修订后的《中国共产党农村基层组织工作条例》，自 2018 年 12 月 28 日起施行。

2 月 21 日，中共中央办公厅、国务院办公厅印发《关于促进小农户和现代农业发展有机衔接的意见》，提出在鼓励发展多种形式适度规模经营的同时，完善针对小农户的扶持政策，加强面向小农户的社会化服务，把小农户引入现代农业发展轨道。

4 月 15 日，中共中央、国务院发布《关于建立健全城乡融合发展体制机制和政策体系的意见》，提出以协调推进乡村振兴战略和新型城镇化战略为抓手，以缩小城乡发展差距和居民生活水平差距为目标，以完善产权制度和要素市场化配置为重点，坚决破除体制机制弊端，促进城乡要素自由流动、平等交换和公共资源合理配置，加快形成工农互促、城乡互补、全面融合、共同繁荣的新型工农城乡关系，加快推进农业农村现代化。

参考文献

[1] 白人朴:《农业机械化感悟》,中国环境科学出版社 2012 年版。

[2] 白人朴:《我国农机化发展的三大成就》,载于《农机科技推广》2008 年第 7 期。

[3] 包宗顺:《未来谁来种田?》,载于《唯实》2014 年第 6 期。

[4] 薄一波:《农村人民公社化运动(一)》,载于《农村经营管理》1993 年第 11 期。

[5] 薄一波:《若干重大决策与事件的回顾》(下卷),中共中央党校出版社 1993 年版。

[6] 蔡昉:《改革时期农业劳动力转移与重新配置》,载于《中国农村经济》2017 年第 10 期。

[7] 蔡昉:《中国"三农"政策的 60 年经验与教训》,载于《广东社会科学》2009 年第 6 期。

[8] 曹普:《1949-1989:中国农村合作医疗制度的演变与评析》,载于《中共云南省委党校学报》2006 年第 5 期。

[9] 陈吉元、韩俊等:《人口大国的农业增长》,上海远东出版社 1996 年版。

[10] 陈吉元、庾德昌:《中国农业劳动力转移》,人民出版社 1993 年版。

[11] 陈兰洲:《乡镇企业突起的历史必然性及其新的发展对策》,载于《科学社会主义》1992 年第 1 期。

[12] 陈明、王凯:《我国城镇化速度和趋势分析——基于面板数据的跨国比较研究》,载于《城市规划》2013 第 5 期。

[13] 陈秋红、魏玉栋:《美丽乡村建设的进展、成效与问题》,收录于《中国农村发展报告》,中国社会科学出版社 2017 年版。

[14] 陈瑞清:《建设社会主义生态文明,实现可持续发展》,载于《北方经济》(综合版)2007 年第 4 期。

[15] 陈锡文、赵阳、罗丹：《中国农村改革 30 年回顾与展望》，人民出版社 2008 年版。

[16] 陈彦光、周一星：《城市化 Logistic 过程的阶段划分及其空间解释：对 Northam 曲线的修正与发展》，载于《经济地理》2005 年第 6 期。

[17] 程杰：《60 年铸就中国农业发展基石——新中国农业与农村科技发展述评》，载于《中国农村科技》2009 年第 9 期。

[18] 储朝晖：《中国幼儿教育忧思与行动》，南京师范大学出版社 2008 年版。

[19] 褚保金、许晖：《中国粮食"政策型"波动及政策转型》，载于《江海学刊》2005 年第 6 期。

[20] 《当代中国》丛书编辑委员会：《当代中国的粮食工作》，中国社会科学出版社 1988 年版。

[21] 党国英：《中国农村改革与发展模式的转变——中国农村改革 30 年回顾与展望》，载于《社会科学战线》2008 年第 2 期。

[22] 《邓小平文选（一九七五～一九八二年）》，人民出版社 1983 年版。

[23] 《邓小平文选》（第一卷），人民出版社 1994 年版。

[24] 《邓小平文选》（第三卷），人民出版社 2008 年版。

[25] 丁淦林：《中国新闻事业史》，高等教育出版社 2002 年版。

[26] 董辅礽：《中华人民共和国经济史》（上卷），经济科学出版社 1999 年版。

[27] 董静儒：《建立以绿色生态为导向的农业补贴制度》，载于《农经》2016 年第 11 期。

[28] 杜润生：《中国农村改革决策纪事》，中央文献出版社 1999 年版。

[29] 高春亮、魏后凯：《中国城镇化趋势预测研究》，载于《当代经济科学》2013 年第 4 期。

[30] 邰若素、马国南：《中国粮食研究报告》，蔡昉、李周译，北京农业大学出版社 1993 年版。

[31] 顾朝林、管卫华、刘合林：《中国城镇化 2050：SD 模型与过程模拟》，载于《中国科学》2017 年第 7 期。

[32] 顾焕章、王培志：《论农业现代化的涵义及其发展》，载于《江苏

社会科学》1997年第1期。

［33］郭德宏：《旧中国土地占有状况及发展趋势》，载于《中国社会科学》1989年第4期。

［34］郭永田、翟雪玲：《降本增效是农业供给侧结构性改革的关键》，载于《农村工作通讯》2016年第9期。

［35］国家统计局：《伟大的十年》，人民出版社1959年版。

［36］国家卫生健康委员会：《中国流动人口发展报告2018》，中国人口出版社2018年版。

［37］国务院发展研究中心和世界银行联合课题组：《中国：推进高效、包容、可持续的城镇化》，载于《管理世界》2014年第4期。

［38］国务院新闻办公室：《中国的农村扶贫开发》，载于《新华月报》2001年第11期。

［39］国务院研究室课题组：《中国农民工调研报告》，中国言实出版社2006年版。

［40］韩本毅：《中国城市化发展进程及展望》，载于《西安交通大学学报》（社会科学版）2011年第3期。

［41］韩长赋：《中国农村土地制度改革》，载于《农业经济问题》2019年第11期。

［42］韩广富：《当代中国农村扶贫开发的历史进程》，载于《理论学刊》2005年第7期。

［43］韩俊：《调查中国农村》，中国发展出版社2009年版。

［44］韩俊：《中国经济改革30年·农村经济卷》，重庆大学出版社2008年版。

［45］韩央迪、李迎生：《中国农民福利：供给模式、实现机制与政策展望》，载于《中国农村经济》2014年第5期。

［46］郝大明：《农业劳动力转移对中国经济增长的贡献率：1953~2015》，载于《中国农村经济》2016年第9期。

［47］何康：《八十年代农业改革与发展》，农业出版社1991年版。

［48］何勇：《中国农村信用社制度转轨论》，四川大学博士学位论文，2006年。

[49] 贺雪峰：《中国农村社会转型及其困境》，载于《学习时报》2015年7月20日。

[50] 洪松：《1961年精简职工和减少城镇人口人数问题探究》，载于《中国统计》2013年第8期。

[51] 侯雪静、高敬：《推进美丽中国建设——党的十八大以来生态文明建设成就综述》，载于《小康》2017年第29期。

[52] 胡鞍钢：《城市化是今后中国经济发展的主要推动力》，载于《中国人口科学》2003年第6期。

[53] 胡利娟：《退耕还林：垦殖史上的重大转折》，载于《科技日报》2013年1月17日。

[54] 胡新民：《周恩来与对外开放》，载于《党史博采（纪实）》2015年第2期。

[55] 胡志辉：《农业税改革与中国农民的变迁》，南开大学博士学位论文，2014年。

[56] 黄承伟：《中国扶贫开发道路研究：评述与展望》，载于《中国农业大学学报》（社会科学版）2016年第5期。

[57] 黄道霞：《取消人民公社的前前后后》，中共党史出版社1998年版。

[58] 黄季焜、刘莹：《农村环境污染情况及影响因素分析——来自全国百村的实证分析》，载于《管理学报》2010年第11期。

[59] 黄开兴、王金霞、白军飞、仇焕广：《农村生活固体垃圾排放及其治理对策分析》，载于《中国软科学》2012年第9期。

[60] 贾发生：《当前农村税费改革的历史演进与思考》，中共中央党校硕士学位论文，2006年。

[61]《建国以来重要文献选编》（第20册），中共中央文献出版社1993年版。

[62] 江泽民：《全面推进农村改革开创我国农业和农村工作新局面——在安徽考察工作时的讲话》，载于《人民日报》1998年10月5日第1版。

[63] 姜百臣、李周：《农村工业化的环境影响与对策研究》，载于《管理世界》1994年第5期。

[64] 蒋省三：《供销合作社六十年之思辨（上篇）》，载于《中国合作经

济》2013年第6期。

［65］焦秀琦：《世界城市化发展的 S 型曲线》，载于《城市规划》1987年第2期。

［66］杰成：《人民信访史略》，北京经济学院出版社1996年版。

［67］解希民：《实现农业发展的"接二连三"——三产融合在山东的实践》，载于《中国财经报》2017年12月5日。

［68］靳得行：《中华人民共和国史》，河南大学出版社1993年版。

［69］孔祥智、高强：《改革开放以来我国农村集体经济的变迁与当前亟需解决的问题》，载于《理论探索》2017年第1期。

［70］孔祥智、刘同山：《论我国农村基本经营制度：历史、挑战与选择》，载于《政治经济学评论》2013年第4期。

［71］蓝海涛、姜长云：《经济周期背景下中国粮食生产成本的变动及趋势》，载于《中国农村经济》2009年第6期。

［72］蓝虹、穆争社：《中国农村信用社改革的全景式回顾、评价与思考》，载于《上海金融》2012年第11期。

［73］类淑志：《中国农村金融体系的变迁与重构》，复旦大学博士学位论文，2005年。

［74］李爱喜：《新中国60年农村信用社改革发展的回顾与展望》，载于《财经论丛》2009年第6期。

［75］李成贵：《中国农业科技体制的发展》，收录于张晓山、李周：《中国农村发展道路》，经济管理出版社2013年版。

［76］李捷枚：《20世纪50年代中国农村养老保障模式变革》，载于《华中师范大学学报》（人文社会科学版）2016年第2期。

［77］李茂盛、杨大虎：《农村税费改革回顾与思考——以山西省为例》，载于《当代中国史研究》2017年第6期。

［78］李培林、魏后凯：《中国扶贫开发报告（2016）》，社会科学文献出版社2016年版。

［79］李群青：《中国农业补贴政策现状及优化》，山东大学硕士学位论文，2014年。

［80］李若建：《困难时期的精简职工与下放城镇居民》，载于《社会学

研究》2001年第6期。

[81] 李杨：《污染迁徙的中国路径》，载于《中国新闻周刊》2006年第4期。

[82] 李玉红：《中国农村污染工业发展机制研究》，载于《农业经济问题》2017年第5期。

[83] 李周、尹晓青、包晓斌：《乡镇企业与环境污染》，载于《中国农村观察》1999年第3期。

[84] 李佐军、盛三化：《建立生态文明制度体系推进绿色城镇化进程》，载于《经济纵横》2014年第1期。

[85] 梁言：《21世纪初期中国粮食发展战略》，载于《宏观经济研究》2004年第9期。

[86] 林炳秋等：《发展与改革：若干重大经济问题研究》，上海人民出版社1990年版。

[87] 林青松、威廉·伯德：《中国乡镇企业的历史性崛起：结构、发展与改革》，牛津大学出版社1994年版。

[88] 林毅夫：《制度、技术和中国农业发展》，上海三联书店、上海人民出版社2005年版。

[89] 刘继同：《由集体福利到市场福利——转型时期中国农民福利政策模式研究》，载于《中国农村观察》2002年第5期。

[90] 刘少奇：《关于土地改革问题的报告》，收录于中共中央文献编辑委员会：《刘少奇选集》（下），人民出版社1985年版。

[91] 陆汉文、黄承伟：《中国精准扶贫发展报告》，社会科学文献出版社2017年版。

[92] 吕连人：《新中国成立初期农村基层党组织发展的政策变化及影响分析》，载于《理论探讨》2013年第3期。

[93] 罗军生：《建国后"包产到户"一波三折的坎坷命运》，载于《党史博采（纪实）》2005年第11期。

[94] 罗平汉：《农村人民公社史》，福建人民出版社2003年版。

[95] 马洪：《现代中国经济事典》，中国社会科学出版社1982年版。

[96] 马晓河：《60年农村制度变迁与经济社会的发展》，载于《中国经

贸导刊》2009年第22期。

[97] 马晓河、刘振中、钟钰：《农村改革40年：影响中国经济社会发展的五大事件》，载于《中国人民大学学报》2018年第3期。

[98] 毛泽东：《唯心历史观的破产》，收录于《毛泽东选集》（第四卷），人民出版社1991年版。

[99]《毛泽东文集》（第六卷），人民出版社1999年版。

[100]《毛泽东文集》（第七卷），人民出版社1999年版。

[101] 苗艳青、陈文晶：《农村水和环境卫生：成效与挑战》，社会科学文献出版社2016年版。

[102] 仉琪：《土地与农民福利：制度变迁的视角》，社会科学文献出版社2016年版。

[103] 牛若峰：《中国农业现代化走什么道路》，载于《中国农村经济》2001年第1期。

[104] 牛文臣：《山丘区农村人畜饮水工程》，陕西科学技术出版社2001年版。

[105] 农业部：《新中国农业六十年统计资料》，中国农业出版社2009年版。

[106] 农业部政策法规司、国家统计局农村司：《中国农村40年》，中原农民出版社1989年版。

[107] 逄先知、金冲及：《毛泽东传（1949－1976）》（下），中央文献出版社2003年版。

[108] 彭科峰：《沈国舫院士：生态文明是人类第四次文明》，载于《中国科学报》2013年4月9日。

[109] 祁春节、蔡荣：《我国农产品流通体制演进回顾及思考》，载于《经济纵横》2008年第10期。

[110] 乔文怡、李功、管卫华、王馨、王晓歌：《2016－2050年中国城镇化水平预测》，载于《经济地理》2018年第2期。

[111] 谯珊：《从劝止到制止：20世纪50年代的"盲流"政策》，载于《兰州学刊》2017年第12期。

[112] 瞿商：《中国粮食国际贸易和性质的历史分析》，载于《中国经济

史研究》2006 年第 3 期。

[113] 沈水生：《探索中国特色农业劳动力转移道路》，载于《中国人力资源社会保障》2018 年第 1 期。

[114] 《十二大以来重要文献选编》（上），人民出版社 1986 年版。

[115] 石秀和、陈阿兴：《自组织与被组织——试论我国供销合作社组织变迁、经验及创新》，载于《商业时代》2002 年第 21 期。

[116] 世界银行：《中国：90 年代的扶贫战略》，中国财政经济出版社 1993 年版。

[117] 宋洪远：《中国农村改革三十年》，中国农业出版社 2008 年版。

[118] 宋士云：《中国农村社会保障制度结构与变迁》，人民出版社 2006 年版。

[119] 宋伟、陈百明、张英：《中国村庄宅基地空心化评价及其影响因素》，载于《地理研究》2013 年第 1 期。

[120] 宋瑛：《我国农产品流通体制演进回顾及思考》，载于《商业经济研究》2014 年第 7 期。

[121] 宋玉军：《国民经济恢复时期我国就业政策的调整与应对》，载于《阜阳师范学院学报》（社会科学版）2010 年第 4 期。

[122] 孙东琪、陈明星、陈玉福、叶尔肯·吾扎提：《2015－2030 年中国新型城镇化发展及其资金需求预测》，载于《地理学报》2016 年第 6 期。

[123] 谭秋成：《论作为一种生产方式的绿色农业》，载于《中国人口·资源与环境》2015 年第 9 期。

[124] 谭秋成：《农村集体经济的特征、存在的问题及改革》，载于《北京大学学报》（哲学社会科学版）2018 年第 3 期。

[125] 田纪云等：《中国农业现代化之路》，中共中央党校出版社 1995 年版。

[126] 仝志辉、陈淑龙：《改革开放 40 年来农村集体经济的变迁和未来发展》，载于《中国农业大学学报》（社会科学版）2018 年第 6 期。

[127] 王诚尧：《现阶段持续推进城乡税制统一改革的意见》，载于《财政研究》2011 年第 10 期。

[128] 王凤林：《我国社队企业的产生和发展》，载于《农业经济丛刊》

1983年第4期。

[129] 王浩：《养殖废弃物 再生有出路》，载于《人民日报》2017年1月5日。

[130] 王景垣：《决不放松粮食生产积极开展多种经营——对农业生产方针的粗浅认识》，载于《农业经济》1981年第1期。

[131] 王黎锋：《中国共产党历史上召开的历次城市工作会议》，载于《党史博采（纪实）》2016年第7期。

[132] 王立剑：《农村社会养老保险制度的演进路径与目标模式》，科学出版社2017年版。

[133] 王绍光：《学习机制与适应能力：中国农村合作医疗体制变迁的启示》，载于《中国社会科学》2008年第6期。

[134] 王胜：《20世纪50年代后期中国农村建设的历史回顾》，载于《求实》2010年第5期。

[135] 王西玉：《农村改革与农地制度变迁》，载于《中国农村经济》1998年第9期。

[136] 王侠：《落实发展新理念全面推进综合改革打造服务农民生产生活的生力军和综合平台——在中华全国供销合作总社第六届理事会第二次全体会议上的工作报告》，载于《中国合作经济》2016年第1期。

[137] 王衍亮：《打好农业面源污染防治攻坚战 促进农业可持续发展》，载于《休闲农业与美丽乡村》2015年第12期。

[138] 王一婷、李旭峰、邢琪敏、黄春霞：《山东省农村宅基地使用流转现状·问题与对策——基于对济南、淄博、烟台部分农村的调研》，载于《安徽农业科学》2017年第4期。

[139] 王远飞、张超：《Logistic增长模型参数估计与我国城市化水平预测》，载于《经济地理》1997年第4期。

[140] 魏后凯：《2020年后中国减贫的新战略》，载于《中州学刊》2018年第9期。

[141] 魏后凯：《坚持以人为核心推进新型城镇化》，载于《中国农村经济》2016年第10期。

[142] 魏后凯：《农业农村优先发展的内涵、依据、方法》，载于《农村

工作通讯》2017 年第 24 期。

[143] 魏后凯：《新常态下中国城乡一体化格局及推进战略》，载于《中国农村经济》2016 年第 1 期。

[144] 魏后凯：《中国农业发展的结构性矛盾及其政策转型》，载于《中国农村经济》2017 年第 5 期。

[145] 魏后凯：《中国乡村工业化的代价与前景》，载于《中州学刊》1994 年第 6 期。

[146] 魏后凯：《走中国特色的新型城镇化道路》，社会科学文献出版社 2014 年版。

[147] 魏后凯：《以提高质量为导向》，载于《人民日报》2019 年 4 月 19 日。

[148] 魏后凯、杜志雄：《中国农村发展报告（2019）——聚焦农业农村优先发展》，中国社会科学出版社 2019 年版。

[149] 魏后凯、黄秉信：《中国农村经济形势分析与预测（2017～2018）》，社会科学文献出版社 2018 年版。

[150] 魏后凯、黄秉信：《中国农村经济形势分析与预测（2018～2019）》，社会科学文献出版社 2019 年版。

[151] 魏后凯、刘长全：《中国农村改革的基本脉络、经验与展望》，载于《中国农村经济》2019 年第 2 期。

[152] 魏后凯、刘同山：《论中国农村全面转型：挑战及应对》，载于《政治经济学评论》2017 年第 5 期。

[153] 魏后凯、苏红键：《中国农业转移人口市民化进程研究》，载于《中国人口科学》2013 年第 5 期。

[154] 魏后凯、闰坤：《中国农村发展报告（2018）——新时代乡村全面振兴之路》，中国社会科学出版社 2018 年版。

[155] 温思美、张乐柱：《建国 60 年农村经济发展轨迹及其愿景》，载于《改革》2009 年第 8 期。

[156] 温铁军：《中国农村基本经济制度研究》，中国经济出版社 2000 年版。

[157] 吴琼：《中国农业补贴制度存在的问题及完善对策》，湖北大学硕

士学位论文，2016年。

[158] 吴志华：《中国粮食安全与成本优化研究》，中国农业出版社2001年版。

[159] 伍凤兰：《农村合作医疗的制度变迁研究》，浙江大学出版社2009年版。

[160] 武力、郑有贵：《解决"三农"问题之路——中国共产党"三农"思想政策史》，中国经济出版社2004年版。

[161] 习近平：《决胜全面建成小康社会，夺取新时代中国特色社会主义伟大胜利》，人民出版社2017年版。

[162] 习近平：《在中央农村工作会议上的讲话》，收录于中共中央文献研究室：《十八大以来重要文献选编》（上），中央文献出版社2014年版。

[163] 席宣、金春明：《"文化大革命"简史》，中共党史出版社1996年版。

[164] 向婧：《三产融合助推重庆乡村振兴》，载于《重庆日报》2017年12月20日。

[165] 肖淑平：《新中国成立以来的粮食价格及其管理》，载于《价格理论与实践》1983年第5期。

[166] 谢立中：《中国城镇化率发展水平测算——以非农劳动力需求为基础的模拟》，载于《社会发展研究》2017年第2期。

[167] 徐大兵：《新中国成立六十年来农产品流通体制改革回顾与前瞻》，载于《商业研究》2009年第7期。

[168] 徐旭初、黄祖辉：《转型中的供销社——问题、产权与演变趋势》，载于《浙江大学学报》（人文社会科学版）2006年第3期。

[169] 许永杰：《我国农业初级合作化高潮是历史发展的必然——与罗郁聪等同志商榷》，载于《党史资料与研究》1983年第1期。

[170] 熊艳喜、杨云彦：《劳动力流向、区域增长拐点与中部发展新机遇》，载于《中南财经政法大学学报》2010年第3期。

[171] 严耕、杨志华：《生态文明的理论与系统建构》，中央编译出版社2009年版。

[172] 严俊：《中国农村社会保障政策研究》，人民出版社2009年版。

［173］颜公平：《对1984年以前社队企业发展的历史考察与反思》，载于《当代中国史研究》2007年第2期。

［174］杨东平等：《中国农村教育的现状及未来发展趋势》，21世纪教育研究院，2013年。

［175］杨洁：《统购统销政策形成的原因和影响》，载于《经济视角》（下）2013年第10期。

［176］杨雅：《浙江省农村三产融合发展联合会成立》，载于《浙江日报》2017年9月29日。

［177］杨亚楠、陈利根、龙开胜：《中西部地区农村宅基地闲置的影响因素分析——基于河南、甘肃的实证研究》，载于《经济体制改革》2014年第2期。

［178］杨宜勇、杨泽坤：《习近平精准扶贫思想探究》，载于《武汉科技大学学报》（社会科学版）2018年第1期。

［179］叶兴庆：《农村集体产权权利分割问题研究》，中国金融出版社2016年版。

［180］尹矣：《中国农村金融制度研究》，南京农业大学博士学位论文，2003年。

［181］袁瑞良：《人民代表大会制度形成发展史》，人民出版社1994年版。

［182］袁雪莲：《国家林业局：新一轮退耕还林工程稳步推进》，新华网，2016年6月30日。

［183］岳谦厚、贺蒲燕：《山西省稷山县农村公共卫生事业述评（1949～1984年）——以太阳村（公社）为重点考察对象》，载于《当代中国史研究》2007年第5期。

［184］张凤荣、宋乃平：《重新评价"以粮为纲"政策及其生态环境影响》，载于《经济地理》2006年第4期。

［185］张海荣：《包产到户责任制的历史变迁》，载于《河北师范大学学报》（哲学社会科学版）2004年第2期。

［186］张乐天：《对新中国"前十七年"农村教育发展的政策考察》，载于《社会科学战线》2010年第3期。

［187］张乐天等：《新中国成立以来农村教育政策的回顾与反思》，北京

师范大学出版社 2016 年版。

[188] 张培刚:《农业与工业化》,中国人民大学出版社 2014 年版。

[189] 张曙:《"文革"中的知识青年上山下乡运动研究述评》,载于《当代中国史研究》2001 年第 2 期。

[190] 张晓山、李周:《中国农村发展道路》,经济管理出版社 2013 年版。

[191] 张兴国、刘倩玮:《各省林业交出答卷 五年生态数据刷新》,载于《中国绿色时报》2018 年 2 月 8 日。

[192] 张妍、黄志龙:《中国城市化水平和速度的再考察》,载于《城市发展研究》2010 年第 11 期。

[193] 张自宽:《中国农村卫生发展道路的回顾与展望——为纪念建国 50 周年而作》,载于《中国农村卫生事业管理》1999 年第 9 期。

[194] 赵达君:《中国农村税费制度变迁研究》,新疆农业大学硕士学位论文,2006 年。

[195] 赵德余:《从国家统购到合同定购:1985 年粮食市场化改革的初次尝试及其价值》,载于《中国市场》2011 年第 29 期。

[196] 赵红梅:《河北提出发展"第六产业"三产融合增值收益惠及农民》,载于《河北日报》2015 年 4 月 8 日。

[197] 赵虎、郑敏、戎一翎:《村镇规划发展的阶段、趋势与反思》,载于《现代城市研究》2011 年第 1 期。

[198] 郑有贵:《粮食流通体制改革:政策演变及其绩效分析》,载于《当代中国史研究》1998 年第 4 期。

[199] 郑志龙:《政府扶贫开发绩效评估研究》,中国社会科学出版社 2012 年版。

[200] 中共中央党史研究室:《中国共产党历史》(第 2 卷),中共党史出版社 2011 年版。

[201]《中共中央文件选集(1949 年 10 月~1966 年 5 月)》(第 3 册),人民出版社 2013 年版。

[202] 中共中央文献研究室:《建国以来重要文献选编(1956)》,中央文献出版社 1994 年版。

[203] 中共中央文献研究室:《建国以来重要文献选编(1958)》,中央

文献出版社 1995 年版。

［204］中共中央文献研究室：《建国以来重要文献选编》（第 1、3、5 册），中央文献出版社 1992 年版。

［205］中共中央文献研究室：《建国以来重要文献选编》（第 9 册），中央文献出版社 1994 年版。

［206］中共中央文献研究室：《建国以来重要文献选编》第 11 册，中央文献出版社 2011 年版。

［207］中共中央研究室、农业部农村固定观察点办公室：《完善中的农村双层经营体制——对 274 个村庄的跟踪调查》，中共中央党校出版社 1992 年版。

［208］中共中央组织部：《中国共产党党内统计资料汇编（内部发行）》，党建读物出版社 2011 年版。

［209］中华人民共和国农业部：《2016 中国农业发展报告》，中国农业出版社 2016 年版。

［210］中华人民共和国农业委员会办公厅：《农业集体化时期重要文件汇编》（上、下），中共中央党校出版社 1981 年版。

［211］《中华人民共和国三年来的伟大成就》，人民出版社 1952 年版。

［212］中央档案馆：《中华人民共和国出版史料（1951 年）》，中国书籍出版社 1996 年版。

［213］钟真：《改革开放以来中国新型农业经营主体：成长、演化与走向》，载于《中国人民大学学报》2018 年第 4 期。

［214］周济：《人民教育奠基中国——教育部部长周济谈新中国 60 年教育改革发展》，载于《中国教育报》，2009 年 8 月 27 日。

［215］邹华斌：《毛泽东与"以粮为纲"方针的提出及其作用》，载于《党史研究与教学》2010 年第 6 期。

［216］Brown, Lester R., *Who Will Feed China？: Wake – Up Call for a Small Planet*, Worldwatch Environmental Alert, 1995.

［217］Fang Cai, Yang Du & Meiyan Wang, "Demystify the Labor Statistics in China", *China Economic Journal*, 2013 (6): 123 – 133.

［218］FAO, "FAO Statistical Yearbook 2013: World Food and Agriculture", Food and Agriculture Organization of the United Nations, 2013.

[219] Northam, R. M., *Urban Geography*, 2nd edn, John Wiley & Sons, 1979.

[220] United Nations, "World Urbanization Prospects: The 2011 Revision", New York, 2012.

[221] United Nations, "World Urbanization Prospects: The 2014 Revision", New York, 2015.

[222] United Nations, "World Urbanization Prospects: The 2018 Revision", Online Edition, 2018.

[223] World Bank, "World Development Report 2014: Risk and Opportunity – Managing Risk for Development", World Bank, 2014.

[224] World Bank, "Poverty and Shared Prosperity 2018: Piecing Together the Poverty Puzzle", World Bank, 2018.

[225] Roberts, T., "The Role of Fertilizer in Growing the World's Food", *Better Crops with Plant Food*, 2009 (2): 12–15.